JN092809

西田幾多郎肖像（京都大学文書館所蔵）

ハイデッガー肖像（*Dem Andenken Martin Heideggers,*
Klostermann, 1977）

原初から／への思索

——西田幾多郎とハイデッガー——

秋富克哉

原初から／への思索（'22）

装丁・ブックデザイン：畑中　猛

s-32

はじめに

本書は、二十世紀世界を代表する東西の哲学者、西田幾多郎とハイデッガーの哲学を、突き合わせて考察するものである。様々な類似点を持つ両者の比較対照は、これまでも国内外で試みられ、種々の論考が公にされてきた。しかし、両哲学の全体を通覧して論じた著書となると、管見の限り未だ著されていないようである。

もともと私は、ハイデッガー研究から出発し、その傍ら西田のものも読み進めてきたが、両者への関心は、いつしか「西田幾多郎とハイデッガー」になっていった。各々が『善の研究』と『存在と時間（有と時）』で考えようとしたこと、そこでは考えきれずにその後もなお考え続けたことが、私の中で、相互に照らし合って徐々に大きくなったのである。そのようなことから、この主題を自分のライフワークにしたいと思い、一度着手を試みたのだが（日独文化研究所年報『文明と哲学』（こぶし書房）に四回連載）、当時の私には時期尚早、その後展開できないままになっていた。

しかし、「少年老い易く学成り難し」を日に日に痛感し、本務校での役職により時間が失われていくなか、気がつけば還暦が見え始めていた。そういう事情であったから、放送大学のお話をいただいたとき、この機会を逃せば永遠に書くことはできないという強迫観念にも似た思いに駆られ、書けるかどうかの不安を抱きつつも、逃げられない制約を自らに課すよりほかなかった。両哲学各々の展開を、原初から出て原初へ帰る思索の運動として捉えるという着想が、執筆を導いた。

ところが、原稿の提出期限が迫るなか、仲間と編集を進めていた『ハイデガー事典』（昭和堂）

の大詰め作業、さらにはコロナ禍が重なった。人生最大の窮地だったが、この間、常に念頭を去らなかった言葉がある。西田が弟子の柳田謙十郎に宛てた書簡中の、「君も一つ、死んでこれがよくもあしくも「私が生命の書だ」と云って神の前に出すものをお書きなさい」というものだ。

出来上がったものを「生命の書」と呼べるかどうかは疑わしい。しかし、両哲学との出会いなしに研究者としての自分はないという意味で、「生命の主題」とは言えるだろう。日々様々な問題に直面しつつも、それらをどこからどのように考えるかという点で、両者の思索は、常に私の導きである。まだまだ課題も残されており、両者の問いの射程を探る努力は、今後も続けてゆくつもりだが、途中経過報告書とでも言うべき本書が、関心を共有する人々にとって、考察の一つのきっかけになれば幸いである。もちろん、指摘や批判は、甘んじて受けるつもりである。

難渋する執筆であったが、それだけに、校正段階で、信頼する二人の後輩、松本直樹氏と水野友晴氏に、ご多忙のなかゲラを読んでもらい、専門性の観点から内容・表記両面にわたって貴重なご意見とご教示をいただけたことは、実に幸いであった。二氏に、厚く感謝申し上げたい。

写真を提供いただいた京都大学文書館、西田幾多郎記念哲学館、岡村美穂子氏、矢田敏子氏、樫本慈弘氏にも、改めてお礼申し上げる。

また、編集担当の中井陽氏にも、この場をお借りして謹んで感謝申し上げる。

最後に、本書の執筆の機会を与えて下さった放送大学教授・魚住孝至先生、本書の主題に出会うきっかけを与えて下さった故上田閑照先生、これまで私に関わって下さったすべての方々に、心よりお礼申し上げたい。

二〇二一年九月　　　　秋富克哉

凡例

本書で扱う主要思想家の著作と略号は以下の通りである。引用に際しては、略号の後に巻数と頁数をカンマで区切った情報を、ただし辻村公一の著作については各略号と頁数をカンマで区切った情報を、引用文に続けて丸括弧に入れて記す。なお、読みやすさを最優先し、漢字や仮名遣いは、現代のものに改めた。必要と判断した範囲で、適宜ルビを振った箇所がある。

GA　*Martin Heidegger Gesamtausgabe*, Vittorio Klostermann, 1975 -
SZ　Martin Heidegger, *Sein und Zeit*, Max Niemeyer, 16 Aufl., 1986
N　『西田幾多郎全集』岩波書店、一九七八〜一九八〇年
Ni　『西谷啓治著作集』創文社、一九八六〜一九九五年
T1　辻村公一『ハイデッガー論攷』創文社、一九七一年
T2　辻村公一『ハイデッガーの思索』創文社、一九九一年
U　『上田閑照集』岩波書店、二〇〇一〜二〇〇三年

日本語表記の「根柢」と「越え」については、それぞれ「根底」と「超え」との意味の違いを踏まえた使い分けをすべきかもしれないが、区別の困難な箇所が少なくなく、煩雑さを避けるため、西田の用法に沿って「根柢」と「越え」に統一した。「我々」については、地の文で筆者の立場を記述する際には「われわれ」と仮名表記にした。

ハイデッガーの著作の日本語訳としては、以下のものを参照されたい。ドイツ語版全集のページが付されており、該当箇所を確認できるので、注においても日本語版のページは挙げなかった。

『ハイデッガー全集』創文社、一九八五年〜二〇二〇年三月、東京大学出版会、二〇二〇年四月〜

Sein und Zeit については、十種類を超える翻訳があるが、主なものを記す。

熊野純彦訳『存在と時間』岩波文庫、全四巻、二〇一三年
高田珠樹訳『存在と時間』作品社、二〇一三年
辻村公一、ハルトムート・ブフナー訳『ハイデッガー全集　第二巻　有と時』創文社、一九九七年
原佑・渡邊二郎訳『存在と時間』中公クラシックス、全三巻、二〇〇三年
細谷貞雄訳『存在と時間』ちくま学芸文庫、全二巻、一九九四年

ハイデッガーの人物と思想全体に関わる研究解説書として、以下を参照されたい。

秋富・安部・古荘・森編『ハイデガー読本』法政大学出版局、二〇一四年
秋富・安部・古荘・森編『続・ハイデガー読本』法政大学出版局、二〇一六年
ハイデガー・フォーラム編『ハイデガー事典』昭和堂出版、二〇二一年

西田、ハイデッガーともに、各章末の「参考文献」は、日本語のもの、及び邦訳のあるものに限った。なお、これらの中には、内容的に複数の章にまたがるものが少なくないが、少数のものを除いて繰り返すことは控え、主な章を選出して挙げた。

目次

12 西谷啓治の立場――ニヒリズムと「空」 208

13 辻村公一の立場―「絶対無」 226

1 導入—西田とハイデッガーの同時代性

《目標とポイント》 西田幾多郎とマルティン・ハイデッガーの間に、生前直接の交流が生まれることはなかった。しかし、彼らの哲学には多くの類似点が見出される。両者の哲学を「原初から／への思索」という枠組みのもと考察するにあたり、それらの類似点を確認することから始めたい。

《キーワード》 家郷、郷愁、原初、伝統、同時代性

1．哲学の家郷から

一九八五年五月、日本とドイツそれぞれのとある地方の町の間に、哲学を機縁とする姉妹都市提携が結ばれ、一方のドイツの町で調印の式典が挙行されるとともに、両国の研究者も集い、記念講演やシンポジウムで、哲学による姉妹都市提携を祝った。(注1) 提携を結んだのは、西田幾多郎（一八七〇～一九四五）の家郷石川県河北郡宇ノ気町（当時）と、マルティン・ハイデッガー（一八八九～一九七六）の家郷バーデン・ヴュルテンベルク州メスキルヒ市で、記念シンポジウムのテーマは「哲学の家郷（Heimat der Philosophie）」。この時以来、二つの町の間では国際交流が積み重ねられ、哲学シンポジウムも繰り返されてきた。

図1－1　西田幾多郎記念哲学館（西田幾多郎記念哲学館所蔵）

一方の宇ノ気は、金沢から能登方面に向かうJR七尾線で約三十分、平成十六（二〇〇四）年の市町村合併で「かほく市」に参入され町名は消滅したが、元の名前の響きは「宇野気」という駅名に残っている。この駅から徒歩二十分ほどの丘の上に、平成十四（二〇〇二）年「石川県西田幾多郎記念哲学館」が建てられ、常設の展示のほか定期的に企画展を開催、西田哲学をはじめ様々な講演会や講座など各種イベントも行っている。また、地元の小学校の校舎の外壁には、西田の揮毫した「無」の字を象ったモニュメントが掛けられ、おらが町の生んだ偉人への強い敬意が感じられる。

他方のメスキルヒは、ドイツ南西部、有名な「黒い森」やドナウ河の源泉近くに位置するが、交通の便が良いとは言えず、ドイツ鉄道（DB）の最寄りの駅から、本数の少ないバスに二、三十分揺られなければならない。町の中心の小高い丘の上に、ハイデッガーの名前が取られた聖マルティン教会が立ち、すぐそばの城館の一角には、小規模ながらハイデッガーにまつわる展示室が設けられている。また、教会の反対側、城館の庭の門から伸びる「野の道（Feldweg）」は、マルティン少年が哲学書を手に散策し、後年の珠玉の小品の表題になったものだが、途中には「マルティン・ハイデッガー・ギムナジウム」がある。

いずれの町も、地方の小さな町ながら世界的な哲学者を生み出したということ、この偶然の一致に加え、高低差の少ないなだらかな丘陵地帯という地形的類似性も、両町の姉妹都市提携を後押ししたとのことである。非本質的な瑣末事のようだが、土地の形状や雰囲気がそこに暮らす人々の世界観や人生観を見えない仕方で育むとすれば、普遍的とされる哲学知もまた、大地や空気から固有な特質を獲得することがあるのかもしれない。一つ付け加えるなら、西田と同じ石川県出身、石川県専門学校からの同級生として彼のことを青少年期より最もよく知る世界的な禅思想家・鈴木大拙（一八七〇～一九六六）が、西田の死後ハイデッガーを訪れた際、「西田に似ている」と不思議がったことが報告されている。(注２) 残された写真を見るかぎりさほど顔形が似ているとは思えないが、おそらくは他の誰よりも西田を理解し、かつ東西世界を自由に行き来して多くの思想家や宗教家、芸術家や実業家と交わった大拙が、両者に相通じる何かを感じ取ったのだとすれば、両者の類似性はいっそう本質的なものになるように思われる。

図１－２　メスキルヒ聖マルティン教会
（著者撮影）

年齢は西田の方が十九歳年上であるが、哲学の長い歴史を考えるなら、ほぼ同時代人と言って差支えない。そうであるからこそ、両者は二度の世界大戦を経験し（西田が亡くなったのは、敗戦二ヶ月前の六月七日）、戦争と革命の世紀を生きた哲学者の宿命として、政治的問題をめぐり生前も死後も大きな批判に曝されることになった。この問題は、それぞれの思想との連関において別途検討すべき面を持っているが、両者の類似点として合わせて指摘しておきたい。

以上、生まれた町の地形と規模、人物の外観から死後の運命に至るまで様々なレベルでの類似点をもつ両者であるが、もう一つ指摘できることとして、これも研究者の間ではよく知られていることだが、西田とハイデッガーの間に、生前積極的な交流が生まれることはなかった。京都大学での西田の同僚や弟子たちが続々と「フライブルク詣（もうで・モーデ）」（「モーデ」は「流行」の意）を行い、ハイデッガーから多大な影響を受けたにもかかわらず、西田の思想がハイデッガーにしっかりと伝えられることはなかったし、[注3]また西田自身、当時読むことのできたハイデッガーのテクストが限られていたこともあり、知人や弟子に宛てた書簡の中にはハイデッガーへの関心が認められるものの、論考における批判を読むかぎり、その哲学に十分な理解を示したとは言い難い。[注4]したがって、両者の思想的関係をたどるには、西田からハイデッガーに向けられた数少ない批判を通路に、その内実を検討するということが、たとえ不幸なすれ違いの事実を照らし出すことになっても、われわれに可能な正当的方法とされてきた。[注5]しかし、以下でわれわれは、このような行き方とは別の道をたどることになる。

2. 家郷の哲学へ

今しばらく、シンポジウムのテーマ「哲学の家郷」に留まることにしたい。姉妹都市提携の趣旨に即せば、「哲学の家郷」とは、言うまでもなく二人の哲学者の生誕の地を意味している。ここで、一般的な「故郷」の語に換えて「家郷」の語を用いる理由を述べておこう。それは、本書全体の内実にも深く関わるが、ドイツ語のハイマート（Heimat）に含まれるハイム（Heim）、英語のhome に当たる、その「家」という響きを活かしたいからである。衣食住の生活がそこで営まれる場所としての「家」、それは単に物理的な空間を意味するのみならず、住む者にとっては自らの存在の基盤である。英語の at home が「家に居て」という意味から「くつろいで、気楽に」に広がるように、私たちが気兼ねなく安心していられる場所、自分がもともとの自分に戻れる場所、家とは本来そういうものであろう。生誕の地もまた、自らの存在の由来の場所として、そのような意味合いを含みうると思われる。「家郷」という表現を用いる所以である。

ところで、「哲学の家郷」は、第一義的に哲学者の生誕の地であるとして、哲学者が哲学者たりうるのは、まさに各々の独自な哲学ゆえであるから、「哲学の家郷」は、文字通り各々の哲学が生まれ出た地である。しかし、家郷が右に述べたような意味であるなら、そもそも哲学がそこから生まれ出て、またそこへと帰って落ち着きを得るところとは、どのようなものになるだろうか。

われわれは、哲学（フィロソフィー）発祥の地が古代ギリシアであることを知っている。今日ではトルコに属するかつてのイオニア地方で万物のアルケー（始まり・原理）の探求、いわゆる自然哲学が起こり、アルケーを水と考えたタレス（前六二四頃～前五四六頃）がその最初であったというのが、哲学史の常識となっている。紀元前六世紀にそのような知の探求が展開したということ自体驚くべきことだが、この情報そのものは、アリストテレス（前三八四～前三二二）の『形而上学』の記述に由来するものであり、(注６) それ以前のことについてわれわれは知る由もない。

それでは改めて、哲学発祥の現場、フィロソフィーの原義である「知の愛求」の源流で何が起こったのだろうか。もちろん哲学史的常識では、右記の通りアルケーの探究ということになるのだが、そのこと自体が既にアリストテレスの視点なのであるから、少し角度を変えて、万物のアルケーを問うとはそもそもどういうことなのか、その問いはどこからどのように出て来るのかというように問うてみたい。それは知の愛求の由来への問いであるが、愛求はそれが愛求であるかぎり、自らの満たされるところへ向かおうとするはずである。

愛求の由来への問いがその落着の先を含むとき、「哲学の家郷」という表題は、それ自身のなかで、哲学にとっての家郷を問い求めることに、言わば家郷を哲学することに転じるであろう。すなわち、「哲学の家郷」から「家郷の哲学」へ、である。ハイデッガーがある講義のなかで引いてくる詩人ノヴァーリス(注7)（一七七二〜一八〇一）の言葉のように、哲学はそれ自体が「郷愁」とも言えるのである。

たしかに、哲学の意味や問いの内実は多様でありうる。しかし、およそ哲学と名づけられるものが知の愛求という根本契機を含んで成り立っているとすれば、過去のどの哲学的問いに向かうにしても、それらの問いを共に問うとき、問う者は、共に問う歩みのなか、個々の哲学的問いを突き動かしてきた由来、つまり問いとなって出て来た「もと」へ繋ぎ返されるのではないか。おそらくそのとき、「もと」へと歩みを押し進めていくただなかで、逆に「もと」の方が共に問う者に向かって来るということが経験されるのではないか。

3. 原初から／へ

今、その「もと」を「原初」と名づけたい。「原初（Anfang）」の語は、ハイデッガーが一九三〇年代から積極的に使うようになる術語を元にしているが（訳語としては、他に「始源」「始原」「元初」などもある）、われわれのイメージとしては先にも触れた「源流」、つまり河の源泉である。どのような河も、上流に源泉をたどって行けば、地中から渾々と水の湧き出てくるところに到達する。そこは、地上のある特定の場所である。そこから発する水が次第に水量を増して固有な流れを作り、大地を潤しながらやがて大海に注いでゆく。しかし他方、源泉の場所では、水源そのものは地中の深くに潜り行き、おそらくどこまで遡ってもはっきりと見極められることはない。[注8] いずれの流れも、その見えないところから始まるのである。

古代ギリシアにおける哲学のアルケーも、本来この源泉のようなものではないか。タレスの「水」やアナクシマンドロス（前六一〇頃～前五四〇頃）の「無限なるもの」、アナクシメネス（前五四六頃盛年）の「空気」やヘラクレイトス（前五〇〇頃）の「火」等、彼らが名指したものは具体的に特定できても、彼らを問いへと誘った内実は、具体的に名指されたものを越えてどこまでも深まりうる。ハイデッガーもまた、「始まり」とともに「原理」を意味するアルケーを「原初」の語に重ね合わせた。「原初」は古代ギリシアで発端の問いを引き起こしたのみならず、そのことによって哲学の歴史全体を根柢から統べているというのが、ハイデッガーの洞察である。ハイデッガーが詩人ヘルダーリン（一七七〇～一八四三）への取り組みを通して「原初」を語り始めた時期、詩人のいくつかの河流の詩の解釈から取り出したように、河流が自らの原初を忘れることがないとすれば、流れは、そのどこであっても、原初との繋がりの内にある。事実ハイデッガーは、原初から発した哲学という大河の随所にあって、そのつど原初の呼びかけを聞いた。それは、原初が探求されるべきものとなって、ハイデッガーのもとに到来し続けたということである。そのようにして、原初の到来を受け止めたハイデッガーの思索は、歴史の原初に向かうとともに、そのことによってまた歴史の新たな創造となった。

今、「原初から」の歩みが「原初へ」の歩みと一つになることを押さえ、両者の対を「原初から／へ」と表記する。「原初」は、思索の出発点であるが、決して固定的な地点ではない。それは、水源地に立って地中からの湧水を受け止めるように、そこへと遡源するなかでその到来に出会われるといったものであろう。しかし、原初を遡源的に求めていくなかで、そのこと自体が実は原初の呼びかけ、原初からの促しであったと気づかされる。このとき、その者は既に原初に触れている。そしてそこから、絶えざる発源の動きに沿って進むことができる一方、さらに水源に遡ることも可能である。そこでは、原初と問う者とは一つ、原初を問うことで問う者の立場も共に問われるであろう。およそ以上のような意味で、「原初から」は同時に「原初へ」であり、「原初へ」は同時に「原初から」であると考えたい。

ところで、すべての哲学がそれぞれに原初との繋がりにおいて成り立っているとすれば、原初は結局一つに帰するのだろうか。それとも複数の原初がありうるのだろうか。これは、少なくともわれわれの歩みにとって避けられない問いである。しかし、今はあえてオープンにしておきたい。われわれが問うのは、そのような原初がどのように捉えられ、どのように探求されるかということである。そしてそのために、本書では、西田幾多郎とハイデッガーという二人の哲学者の思索を、「原初から／への思索」として受け止め、考察を進めてゆく。

なぜこの二者であるのか。それは、この両者が、それぞれの仕方で、徹底して哲学の「原初」を問うたからである。上記のように、「原初」の語は、直接はハイデッガーから取ってきたものであるが、この語はハイデッガーの思索の全体のみならず、西田の思索の全体を理解する上でも有効であると思われる。両者はともに、哲学を呼び起こしてくる「もと」に触れたところから出発した。しかも、両者がそこからすべてを問おうとした「もと」は、従来の哲学の中で常に働きながら十分に問い出されてこなかったものである。少なくとも、両者はそのように受け止めて「もと」へと向かった。ただし、哲学の原初に向かう双方の試みには、東洋と西洋という伝統の違いが映る。すなわち、一方が西洋の哲学的伝統の外から、他方が哲学的伝統の内から、それぞれ哲学の原初に向かうとき、そこには、各伝統の原初への問いが結びついてくる。このとき、各々の原初への遡源のなかで、未だ問い出されていない可能性が新たな原初として出会われると思われるが、両哲学者の突き合わせは、そのような意味と射程を含むことになるのである。

一方、今日の世界を見渡す時、東洋と西洋という枠組み自体がかつてほどのインパクトを持たないことも認めざるを得ない。しかし、そのようになった事態をどのように受け止めるかということも、この両哲学を検討する中で自ずと考察すべき課題として浮かび上がってくるであろう。

4．哲学的類似点

先に記したように、西田とハイデッガーの間に、直接の思想的交流が生まれることはなかった。しかし、この事実は、双方の哲学が哲学的にすれ違いに終わることを意味するのではない。むしろ、そこには多くの類似点を見出すことができるし、最初に触れたように、西田の同僚や弟子としてその哲学的気圏に接した思想家たちが、ハイデッガーからも影響を受けて独創的な思想を展開したこと、しかもそこに様々なタイプがあることを踏まえれば、両者の思想的対話の可能性は多様に広がり、そして深まることが予想される。その意味で、実現しなかった両者の思想的対話を遂行することは、各々の哲学の可能性を改めて確認すると同時に、両哲学の突き合わせが今日の世界にとってどのような意義を持つのかを考察するきっかけになるであろう。ここでは、次章以降の考察を見越しながら、両者の類似点を概観的に列挙しておきたい。

①一九一〇年代に哲学的活動を開始

両者が本格的な哲学的活動を始めたのは、ともに一九一〇年代初めである。年齢的には西田の方が十九歳年長であるから、四十代を迎え不朽の作『善の研究』を発表、京都帝国大学に拠点を得た西田に対し、フライブルク大学で哲学研究を開始したハイデッガーはいまだ二十代という違いはあるが、二十世紀初めの哲学的動向を同時代的に経験したことは、両者の思想を理解するうえできわめて重要な意味をもつ。

十九世紀後半、体系的な観念論哲学や形而上学が崩壊した後、実証主義や唯物論など新たな哲学的立場が現れる一方、実証性に基礎を置く経験科学が、自然諸科学あるいは心理学や社会学など独立した立場を成立させてくる。とりわけ心理主義が哲学的認識論や論理学にまで広がってくると、哲学内部でも、論理主義の立場がその傾向に抗していった。さらに自然諸科学の広がりに呼応して精神諸科学が各々の主題に即した方法論的な独自性とともに自己の立場を主張するようになるにつれ、知の基礎づけにも新たな哲学的試みが求められてくる。こうして、知の巨大な変動が世紀を跨いで様々な哲学的潮流を並び立たせていくなか、ハイデッガーが新カント学派との対決を経てフッサール（一八五九〜一九三八）の現象学に接近し、同時にディルタイ（一八三三〜一九一一）の解釈学やベルクソン（一八五九〜一九四一）の生の哲学に触れながら自らの立場の確立を目指したとき、一九二〇年前後の講義録に名を連ねるこれら同時代の思想家たちは、同じく西田が集中的かつ批判的に取り組む対象でもあった。ヨーロッパのただなかでそれらの思想に身近に触れることのできたハイデッガーに対し、今日とは情報事情が全く異なる時代に極東の一国にあって、それらの意義を見出していった西田の先見の明と洞察力には驚くべきものがある。実際、右記の思想家たちのほぼすべてを初めて日本に紹介したことは、他ならぬ西田の功績に帰せられる。

②近代的主観性としての「意識」の立場の乗り越えと「場所」の契機

そのようにして両者は、同時代の哲学的潮流のなかに身を置いてその諸傾向に敏感に反応するとともに、古代以来の広範な西洋哲学を積極的かつ批判的に摂取しながら、近代的主観性つまり「意識」の立場を乗り越えようと試みた。しかし、なぜ「意識」の立場が乗り越えられなければならないのか。近代哲学が「意識」の探究を通して確固たる基盤を築き上げたことは明らかである。とは言え、自己を含めたすべてを対象として立てることが意識の特性であるかぎり、意識は意識されるものとの〈主‐客〉構造のなかを動かざるを得ない。では、意識を問うのがそれ自体意識の立場であるということは、それほど自明であろうか。意識の立場は、はたしてそれ以上遡れないものであろうか。ハイデッガーと西田が「存在」ないし「実在」への問いに向かうとき、意識からの出発が各々の問いの事象に適ったものであるかどうかが、両者にとって改めて問題になった。たしかに、最初から「意識」の語を避けたハイデッガーに対し、西田はあくまで「意識」の語を用いながら従来の立場を乗り越えようとしたという違いはある。ここにも、哲学的伝統の内からと外からという違いが映っているであろう。しかし、より重要な共通項として指摘すべきは、意識の立場そのものを問題にする両者が、それぞれ独立に「場所（Ort）」の思想、より正確には場所的契機を本質とする人間理解に到達したことである。両者が「場所」をどのようなところからどのように捉えたかは、次章以下の課題である。

③第一作の決定的な位置づけ

両者の第一作、西田の『善の研究』（一九一一年）とハイデッガーの『存在と時間（有と時）（*Sein und Zeit*）』（一九二七年）は、各々の膨大な著作群のなかにあって唯一体系的な構成を持ち、それ以後のものがすべて論文集スタイルであるのと対照的である。もっとも、その体系的な著作も、近年の実証的な研究によれば、最初から統一的な構想のもとに書き上げられたと言うよりは、それまでの講義や他所への寄稿などを取り込んで仕上げられたことが明らかになっている。そのような事情もあり、西田四十歳、ハイデッガー三十七歳で公刊された両書は、いずれも部分的に不整合な箇所がないわけではないが、随所に漲る活力は、両書の荒削りな魅力である。結果的に『存在と時間』は途絶して未完となり、『善の研究』は完結しはするものの、後々不十分さが語られることになる。それは、各々の思索を突き動かす根本洞察ないし根本経験に、当初の哲学的方法が届かなかったということである。それゆえ、両者にとって第一作以後の思索の展開は、第一作で見て取られた事柄を新たに受け取り直し、そこに含まれていた問題を克服しようとする試みとなった。このような意味で、両者の歩みにとって第一作は決定的な意味を持つのである。

そして両書は、発表直後からともに大きなインパクトをもって受け入れられた。公刊後すぐに世界の哲学界を震撼させた『存在と時間』に対し、『善の研究』はさすがに日本国内に限られていたが、それでも本邦初の哲学書として広く迎えられ、今日では、前者同様多くの外国語に翻訳され、世界各地で研究されている。（注9）

こうして、今やいずれの書も、押すに押されぬ世界的な哲学的古典である。それは両書が、時代や場所を越えて、その思想的可能性を常に問い直されているということであり、状況が変わっても、時々に突きつけられる課題に向き合うだけの懐の深さを持っているということである。

④種々の哲学的傾向の統合

さらに両書に共通するのは、相異なった哲学的傾向の統合である。『善の研究』の主題「純粋経験」は術語上は経験論の体裁を取っているが、その経験が同時に真実在とされ、形而上学の領域に関わっている。経験論と形而上学という、西洋哲学では対立し合う立場が独自に結びつき、しかもそこに、自己への問いという実存哲学的主題が重ね合わされる。他方『存在と時間』も、「存在」という古代ギリシア以来の形而上学的問いを軸に据えつつ、人間存在ないし自己への実存哲学的問いから出発し、しかもそのような「存在の問い」が、現象学と解釈学の独自な結合である解釈学的現象学によって遂行されることとなった。

⑤原初の直接性

両哲学者は、ともに哲学知の成立の「もと」に立ち返ることを目指した。ただし、その「もと」は永遠不滅の実体とか絶対確実な地盤といったものではない。むしろ、従来の哲学が飛び越してきた「最も直接的なところ」である。そこに立ち帰るため、両者は一切の仮定や先入見を排して出発しようとする。西田は「事実そのままに知る」と語り、ハイデッガーは「事象そのものへ」という現象学のモットーを掲げる。そのようにして探られるものこそが、両者にとっての「原初」に他ならなかった。そして原初は、思索の深まりとともにそのつど新たな姿を見せ、思索を突き動かしてゆくのである。

⑥情意ないし気分の知

そのような原初を開く本質的契機として、「知」よりも深くかつ直接的なものが、「情意」（西田）ないし「根本情態性／根本気分」（ハイデッガー）として見出されてくる。ただし、知よりも情意が深く広いことを受け止めるのもまた、知である。両方の哲学知は、情意や根本気分によって開かれてくる原初を受け止めながら、知としての立場を確保しようとする。具体的には、西田において後年「哲学の動機」（N6, 16）として位置づけられる「悲哀」が、『善の研究』以前から語り出されていることは西田の哲学知を理解するうえで忘れられてはならないし、ハイデッガーもまた早い時期から「不安」や「退屈」を語る。時期によって名指されるものは変わるが、哲学の根本気分という契機自体は最後まで一貫することになる。

⑦無への問い

西田の究極の関心事は「実在」であり、ハイデッガーのそれは「存在」である。実在と存在を問う両思想において、ともに「無」ないし「無的な」契機が決定的な役割を果たす。もちろん、「無」の意味合いは両者において同じではないし、思想の展開とともにその内実も変化あるいは深化を見せる。西田が「純粋経験」において「未だ主もなく客もない」という「主客未分」に立脚しつつ、やがて思索の展開とともに「絶対無の場所」を語るようになるのに対し、ハイデッガーもまた「不安」における「無」の開示に即して「無気味さ」や「世界の無」を語り、さらに後期の「無の聖櫃」に至るまで「無」の問いを掘り下げてゆく。「無」は両者の哲学を一貫して規定しているのであり、無の契機の検討を離れて両者の哲学の考察はありえない。

⑧世界への問い

両者はともに「世界」という哲学的術語を取り込み、独自な意味を与えた。世界は、われわれの外なる対象界ではない。それは、われわれを越え包むとともにわれわれがその内に自らを見出す全体である。両者の「世界」理解は、思索の展開とともに深まりを見せてゆく。「世界」と世界における「自己」、これら相互の関係をいかに問うかが、両者の哲学的展開を規定することになる。

⑨歴史への問い

「世界」理解の深まりとともに、「歴史」理解も深まりを見せる。世界が対象化を許さない、主体をそのつど包み込む全体であるように、歴史もまた主体の外に眺められるものではなく、主体を常に突き動かし規定する全体であるとともに、そのなかにいる個々の主体によって動かされ作られるものである。前項の世界と合わせ、歴史をどこからどのように問いうるかが、思索そのものを動かしていくのである。

⑩現実の政治的問題

世界と歴史は共にそのような全体として歴史的世界であり世界歴史であるが、それらが問題にならざるを得ないところには、常に具体的な現実が存している。いずれの哲学の展開も、二十世紀の歴史的現実と切り離すことができない。戦争と革命の世紀を生きた哲学者の宿命として、両者はいずれも現実政治の渦に巻き込まれ、生前も死後も政治的参与をめぐる議論に曝されている。

以上、両者の哲学的類似点を大まかに列挙してみたが、次章以下では、これらの類似点を踏まえて考察を試みる。共通の術語に定位しての考察は、ややもすれば生きた思想を図式化する危惧なしとは言えない。しかし、共通の術語があるからこそ、思想の動きと全体をそこに映すことも可能になる。各々の術語がどのような事態を名指しているか、なぜそれらを導入せざるを得なかったか、このような問題意識をもって、各内実の考察を試みたい。

5. 考察の行程

次章以下の歩みは、三部に分かれる。それぞれの要点を確認しておきたい。

全体の半分を占める第一部は、直接の交流がなかった両者の哲学を、あえて共時的に突き合わせることで、近代の意識的主観性の立場を克服しようとした両哲学がどのように出発し、かつそれがどのように自己批判的・自己超克的に展開していったかを考察する。

第二部は、両哲学を突き合わせることでは第一部と同じであるが、両者が関わった共通の主題に即して考察を試みる。具体的には、芸術と詩作、科学と技術、物、神という主題を立てて両者の立場を検討してゆく。

第三部は、「西田とハイデッガー」の射程を考察するため、両者からいったん離れ、三人の日本人思想家を取り上げる。繰り返し記したように、両者の間に、生前直接の交遊関係は成立しなかった。しかし、西田の次世代の我が国の代表的な思想家には、西田とハイデッガーの双方に触れ、とりわけハイデッガーのもとに留学、あるいは早くに書物に接し、その哲学を積極的に吸収ないし批判することで、独自な思想を打ち立てた者が少なくない。田辺元（一八八五〜一九六二）、九鬼周造（一八八八～一九四一）、和辻哲郎（一八八九～一九六〇）、三木清（一八九七～一九四五）は、いずれもその条件を満たす。そして、彼らによるハイデッガーとの思想的交流や対決については、近年信頼すべき先行研究が発表されている。[注10]

しかし、本書で取り上げるのは、右の思想家たちに比べると、これまで主題的に取り上げられることの少なかった西谷啓治（一九〇〇～一九九〇）、辻村公一（一九二二～二〇一〇）、上田閑照（一九二六～二〇一九）である。三者はそれぞれ、西田哲学の立場にどこまでも内在的に立ちつつ、同時にハイデッガー哲学に本格的に取り組み、それを吸収ないし批判することで、自らの哲学的立場を打ち立てた。三者の活動時期や専門の違いにより、ハイデッガーとの距離は一様ではない。しかし、先に挙げた田辺以下の思想家たちによる対決が、田辺は例外的ながら、ほぼ『存在と時間』を軸とする前期に限定されているのに対し、西谷以下の三者は、いずれもハイデッガーの死後を生き、彼の晩年までの思索の全貌を見据えることができた。そのような三者の思想的立場は、西田哲学の独自な継承である一方、そこからなされるハイデッガー解釈によって、西田とハイデッガーとの思想的対話の展開の可能性を照らし出すと思われる。

以上のような三部から成る歩みをたどった上で、最後に改めて現代世界における「西田とハイデッガー」という課題を受け止め直し、考察を締めくくることにしたい。

》注

注1）Stadt Meßkirch, *Heimat der Philosophie*, Druckerei Heinz Schönebeck GmbH, 1985.

注2）上田閑照・岡村美保子『思い出の小箱から―鈴木大拙のこと―』（燈影舎、一九九七年）八五頁。なお、大

拙自身のハイデッガー訪問に関する記述は、以下に見受けられる。増補新版『鈴木大拙全集』(岩波書店、一九九九〜二〇〇三年)第三四巻、七〇頁。西田と大拙各々の思想的展開と両者の思想的連関、および現代世界におけるそれらの意義を考察したものとして、以下を参照。水野友晴『「世界的自覚」と「東洋」 西田幾多郎と鈴木大拙』(こぶし書房、二〇一九年)。

注3)ハイデッガーの元に留学していた三宅剛一が『一般者の自覚的体系』のドイツ語サマリーを作ってハイデッガーに示したところ、「ヘーゲルに似てるね」というあっけない感想だったということである。三宅剛一「思い出すまま」、下村寅太郎編『西田幾多郎―同時代の記録―』(岩波書店、一九七一年)一二三頁。

注4)西田の蔵書には、『存在と時間』以外に、『ドゥンス・スコトゥスの範疇論と意義論』(一九一五年)と『カントと形而上学の問題』(一九二九年)があったが、論文でそれらに言及されている箇所はない。なお、書簡のなかでハイデッガーに言及した箇所については、第七章で考察する。

注5)そのような観点から西田とハイデッガーの哲学的関係を問題としたものとして、以下の先行研究がある。溝口宏平「西田哲学とハイデガー哲学」(大峯顯編『西田哲学を学ぶ人のために』(世界思想社、一九九六年)五七-七二頁)。大橋良介『西田哲学の世界 あるいは哲学の転回』(筑摩書房、一九九五年)一七九-一九八頁。

注6)アリストテレス『形而上学』A(第一)巻(983a30)以下。

注7)ハイデッガーは、一九二九/三〇年冬学期講義『形而上学の根本諸概念』において、「哲学とは本来郷愁であり、いたるところで家にいるように安らいでいたいという衝動である」という語を引いている(GA29/30, 7)。川原栄峰、セヴェリン・ミュラー訳『ハイデッガー全集』第二九/三〇巻(創文社、一九九八年)。

注8)『寒山詩』所収の詩の一節「尋究無源水、源窮水不窮(無源の水を尋究すれば、源窮まって[窮まれども]水窮まらず)」を参照。西田もまたこの句を好んだ。

注9)二〇二一年二月時点で、英語、ドイツ語、フランス語、スペイン語、イタリア語、ポルトガル語、中国語、韓国語などに翻訳されている。

注10)以下を参照。嶺秀樹『ハイデッガーと日本の哲学 和辻哲郎、九鬼周造、田辺元』(ミネルヴァ書房、二〇〇二年)、合田正人『田辺元とハイデガー 封印された哲学』(PHP新書、二〇一三年)。

参考文献

上田閑照『西田幾多郎とは誰か』（岩波書店、二〇〇二年）（U1所収）
大橋良介『西田幾多郎　本当の日本はこれからと存じます』（ミネルヴァ書房、二〇一三年）
藤田正勝『人間・西田幾多郎　未完の哲学』（岩波書店、二〇二〇年）
遊佐道子『西田幾多郎選集　別巻二』（燈影舎、一九九八年）
高田珠樹『ハイデガー　存在の歴史』（講談社、一九九六年。学術文庫版、二〇一四年）
リュディガー・ザフランスキー著、山本尤訳『ハイデガー　ドイツの生んだ巨匠とその時代』（法政大学出版局、一九九六年）

2 思索の原初──「事実そのままに知る」と「事象そのものへ」

《目標とポイント》 西田は『善の研究』で、唯一の実在である「純粋経験」を、「事実そのままに知る」ことと記し、ハイデッガーは『存在と時間（有と時）』で、哲学的方法としての「現象学」のモットーを「事象そのものへ」と記す。両者の哲学的出発点を考察しながら、類似した二つの表現の内実に迫りたい。

《キーワード》 純粋経験、意識、現象学、現存在（現有）、世界内存在（世界の内に有ること）、事実そのままに知る、事象そのものへ

1．「事実そのままに知る」

西田幾多郎の『善の研究』（一九一一年）は、「経験するというのは事実其儘（そのまま）に知るの意である」(N1, 9) という一文から始まる。高い信頼の置ける筋によると、西谷啓治は後年、「西田哲学の全体は、この一行を展開したものだ」と語ったそうである。(注1) 西田は当初、本書第二編「実在」と第三編「善」より後に書かれた第一編「純粋経験」を最後に回すことを考えていたようだが、(注2) 結果的にこの第一編が今ある位置に置かれたのは、本書にとって決定的だったと言わざるを得ない。西谷が

図２－１　『善の研究』と眼鏡（西田幾多郎記念哲学館所蔵）

西田哲学の全体を展開したと述べた一行は、やはり最初に来るべくして来たのである。しかし、それはどういうことであるか（以下読みやすさのため、「そのまま」は仮名書きとする）。

改めて確認すれば、「序」で「唯一の実在」であるとされる「純粋経験」は、「事実そのまま」を「そのままに知る」ところに成り立つ。しかし、そもそも「事実」は「そのまま」であってこそ「事実」であり、「知る」は「そのままに」知ることにこそ本領があるのであるから、「事実」と「知る」を「そのままに」で結びつけたこの一文、そこだけを取れば当然のことを語っているだけのようにも見える。しかし、事はそれほど単純ではない。

まず、はたして「事実そのまま」などというものがありうるのかという問いが出されるであろう。われわれがふだん事実と呼んでいるのは、既に事実と知られたもの、つまり、「知」をくぐり抜けたものである。したがって、厳密な意味で「事実そのまま」ということを言おうとすれば、「知る」ことの以前、「事実」が端的に与えられたところでなければならない。しかし、そこではまだ「知る」ことも分化していないのであるから、事実とすら言えないはずである。その未分のところから事実と知の区別がいかに生じるかは根本的な問題である。

一方、「そのままに知る」はどうであるか。「知る」ことは「知られるもの」を予想するが、「知られるもの」が「事実」であるとき、「事実」をどのように知れば、「そのままに知る」ことになるだろうか。「事実」は知の対象であるから、「そのままに」とは「客観的に」ということであろうか。しかし他方、「事実」については、当の知ることもまた事実の一部であるという受け止め方がありうるのではないか。その場合、「事実そのままに」とは、知ることを含めた全体のままにということになる。しかし、そのような全体もまた知られるのであるかぎり、結局「知る」ことも無際限に繰り返されなければならない。

こうして、「事実そのままに知る」と一気に言われた事態は、「事実」に即しても「知る」に即しても、「そのままに」を要に結びつけられることで、単純どころではなくなるのである。

しかし、本書で西田は、「純粋経験」の語のもと、「事実そのまま」を離れることなく「そのままに知る」と言い得る立場を求めていった。それは、そのことが孕む問題を引き受けることでもあった。結局その努力は、『善の研究』を越えて、以後の歩みをも規定することになる。西谷が「西田哲学の全体」と言うとき、以上のような事情が含意されていたと思われる。

ところで、西田における哲学知が、「事実そのまま」と言い得るところを押さえることに成り立つとすれば、それは、ハイデッガーが「事象そのものへ（Zu den Sachen selbst !）」（SZ, 27）という現象学のモットーを掲げた事態と響き合うのではないだろうか。

2.「事象そのものへ」

ハイデッガーは、「存在の問い」、つまり「有るとは何か」を初めて体系的に展開した『存在と時間（有と時）』（一九二七年）において、存在論を遂行する方法として現象学を選び取った。全集で初期フライブルク時代の諸講義が公刊されたことにより、当時のハイデッガーがフッサールから「現象学的に「見ること」」（GA14, 97）を習得しつつ、現象学を独自に摂取していく歩みが明らか

図2－2　Sein und Zeit 初版（京都工芸繊維大学附属図書館所蔵）

になった。当初ハイデッガーは現象学を「根源学」と捉え、理論化以前の生の根源層に立ち返り、日常的な生がその内で動いている周囲世界が、意味を帯びて立ち現れてくるプロセスを解明することを目指した。「原体験」や「事実的な生」などの表現には、そのような着想が認められる。それはまた、哲学史上様々な意味を付与されてきた「現象学」に対し、それらの意味を解体し、現象学が本来何でありうるかを捉え返すことでもあった。『存在と時間』が示すように、ハイデッガーは「現象学（フェノメノロギー）」の語を「現象（フェノメン）」と「学（ロギー）」に分け、それぞれのギリシア語「パイノメノン」と「ロゴス」の原義に遡って双方の意味内実を取り出す。ある事象の本質の究明に際して、それを名指す単語の成り立ちに向かい、その内に響いていながら、いつの間にか忘れ去られた根本経験を探るというのは、ハイデッガーの常套手段になるが、そのようにして「現象学」は、「自らを示すものを、それがそれ自身から自らを示すように、それ自身から見えさせること」（SZ. 34）と規定されることになる。ここには、主観による一切の仮定や先入見を排して、自らを示してくるものをそのままに「見えさせる（sehen lassen）」こと、換言すれば、事象の現れに従っていく姿勢が示されている。ハイデッガーにとって現象学が見えさせる事象とは、「存在するものの存在」（SZ. 35）であった。この理解の背景には、古代ギリシア以来の伝統を継ぐ従来の存在論が、本来問い出されるべき「存在」を、それに相応しい仕方で問い出せてこなかったという根本洞察がある。そこでハイデッガーは、この「存在の問いの忘却」から「存在の問いを取り戻して反復すること」を自らの課題とするのである。

肝心なことは、『存在と時間』における現象学の規定が、純粋経験の規定と響き合うというだけでなく、『善の研究』冒頭の一文が西田哲学全体の展開を貫くと見られるように、ハイデッガーにおいても、「現象」と「学」の関係において見て取られた事態が、思索の展開を貫くと見られることである。『存在と時間』が途絶に至り、それと並行して現象学という語が使われなくなるとしても、現象学の成り立ちに含まれる「現象」と「学」との微細な関係に立ち入っていく姿勢は、やがて「存在と思索の共属性」に形を変えてハイデッガーの立場を規定していく。だとすれば、『善の研究』の本文冒頭の一文に西田哲学全体の展開を見て取った西谷に倣い、ハイデッガー哲学の全体は「現象学」のモットーの一語を展開したものだと言うこともできるのではないか。ハイデッガーが後年「目立たないもの（顕現せざるもの）の現象学（Phänomenologie des Unscheinbaren）」を語ったことは、未展開に終わったと言え、一貫した姿勢を示していると思われる。

以上、表現上の類似に着目したに過ぎないが、「事実そのままに知る」知と「事象そのものへ」向かう知、ここには、事実ないし事象の直接なところへ立ち返り、そこから出発しようとする、両者共通の哲学的志向を認めることができる。今その直接なところを「原初」と呼ぶなら、そこには、両者がそれぞれの「原初」から受け取った根本経験があったと思われる。ただし、両者が右のような姿勢を取らなければならなかったことのうちに、既にある決定的な洞察が存していることも否定できない。先取りして言えば、西田が経験の純粋性を強調しなければならなかった背景には、通常の経験が既に事実そのままではないという洞察があった。他方ハイデッガーが現象学をギリシア語の原義にまで遡って受け取ろうとした背景には、存在という事象のうちに、自らを示さないという動きを見て取るということがあった。これらの否定的事態がどのように押さえられるかということは、各々の哲学の存立に関わる本質的な問題である。そして、右のような根本洞察のもと両者が「原初から」かつ同時に「原初へ」と辿る道は、多くの類似点を持ちながら、ある意味で対照的な性格を示すことにもなる。以下、それぞれの哲学の内実を確かめていくことにしよう。

3. 純粋経験と意識現象

事実と知が一つである「純粋経験」は、われわれが西田哲学に見出す「原初」である。このことを考察するために、右で取り出した部分をもう少し拡げて確認することにしたい。先の一文に続くのは、「全く自己の細工を棄てゝ、事実に従うて知るのである」（N1, 9）という記述である。一息に読めば、「事実そのままに知る」という前文を言い換えただけのようだが、「自己の細工を棄てる」や「事実に従う」という表現には、既に主観の側の働きが含まれている。しかもそれは、事実そのままに即していくために自らの能動性を敢えて抑制する、つまり受動的であろうとする能動性とでも言うべき姿勢である。何故そのようなことが求められなければならないかを、続く文が示している。すなわち、「純粋というのは、普通に経験といって居る者も其実は何等かの思想を交えて居るから、毫も思慮分別を加えない、真に経験其儘の状態をいうのである」（同上）。ここでは、普通に経験と言われているものが純粋経験に対置されているが、普通の経験とは、「序」において自らの立場が「個人あって経験あるにあらず、経験あって個人あるのである」（N1, 4）と断言されていることからして、個人がまずあってその個人が何かを経験するというような考え方を示すであろう。西田は、まさにそのような理解を逆転させるのである。しかし、西田のこの立場は却って、純粋経験からどのようにして普通の経験が出て来るのか、あるいは通常のわれわれはどのようにして純粋経験に至りうるのかという一連の問いを引き起こす。これらは、西田の立場に対する本質的な問題になると思われるが、その検討は後のこととして、純粋経験についてもう少し基本的なことを確認しておこう。

　純粋経験の説明の大きな特徴は、それがごく当然のように意識の語と重ね合わされることである。たとえば、再び冒頭の箇所に戻れば、「自己の意識状態を直下に経験した時、未だ主もなく客もない、知識と其対象とが全く合一して居る」(NI, 9) として、純粋経験が直ちに意識状態との連関で語られる。意識の語は単独の使用以外にも、「意識現象」「意識体系」「意識統一」「意識発展」などと用いられ、そのような用例は枚挙にいとまがない。純粋経験についての説明は直ちに意識についての説明に変わっていき、「意識の体系というのは凡ての有機物のように、統一的或者が秩序的に分化発展し、その全体を実現するのである」(NI, 14) とされる。冒頭で問題にした「事実」についても、「いかなる意識があっても、そが厳密なる統一の状態にある間は、いつでも純粋経験である、即ち単に事実である」(NI, 16) とされ、やがて「実在」との連関で「実在とは唯我々の意識現象即ち直接経験の事実あるのみである」(NI, 52) と言われる。

　しかし、直接経験つまり純粋経験の事実について「我々に最も直接である原始的事実は意識現象であって、物体現象ではない」(NI, 52) と語るとき、西田は、自らの言葉遣いが誤解を生むかも知れないことに気づいていた。主客未分の立場に立つかぎり、「余の真意では真実在とは意識現象とも物体現象とも名づけられない者」(NI, 54) となるはずである。にもかかわらず、意識現象と言わざるを得なかったところには、哲学的説明として曖昧さが残る。しかし、繰り返される「意識現象」の語、第二編第二章の章題になった「意識現象が唯一の実在である」に即して言うなら、それは、たとえ対象が意識であっても物体であっても、意識に現象しているままが事実であり真実在であることを語っているであろう。言い換えれば、事実が現れているところ、そこに意識が働いている。純粋経験において意識は初めから事実のもとに出ているのである。そして意識が決して実体化あるいは対象化されるものでないことは、本文中に使われる「無意識」（傍点筆者）の語にも認められる。純粋経験の統一は「無意識統一力」（NI, 13）であり、統一力が働く間は常に「無意識」であることも繰り返し語られる。純粋経験の事実を意識現象として捉えながら、まさに事実に成り切ったところを示すのに「無意識」と言われること、そこには、通常の意識を越えた事態を見据えつつ、その立場を近代哲学の基礎概念である「意識」との連関で説明しようとする姿勢が認められるのである。

しかし、純粋経験の統一状態が無意識であるなら、そこからどのように主客が分離し、どのように通常の意識が現れるのか。西田は、純粋経験の「独立自全の純活動」には、意識体系の対立や衝突による分化発展が不可欠なものであると見なしていた。たとえば、「我々に直接に現われ来る純粋経験に対し、すぐ過去の意識が働いて来るので、之が現在意識の一部と結合し一部と衝突し、此処に純粋経験の状態が分析せられ破壊されるようになる」（NI, 16）とある。西田は、純粋経験の統一が破られる事態を十分視野に入れていた。つまり、意識に起こる衝突や分裂によって、無意識の統一のうちに意味や判断が生じるのである。しかし、そのような分裂も、より大なる統一に向かう一契機であった。本書の立場に基づくかぎり、「我々は純粋経験の範囲外に出ることはできぬ」（同上）のであり、統一や不統一も「畢竟程度の差」（同上）に過ぎない。統一状態の持続に関して、「一生懸命に断岸を攀づる場合の如き、音楽家が熟練した曲を奏する時の如き」（NI, 11）や、「恰も我々が美妙なる音楽に心を奪われ、物我相忘れ、天地ただ瀏喨たる一楽声のみなるが如く、此刹那所謂真実在が現前して居る」（NI, 59–60）という表現がなされるのも、われわれの経験のなかに主客合一の契機が含まれていることを示している。

純粋経験の「自発自展」が事実と知の未分ないし合一から始まるかぎり、事実の展開は同時に知の展開でもある。そして、分裂と統一から成る絶えざる自発自展のなかで潜在的に働く統一力、それは一方で「無限の統一力」として宇宙にまで通じるとされ、「理」と名づけられる。「理其者は創作的であって、我々は之になりきり之に即して働くことができるが、之を意識の対象として見ることのできないものである」（NI, 75）。他方、この統一力は「自己」とも呼ばれる。「我々の自己は直に宇宙実在の統一力其者である」（NI, 79）。創造的な純粋経験の統一力が、宇宙現象までの実在を貫く「理」と呼ばれると同時に「自己」とも呼ばれるところ、形而上学的方向と実存哲学的方向を同じところで押さえようとする西田の基本的立場が現れていると言えるであろう。

4.「現」―意識の立場の超克

ハイデッガーが『存在と時間』において、人間存在を「現存在」と名づけ、解釈学的現象学によって現存在の実存論的分析を遂行したことは、よく知られている。意識の語を用いることで純粋経験の立場を展開した西田と異なり、ハイデッガーは、初めから意識という語に対して明確な距離を取った。しかし、それはハイデッガーが意識を無視していたことを意味するのではない。『存在と時間』以前の諸講義を見れば、ハイデッガーが、フッサールによる現象学の成立の背景に、十九世紀後半以降哲学が実証主義や自然科学的心理学に対して、それらと共有する「意識」という主題を論じながら自らの独自性を主張していかなければならなかった状況を洞察し、ブレンターノ(一八三八〜一九一七)やディルタイ、ジェームズ(一八四二〜一九一〇)やベルクソンなどの新しい動きに注目していたことがわかる。これらの名前はまた、純粋経験の時期からその直後における西田との同時代性を際立たせるものでもある。ハイデッガーは、「現象学の主題的領野」が「意識」であることを認め、「志向性」の発見を現象学の最大の発見と受け止めていた。(注3) 現象学的還元によって獲得される純粋意識が、デカルト(一五九六〜一六五〇)のコギトの伝統を現代に新たに活かすものと見なされ、この純粋意識においてこそ、哲学の中心的問いである「存在」が絶対確実に与えられると考えられたかぎり、ハイデッガーにとって現象学は、存在の問いと密接な連関に立つ可能性において捉えられた。

しかし、ハイデッガーはフッサールに対して、「意識の存在(Sein des Bewusstseins)」が問われていないという批判を向けざるを得なかった。というのも、ハイデッガーにとって、純粋意識の存在についてのフッサールの規定は伝統的な意識の理念から取られてきたものに過ぎず、志向的なものの作用の遂行に即して取り出されたものではないと映ったからである。この洞察が、意識という有り方をする人間を、まさにそれ自身の存在の遂行において捉えることへ導いた。

こうして、意識や人間の代わりに選ばれた呼称が「現存在(Dasein)」である。「現(da)」とは「現にここに」ということであり、「ダーザイン」の語は一般に「存在」を意味するが、ハイデッガーは、この語を人間存在に限定する。というのも、人間には、他の物と異なり、自らの有ることが漠然とであれ理解されているからである。「理解(Verstehen)」は現存在の「現」つまり「開示性（Erschlossenheit）」を成す重要契機である。理解という仕方で自らの有ることに開かれつつ、そのつど様々な存在するものと関わり得ている現存在には、自分自身の存在とともに様々な物や他者の存在の理解が含まれることになる。この存在理解こそが哲学的問いへの通路であり、存在の問いの遂行はこの理解を仕上げることに他ならない。しかも、問うということ自体が人間の存在の仕方であるかぎり、存在の問いは、「問われているもの」としての「存在」とのあいだに、「問うことが問われているものに本質的に打ち当たられていること」（SZ, 8）という独自な規定を含むことになる。問うことが単に多様な有り方のなかの一つであるということではなく、問いの遂行において問われているものに常に巻き込まれているということである。対象化を許さない存在に対する人間の際立った位置が表明されている。こうして、「現存在」ということが、「現にここに有る」という事実と一つに「有ることが自らにわかっている」という開示性との二重性を含むこと、ここには、事実と知が一つである純粋経験との親近性が認められるであろう。

一方、現存在の開示性には、「理解」とともに「情態性（Befindlichkeit）」が含まれる。情態性は、「（〜な状態に）ある（sich befinden）」という語に由来し、ここでは特に、そのつど何らかの気分、つまり情態の内に自らを見出している有り方を指す。これら二つは、「情態的理解」として結びつき、「知」の原初態を成している。ただし、そのような知の原初態が、存在構造として捉えられていることに留意すべきである。理解と情態性は、前者が特定の可能性に向けて自らの存在を投げる（企投）のに対して、後者はそのつど一定の状況に投げ込まれている（被投性）ことから、両者相俟って「被投的企投」と規定される。それはまた、企投と被投性各々に対応する「実存」と「事実性」から「事実的実存」とも呼ばれる。要は、相反する方向の動性が結びついて現存在の存在を成しているのである。そして、情態的な存在理解が自らを「解釈（Auslegung）」へ仕上げていく過程で働く「分節（Artikulation）」作用が開示性としての「語り（Rede）」である。「語り」は、発語以前の段階で言語化に向けて働くものであり、ロゴスの実存的な様態とされる。

こうして、現存在が存在を理解しつつ様々な物や他者に関わり、かつてそのようにして自己に関わり得ていること、それは、現存在がそのような関わりの場、つまり「世界」に開かれていることである。世界が現存在の存在に本質的に属していること、それが現存在の根本構制としての「世界の内に有ること（In-der-Welt-sein）」、つまり「世界内存在」である。「世界」と「自己」が世界内存在の本質契機であるかぎり、現存在の世界理解は自己理解と不可分なのである。

5. 日常性、最も身近なところから／へ

ハイデッガーが現存在の分析論に着手したのは、人間の特定の有り方ではなく、われわれに最も直接な「差し当たってたいてい」の有り方、「平均的日常性」であった。しかし、この最も身近な有り方には、自明化した諸々の先入見が蓄積している。そのような日常性からの出発は、再びフッサール批判と結びつけるなら、現象学的還元による純粋意識の獲得が自然的態度のエポケー（判断留保）を通してのものであったのに対し、ハイデッガーは、還元以前の自然的態度をも含めて志向的なものの存在を受け止め直そうとしたことを意味する。この着手はまた、西田が主客の区別を前提とした普通の経験理解を踏まえつつも、主客の区別以前の純粋経験を、冒頭から一気に提示したのとも対照的であった。先述のように、純粋経験からすべてを説明する西田にとって、主客の統一と不統一は「畢竟程度の差」であり、不統一もさらなる統一のための契機でしかなかった。それに

対してハイデッガーは、現象学の立場から、現存在という存在するものを、「それが差し当たってたいていあるように、その平均的日常性において」（SZ, 16）自らを示すように、取り出そうとする。あまりに身近なために従来の哲学が飛び越してきた平均的日常性という有り方を、「無差別的な差し当たってたいてい」（SZ, 43）として取り出したのは、現象学にとっても画期的なことであった。しかし、この「日常性の無差別」は、その規定からして、『存在と時間』全体で取り出される「本来性（Eigentlichkeit）」と「非本来性（Uneigentlichkeit）」の双方に差別なく妥当するはずである。にもかかわらず、分析の展開とともにこの平均的日常性は「非本来性」と重ねられてくる。このことは、『存在と時間』の記述に面倒な問題を持ち込むと思われるが、今はその問題に立ち入らず、そのこととも関連する別の問題を提示することとする。

世界内存在を構成する世界は、現存在がその内に有る世界であって、決して対象として見られた世界ではない。世界についてもハイデッガーは、伝統的な世界解釈が飛び越してきた、つまり現存在にとって最も身近な世界に即して考察を進める。

ハイデッガーは、現存在が日常的に関わっているものを「〜するためのもの」という道具的性格を持つ「手許にあるもの（Zuhandenes）」と規定する。手許にあるものは他のものを指示しつつ、一まとまりの連関、つまり道具連関を成している。道具的なものがそれぞれの連関のなかに収まって適所を得る存在論的な構造が「帰趨（Bewandtnis）」とされ、最終的に世界の世界性として「有意義性（Bedeutsamkeit）」が取り出される。有意義性とは、現存在が、そのつどの自らの存在可能性を要にして周囲に張りめぐらしている世界の構造連関である。現存在は日常的に、世界のなかで出会われている「世界内部的なもの」をそのつど自らの存在の可能性の連関のなかで、しかも現存在自身の「目的であるもの（Worum-willen）」に向けて意義有らしめている。そして、世界内部的なもののもとでそれらに関わる有り方が「頽落（Verfallen）」である。そのかぎり「頽落」は、「実存」や「事実性」とともに現存在の開示性を成す本質契機であるのだが、現存在の存在分析の過程で、非本来性と重ね合わされてくる。現存在は差し当たってたいてい、誰でもない〈ひと（das Man）〉という有り方で物や他者との関わりに没入し、その頽落した関わりから自らの存在を理解するのである。すべてのものを「眼前にあるもの（Vorhandenes）」と捉え、物の存在も他者の存在も、そして自己の存在までも「眼前性（Vorhandenheir）」と見なす、この存在理解は、日常的な現存在に身近であるがゆえに却って自明化し、哲学の立場をも支配するに至る。

しかし、日常性において慣れ親しんでいる有意義性としての世界は、根本情態性としての「不安」に襲われるなか日常的な連関を断ち切られ、「無意義性（Unbedeutsamkeit）」に沈み落ちる。世界内部的なものは総じて重要性を失う。ここでハイデッガーは、「不安が情態性の様態として初めて世界を世界として開示する」（SZ, 187）と言う。第二編では「世界の無」（SZ, 343）とも言われるが、問題は、日常性を構成している有意義性としての世界と、その世界性が滑落したところに現れる無意義性としての世界、あるいは世界の無、これら二つの世界の関係である。有意義性では、現存在が自らの存在可能性を要に世界内部的なものの道具連関を成り立たせるかぎり企投の契機が強く働くのに対して、無意義性は、その道具連関を断ち切る根本情態性の不安のなかで経験されるものであるから被投性の契機が強くなる。世界内存在の世界において示されるこの二つの相をどのように統一的に捉えるか、ここに『存在と時間』の立場に関わる根本的な問題が現れていることを指摘しておきたい[注4]。

こうして、平均的日常性から出発した『存在と時間』第一部第一編の現存在の分析論は、不安において世界内存在がそのものとして開示されることの分析を経て、「現存在の存在」を「気遣い（Sorge）」として規定する。それは、「（世界内部的に）出会われる存在するもののもとに‐有ることとして、自らに‐先立って‐（世界‐の）内に‐既に有ること」という分肢的構造を備えた統一体である。「自らに先立って有ること」としての企投ないし理解（実存）、「既に有ること」としての被投性ないし情態性（事実性）、「もとに有ること」としての頽落という、繰り返し語られる三肢構造から成る全体、それは現存在の存在全体の形式的構造であるが、この時点ではなお日常性での着手のもと、現存在の非本来性において捉えられたものに過ぎない。現存在の存在を十全に取り出すためには、その存在が本来性と全体性において確保されなければならないのである。

6．二つの直接性

以上、二人の哲学者があらゆる仮定や先入見を離れて原点に立ち返ろうとしたことを、「事実そのままに知る」と「事象そのものへ」という類似表現で表したことに認め、西田における「純粋経験」、ハイデッガーにおける「現存在」を考察した。いずれもその端緒に触れたに過ぎないが、本章を締め括るにあたり、両者の違いを確認しておきたい。

ハイデッガーは、われわれ自身がそれである「現存在」を、存在するものとして最も近いものでありながら、存在論的には最も遠いものと受け止め、現存在の直接的な有り方を無差別な平均的日常性に見出した。「この有り方から出てかつこの有り方へと帰って、実存することは、すべて有るがままに有る」（SZ, 43）と言われている。しかし、「存在論的に最も遠い」の語が示すように、伝統的な存在論は、人間存在を問題にしながら、この最も身近な有り方を飛び越してきた。そこには、「眼前性」としての存在理解が自明となり、存在の問いを立てる必然性を感じさせないほどにわれわれの存在理解を作り上げてきたという根本洞察がある。したがって、ハイデッガーにとっては、そのような存在理解によって覆われている現存在の存在がそのものとして取り出されなければならないとともに、なぜそのように自明な存在理解が出来上がってしまうのかが明らかにされなければならない。後者については、その根拠として、現存在が「差し当たってたいてい」陥っている有り方、つまり頽落が提示された。

一方、西田において、純粋経験は直接経験と言い換えられ、それは一切の意味や判断が生じる以前のところである。そのような経験がはたして且ついかにして可能かという問いは依然として出されるであろうが、西田は通常の知が既に主客の二分を前提にしていることを逆手に取り、主客未分あるいは主客合一にこそ実在の現前を見出す。それは、「自己を忘れる」、「自己を没する」といった西田の語が示すように、われわれが「無我夢中」とか「無心に」などと言い表す事態、別の表現を使うなら「三昧」の境地にもつながる。そのような経験は、たしかに稀であろう。しかし、西田は、その純粋経験でこそ事物はありのままに現前し、自己もまたありのままであると考えた。

ハイデッガーとの連関で指摘しておきたいのは、『善の研究』では、「日常性」の語は用いられないものの、二十数年後の講演「歴史的身体」（一九三七年）では、純粋経験が「日常の経験」と言い表されることである。年月の隔たりはわきまえなければならないが、最も身近で直接的な経験の内にすべてがそのままに現れているという着想は出発点において既に働いていたと見なされる。われわれは、事実や事象のありのままのところを「原初」と呼んだのであるが、西田において原初としての純粋経験は最も直接的なところであり、それは日常性と別ではない。「原初」はハイデッガーが『存在と時間』より後に用いるようになる術語なので、使用には慎重にならなければならないが、敢えて対照のために用いるなら、ハイデッガーは、最も直接的な日常性そのものではなく、むしろ日常性において覆われている現存在の存在にこそ、原初を見出したのである。

注

注1）大橋良介「純粋経験としての歴史」（西田哲学会編『西田哲学会年報』第三号（二〇〇六年）、一－一四頁）。

注2）西田幾多郎は、一九一〇年一〇月二一日付けの紀平正美宛て書簡で、純粋経験を第四編にすることを提案している（新版『西田幾多郎全集』第十九巻（岩波書店、二〇〇六年）一八七頁）。なお、この辺りの事情については、『善の研究』（岩波書店、改訂二〇一二年）での藤田正勝による解説が詳しい。

注3）フッサール現象学に対するハイデッガーの姿勢については、一九二五年夏学期講義『時間概念の歴史への序説』が参考になる（GA20, 3ff.）。常俊宗三郎、嶺秀樹、レオ・デュムペルマン訳『ハイデッガー全集』第二十巻（創文社、一九八八年）。

注4）二つの世界の関係を掘り下げ、独自な解釈を打ち出したものとして、われわれは後に、辻村公一の立場（第十三章）と上田閑照の立場（第十四章）を取り上げて考察する。

参考文献

上田閑照『上田閑照集　第二巻　経験と自覚』（岩波書店、二〇〇二年）
氣多雅子『西田幾多郎『善の研究』』（晃洋書房、二〇一一年）
鈴木貞美『歴史と生命　西田幾多郎の苦闘』（作品社、二〇二〇年）

田中久文『西田幾多郎』(作品社、二〇二〇年)
檜垣立哉『西田幾多郎の生命哲学 ベルクソン、ドゥルーズと響き合う思考』(講談社、二〇〇五年)
藤田正勝『西田幾多郎』(岩波書店、二〇〇七年)
轟孝夫『ハイデガー『存在と時間』入門』(講談社、二〇一七年)
宮原勇編『ハイデガー『存在と時間』を学ぶ人のために』(世界思想社、二〇一二年)

3　自己への問いと意志的自覚

《目標とポイント》　両者は、「自己」の本質を意志的なものに認めることでも共通する。純粋経験の統一力である「意志」は、『自覚に於ける直観と反省』での「絶対自由の意志」に展開し、他方『存在と時間』において現存在の本来性を成す意志的性格は、「超越」さらに「時間性」につながっていく。両者において「意志的自覚」とも呼ばれうる有り方を考察する。

《キーワード》　自覚、自己、絶対自由の意志、先駆的決意性、超越、時間性

1．現存在の存在と時間性

(1)　本来性と全体性

前章で見たように、現存在の存在としての「気遣い」は分肢的構造を持つ統一体である。ただし、そこで述べたように、日常性から取り出されたその構造は、未だ全体性と本来性を確保されていないため、これら二つの有り方が求められる。

現存在の存在の全体性を確保するのは、「死への存在（Sein zum Tode）」である。死は、誰にも必ずやって来るが、いつどのようにであるかは定かでなく、代替が効かず各自が自ら引き受けるしかない。それは、現存在の存在を不可能にする可能性であり、「最も自己的で没交渉で確実な、しい

かも確実なものとして不確定な、追い越し得ない可能性」(SZ, 258-259) である。死は存在の終焉であるが、生の側から捉えられるかぎり、どこまでも可能性にとどまるため、全体性は究極としての死に先駆するという仕方でのみ開示される。死への先駆は、根本情態性としての不安に気分づけられつつ、現存在を非本来性から引き離し、自己自身に本来的実存を開示する。[注1]

一方、この本来性を実存的可能性として証示するのが、「良心を持とうと意志すること」である。「良心」とは、非本来性のうちで自己を喪失している「〈ひと〉の自己」に呼びかけて本来的に有りうることへと呼び起こす沈黙の声、「根源的な語り」に他ならない。「良心の呼び声」は、現存在の存在そのものの声として、自らが「負い目的に有ること」を語る。負い目的とは、「ある非力さの根拠で有ること (Grundsein einer Nichtigkeit)」である。そして非力さとは、自らが根拠を置いたのではない存在に投げ込まれ、そのような存在の根拠で有らざるを得ないこと、そのかぎり常に一定の可能性を企投するしかできないこと、しかも差し当たってたいていは頽落における非本来性へと落ち込んでいることである。こうして、「気遣いはそれ自体において徹底的に非力さに貫かれている」(SZ, 285)。良心の呼び声を聞き取り、限られた可能的な存在を自らの存在として選び取ること、つまり「良心を持とうと意志すること」において本来性が確保される。そして、全体的で本来的に有り得ることとの開示性、「決意性」が、死への先駆と結びつけられることで、「先駆的決意性 (vorlaufende Entschlossenheit)」となる。「現存在の存在を根柢から徹底して統べている非力さは、死への本来的な存在において現存在自身に露わになる。…先駆的決意性は、負い目的に有り得ることを初めて本来的且つ全体的に、すなわち根源的に理解する」(SZ, 306)。

ハイデッガーが先駆的決意性に求めるのは、現存在の根源的な統一性であり、そこに自己の自己性も基礎づけられる。現存在の存在が全体性と本来性において確保されたことで、現存在の存在そのものを可能にする制約として「時間性」を分析する準備が整ったことになる。

(2) 時間性における統一性

「気遣いの構造の根源的統一性は時間性に存する」(SZ, 327) という一文が示すように、現存在の存在の統一性を担う時間性は、将来・既在性・現在の三つの「脱自態 (Ekstase)」から成る。

死という究極の可能性に向かって企投する先駆的決意性は、その可能性において自らに将来する。「自己をそれ自身に将来させること (Sich-auf-sich-Zukommenlassen)」が「将来」の根源的現象である。他方、そのようにして自己であることは、同時に自らの被投的な根拠を引き受けることとして、自らが既に在ったことへと「帰来する (zurückkommen)」。過去的方向としての「既在性」である。こうして、企投と被投性がそれぞれ将来と既在性に結びつく。さらに、「先駆的決意性は、現のそのつどの状況を開示する」(SZ, 326)。この「状況」のうちで現前するものを「出会わせること (Begegnenlassen)」は、現前するものを「現在化すること (Gegenwärtigen)」としての「現在 (Gegenwart)」において可能となる。「将来的に自己に帰来しつつ、決意性は現在化しながら自らを状況の内へもたらす」(同上)。時間性は、三つの脱自態の動的な統一として「時熟する (sich zeitigen)」。そして、この脱自的な時間性の「時熟」は、「脱自」の行き先として「地平」を備えており、このことが世界への超越ということを可能にしているのである。

時間性の時熟においては、「先駆」が本来的な将来をなすのに対応して、本来的な既在性として「[取り戻し的] 反復 (Wiederholung)」、本来的な現在として「瞬間 (Augenblick)」が示される。

瞬間とは、瞬時の点的なものではなく、「現存在が決意しつつ状況のうちで配慮されうる諸可能性や諸事態において出会われるものへと脱け出ること、しかも決意性のうちに保持されたままで脱け出ること」(SZ, 338)である。本来的な時熟では、本来的で全体的な存在を開示するのが先駆的決意性であるがゆえに、将来が優位を占めるところに、ハイデッガーの立場の特徴がある。これに対し、非本来的な時間性は、手許にあるもののもとへの頽落ゆえに、「もとに有ること」が優位を持ち、現在から時熟する。非本来的な現存在は、自らに固有な存在を「忘却し」(既在性)、手許にあるものの帰趨を「予期し」つつ(将来)、そのものを「現在化する」(現在)。

こうして、ハイデッガーが存在の問いの新たな仕上げに向けて、存在論の歴史における存在の問いの「忘却」から、その問いを「取り戻して反復すること」を目指すとき、その転換の可能性は、非本来的な既在性と本来的な既在性の関係のうちに基礎づけられるのである。

現存在の存在が時間性に基づけられたことによって、時間性は現存在の存在を可能にする「超越論的な地平」として明らかになった。しかし、周知のように、時間性をもとにさらに存在一般の意味の地平として「とき性(Temporalität)」を解明しようとする過程で、思索は途絶することになる。『存在と時間』の思索の途絶という、ハイデッガー解釈にとって最も問題的な事態に、今ここで立ち入ることはできない。ただ、少なくとも『存在と時間』公刊直後は、その続行に向けて、なお現存在の超越を明らかにしようとする思索が試みられた。二年後に公刊された通称三部作、すなわち『根拠の本質について』(以下『根拠』)、『形而上学とは何か』(以下『形而上学』)、『カントと形而上学の問題』は、すべてそのような試みである。

（3）無と超越

『根拠』と『形而上学』が共有する関心事は、「全体における存在するもの（das Seiende im Ganzen）」に向かう形而上学の根本構造を現存在の存在のうちに確保すること、言い換えれば、形而上学が学として営まれる以前にそもそも形而上学的問いが起こってくる「もと」を、現存在の存在のうちに探ることである。その際のキーワードが「超越」である。二つのテクストは、『存在と時間』で「非力な根拠で有ること」に含まれていた「根拠」と「無」の契機を、それぞれ掘り下げる試みであった。

まず、『根拠』は、「いかなるものも根拠なしに有るのではない」という定式化のもと伝統的に「根拠律」として伝承されてきた命題が示す事態を探るものであり、要は「有るものが有る」ことの「根拠」を考察する。この考察に際し、ハイデッガーの導入するのが、「存在（有ること）」と「存在するもの（有るもの）」との区別、有名な「存在論的差異」である。「有るもの」が「有るもの」でありうるのは「有る」によってであるが、しかし「有る」はいかなる「有るもの」でもない。両者の区別は、そしてその区別を表すのに用いられる「ない」は、どこにどのように根拠づけられるか。たとえば、存在するものの根拠を神に見出す立場は、既に「存在」を「最高の存在するもの」にすり替えている。ハイデッガーは「根拠」の本質を求めて、現存在の存在のうちに「根拠づけ（Gründen）」の動性を探る。「根拠づけ」は、「世界の企投」、「存在するもののただなかに自らを見出しつつ徹底的に気分的に統べられること」、「存在するものを基礎づけること（Begründen）」の三つの様態から成る。これらが「気遣い」ないし「時間性」の三つの契機に対応するのは明らかである。世界の企投は、存在するものが出会われる地平、つまり世界を形成する意志の働き（「超投（Überwurf）」かつ「前投（Vorwurf）」）であり、それは同時に被投的に「地盤を受け取ること」である。この両者が第三の「基礎づけること」を可能にする。それが、将来と既在性の間の現在に対応することも明らかである。これら三者による脱自的 - 地平的な時熟によって、「存在」を理解しつつ「存在するもの」と関わること、換言すれば「存在するものを越えて存在へ」という超越が可能になる。ここでも、『存在と時間』における将来の優位を踏襲して、第一の根拠づけに優位が認められる。すなわち、先駆的決意性として働いていた意志が、存在論的差異に基づいて存在するものをその存在において根拠づける世界地平を形成するものとして位置づけられるのである。ただし、根拠づけの自由には、同時に「［脱底的］深淵（Abgrund）」が属する。深淵は、第二の根拠づけにおける被投性の「無力（Ohnmacht）」であり、現存在の「有限性」を規定する。これは、負い目的に有ることが非力さの根拠とされたことの思想的展開であるが、超越の問いの展開のなか、無の契機がより射程を拡げて捉えられているのがわかる。

図3－1　トートナウベルク山荘
（*Dem Andenken Martin Heideggers*, Klostermann, 1977）

この無をめぐる事態を、不安における「無」の独自な動性から考察したのが、『形而上学』である。不安のなかで無は、存在するものを全体において滑り去らせながら、自らを拒絶するという仕方で、滑り落ちる存在するものを、まさに存在するものとして指し示す。「存在するもの」を「無ではない」として自分自身から「撥ねつけつつ指示すること（abweisendes Verweisen）」の独自な動性、この「無の無化

(Nichtung des Nichts)」こそが、存在するものが開示されることを先行的に可能にする。「現‐存在とは、無の内へ差し入れられて保たれてあること（Hineingehaltenheit in das Nichts）である」（GA9, 115）と言われる。ここで「現‐存在」は直ちに人間と同義ではなく、自らを無の内に差し入れて保ちつつ、無に基づくことで存在するものを全体において越え出ているという有り方そのものであり、つまりは「超越」である。

しかし、現に存在することがそれ自体として常に無に基づいていながら不安の経験が稀であるのは、通常われわれが存在するものとの関わりに没頭して自らを喪失しているからであり、さらにそれは「無が差し当たってたいていは、その根源性において我々に偽装されている」（GA9, 116）からである。無が「偽装され（verstellt）」、「覆蔵され（verborgen）」つつ、われわれを存在するものへ差し向けるところにまた、無の無化の独自な動性がある。無が覆蔵を破られて現存在を襲うのが不安であるが、われわれはこの無を自らの意志や努力で支配できないほどに有限なのである。

『形而上学』は、『存在と時間』と同じく「不安」に依拠しつつ、「無」の独自な動性から超越を照らし出し、覆蔵された無に基づいて存在するものを全体において越え行くことに、学として営まれる以前の形而上学の根本生起を見て取った。それは、存在が問いとして生起してくる「もと」に遡っていくことでもあった。それは、われわれが存在の問いの「原初」と見なすところでもある。

以上、「超越」をめぐって『存在と時間』からの一歩を踏み出した『根拠』と『形而上学』には、『存在と時間』において「世界」の記述が示した二義性、つまり現存在の存在可能性としての「目的であるもの」を要に成り立つ有意義性の世界と、不安によって有意義性が無意義性に沈み落ち、世界の無が露わになるとされた場合の世界、その二義性の展開した事態を認めることができる。今、時間性との連関で言うなら、前者の「意志」が「将来」の優位を示すのに対し、後者では、無の内へ差し入れられて保たれてある被投的有り方が取り出されるかぎり、「既在性」の独自な位置づけが認められる。そうなれば、さらに「現在」の位置づけも問題になるであろう。しかし、実際には、『形而上学』で時間性の分析はなされなかった。『根拠』が超越を意志的な地平形成という企投の側から捉えているのに対し、『形而上学』は、地平形成する現存在の存在を、まさに全体として気分づける無とともに、無への被投的側面から捉えている。両者は、超越という根本事象をめぐって、言わば表裏を成している。しかし、超越という根本主題が二つのテクストに分かれざるを得なかったこと自体、その間に容易に架橋できない問題があることを示している。自己の自己性を超越に求め、その根柢を時間性に探ろうとした思索が、根源的な意志の根柢に無を見て取ったかぎり、この連関の落し所がさらに探られなければならない。ただ、存在の問いの展開のなか、超越との連関で意志の根源性が認められるとき、そこには、自己の問いの展開のなかで意志的性格を強めていく西田との共通性が見出せるのである。

2. 純粋経験から自覚へ

(1) 情意の知

純粋経験を全体として確認することにしよう。『善の研究』では、思惟、意志、知的直観等すべての意識現象が純粋経験の自発自展として捉えられるが、そのなかで究極に位置づけられるのは「知的直観」である。それは「思惟の根柢」であり、「意志の根柢」である（N1, 44）。この知的直観が結びつけられるのが、第四編の主題として、「哲学の終結」と言われる「宗教」である。繰り返し用いられる「知情意」の語に即せば、知よりも意志が、つまり知的自己より情意的自己の方が広く深いというのは、『善の研究』の特徴であり、かつ『善の研究』以降も続く西田の基本的立場であるが、知と意の根柢に宗教と結びつく知的直観があるなら、改めて知的直観と知情意の関係が問われなければならない。

意志については、純粋経験の統一作用自体が意志に帰せられ、思惟に対する意志の優位が、第一編第三章の「意志」、そして意志の働きが顕著な「道徳」を主題とする第三編全体を通じて見出される。一つ挙げるなら、「意志は意識の根本的統一作用であって、直にまた実在の根本たる統一力の発現である」(NI, 143)。一方、情意の情、つまり感情については、知(思惟)や意志のように単独の主題的考察はなされておらず、意志と共に「情意」というようにまとめられて「知」に対置される場合が多い。しかし、この「情」が特徴的に考察されているのが、「自他一致の感情」「主客合一の感情」と呼ばれる「愛」である(NI, 156)。そのことを、本書で二度主題化される「神」[注2]との連関で確認しておきたい。

まず第二編「実在」の最終第十章の「実在としての神」では、まず「実在」を、無限の対立衝突であるとともに無限の統一、「一言にて云えば独立自全なる無限の活動」と改めて押さえたうえで、神とは「この無限なる活動の根本」、「実在の根柢」、「主観客観の区別を没し、精神と自然とを合した者」であるとする(NI, 96)。したがって、大は宇宙の全体から小は個人の意識にまで働く統一力にわれわれが成り切るとき、それは「実在の根柢」である神との合一、「見神の事実」(NI, 100)を意味する。実在統一の根本である神は情意の活動と結びつけられ、その統一は個人的統一を越えた一層大なる統一、他人と自己を包含する「大なる自己」による「他愛」として捉えられる。第十章の締め括りは、「故に我々は他愛において、自愛におけるよりも一層大なる平安と喜悦とを感ずるのである。而して宇宙の統一なる神は実にかかる統一的活動の根本である。我々の愛の根本、喜びの根本である。神は無限の愛、無限の喜悦、平安である」（NI, 101）となっている。

「神」が主題化するもう一つの箇所は、第四編「宗教」である。本編第一章が「宗教的要求」から始まることは、宗教への通路がこの要求以外にないことを示している。それは、「大なる生命の要求、厳粛なる意志の要求」（NI, 170）として意志をなお強調しているが、注目すべきは、最終第五章「知と愛」である。この章はもともと清沢満之（一八六三～一九〇三）主宰の浩々洞発刊の雑誌『精神界』に発表されたもので、執筆の時期も約三年早いが、内容的な連関から挿入された。しかし、「知と愛」の章が最後に置かれたことは、冒頭の一文同様、この書にとってやはり決定的であったと思われる。

図３－２　書斎「骨清窟」（西田幾多郎記念哲学館所蔵）

この章は、通常は異なる精神作用と見なされている知と愛が本来同一の作用であることを述べる。すなわち、知とは、「自己の妄想憶断即ちいわゆる主観的の者を消磨し尽して物の真相に一致」（NI, 196）することであり、他方の愛は、「自己をすて丶他に一致する」（NI, 197）ことである。西田によれば、数学者が数理を知るのは自己を棄てて数理を愛するからであり、美術家が自然を看破しうるのは自己を自然のなかに没するからである。知も愛も主客合一、自他合一の境地を示すもの、「知即愛、愛即知」（NI, 198）である。それが宗教と連関するのは、自己を忘れて物を知り愛することが自力を越えた他力と同一視されるからである。西田は、「愛は知の極点である」（NI, 199）と語り、「実在の根柢」として捉えられた神についても、「我は神を知らず我ただ神を愛すまたはこれを信ずという者は、最も能く神を知り居る者である」（NI, 200）と締め括る。こうして、事実と知の合一を出発点とした本書は、最後に、共に主客合一である知と愛との同一で締め括られる。出発点が到達点と重なり合うこと、これは、西田が主客未分の刹那に触れ、その純粋経験の事実を離れることなく、すべてを説明しようとしたことを示しているであろう。

以上われわれは、「事実そのままに知る」という冒頭の一文に基づいて、主もなく客もないところに発する事実が、主客の分離とその統一から成る展開によってどこまでも広がり深まりうること、そして知もまた、事実に応じて同様に広がり深まりうることを確認した。純粋経験の自発自展は、知情意未分のところに立脚しつつ、科学的知識から道徳的人格的意志、さらに宗教的愛にまで及ぶ。知の究極としての知的直観が愛をも含むものであるかぎり、そのような知を「情意の知」と呼ぶことができるであろう。

ここには、ハイデッガーにおいて現存在の根源的な自己が「先駆的決意性」と根本情態性の「不安」に見出され、そのかぎり情意的性格を持つこととの類似性が認められる。では、両者の相違性はどのように捉えられるか。その検討のためには、西田における「知情意」の展開をもう少し追っていかなければならない。

（2）自覚の立場

『自覚に於ける直観と反省』（一九一七年、以下『自覚』）は、一方にベルクソンへの共感のもと

「純粋経験」の立場を新たに「直観」の語のもとに捉え、他方に新カント学派の論理主義的立場との対決を通して厳密化された「反省」を置き、これら全く異質な両者と、その両極に張り渡された相互の内的関係を、「自覚」において説明しようとする体系的試みである。

『善の研究』からの最大の変化は、「思惟」の契機の強大化である。「直観」が「主客の未だ分れない、知るものと知られるものと一つである、現実その儘な、不断進行の意識」(N2, 15) として、ほぼ純粋経験を引き継いでいるのに対し、「反省というのは、この進行の外に立って、翻って之を見た意識である」(同上)。『善の研究』ではすべての現象が「純粋経験」の自発自展であり、そもそも「純粋経験」の外はあり得なかった。意識の統一状態が破れて不統一になることが反省や思惟の成立のうちで語られても、不統一はさらなる統一のための要件であり、最終的に「程度の差」に還元された。

しかし、そうであるからこそ、『善の研究』には、この著作を成り立たせている哲学的思惟が、純粋経験の自発自展のなかに位置づけられる思惟との間にギャップを孕むという問題が残った[注3]。換言すれば、思惟を純粋経験の自発自展として位置づけて説明する思惟は、自発自展に含まれるものとして説明される思惟とは次元を異にせざるを得ない。前者の高次の思惟、つまり思惟について思惟する思惟は、純粋経験の自発自展に対していかに自らを関連づけるか。このとき、『自覚』を遂行する哲学的思惟は、新カント学派や現象学との対決によって反省の高次性、そして意味や価値の固有性を突き付けられる一方、それでいて直観の直接性を離れないという難題を背負わされる。こうして、体系の原理となる「自覚」には、異質な次元の両極をいかにして結びつけるかが、当時の哲学の主要テーマであった「事実と意味」、「存在と価値」の問題と重なって、究明を求められることになった。

『自覚』は、冒頭で「自覚」を、「自覚に於ては、自己が自己の作用を対象として、之を反省すると共に、かく反省するということが直に自己発展の作用である、かくして無限に進むのである」(同上) と提示する。自覚とは自己が自己を知ることであるがゆえに、そこでは、自己が自己を対象とする「反省」と、その対象化それ自体を把捉する「直観」が一つに結びつく。「活動」とその「所産」を一つにして「我」を捉えたフィヒテ (一七六二〜一八一四) の「事行 (Tathandlung)」、さらに「英国にいて完全なる英国の地図を写す」(N2, 16) という例を示したロイス (一八五五〜一九一六) の「自己代表的体系」が手がかりとなる。今、後者の例を取り上げるとして、たとえば私が英国の外にいて英国の地図を写す場合、一枚写せばその行為は完結する。しかし、英国にいて英国の地図を写す場合、西田によれば、写し得たということがさらに新しい企図を生じさせる。なぜなら、完全な英国であるためには、新たに出来上がった地図がそこに写し加えられなければならないからである。だとすれば、写される地図に終わりはなく、それは同時に、私の写す行為が無限に続くことでもある。しかし、写された地図がさらに写されなければならず、一方で写す私をさらに写さなければならないとして、このとき英国そのものはどのようになるであろうか。写す私は英国にいる私であり、英国は写す私を含む (包む) 英国である。したがって、英国にいる私が、私がその内にある英国を写すことは、そのことによって同時に、英国を写している私をも写すこととなり、それはさらに、写す私を焦点にして英国が英国を写すとも言うべき事態になる。ここでは、自己が自己を映す (知る) ことが自己のいる場所を伴うものであること、つまり自覚が既に場所的自覚と見られうることに留意すべきである。[注4] もう一つ留意すべきは、このロイスの例で、「英国にいて」ということで語られる「私」の存在構造がハイデッガーの「世界内存在」にきわめて近いと思われることである。ここでの英国は特定の国ではなく、むしろ自己が差し当たってたいていその内に自らを見出す場所、つまり世界と捉えられる。自らがその内に有る世界を地図に写すためにはいったん対象化が必要であるとしても、世界は対象化以前に、あるいは対象化を越えて、対象化する自己を包み込んでそこにある。自覚する自己は、常に世界に開かれている自己に他ならない。

こうして西田の思惟は、直観と反省という異質な両極を含む自覚の構造を最初に提示した後、事実と意味、存在と価値のギャップを自覚的体系から結合することに向けて、一歩一歩進むことになる。そして難渋を極める紆余曲折の歩みの果てに、最終四十四節に程近い三十九節で西田は、「余は遂にこれまでの議論を清算した」（N2, 10）と語り、「此書において達し得た最後の立場」（同上）として「絶対自由の意志」を提示する。

（3）創造的な「絶対自由の意志」

「絶対自由の意志」において注目したいのは、ベルクソンの「創造的進化」やシュティルナー（一八〇六～一八五六）の「創造的無」などをもとに触れられる自由意志の創造性である。とりわけ後者について、シュティルナーが『唯一者とその所有』（西田の表記では、マックス・シチルネルの『我とわが物』）で「我」は創造的無より来って創造的無に返り行くと言っていることを押さえ、この語が意志の真相を言い得た最も深いものであると西田が解していることである。すなわち、「創造的無より来って創造的無に入り行く意志は実在であり、意識である」（N2, 275）。西田が実在としての意志の根柢に「創造的無」を見るとき、この語のもとにユダヤ‐キリスト教的な「無からの創造」を思い浮かべることは容易であろう。事実西田は、この創造的意志を神の絶対的意志に比している。しかし、西田にとって、「無からの創造」は、宗教の教義である以前にわれわれの生きる事実であった。すなわち、「無より有を生ずるということほど、我々に直接にして疑うべからざる事実はない、我々のこの現実に於て絶えず無より有を生じつゝあるのである。…かく無より有を生ずる創造作用の点、絶対に直接にして何等の思議を入れない所、そこに絶対自由の意志がある、我々はここに於て無限の実在に接することができる、即ち神の意志に接続することができるのである」（N2, 281）。

繰り返せば、西田にとって「創造」は、特別な教義である以前に、われわれの自己の事実であった。しかも、創造ということが程度の差はあれ「無から有へ」ということを含むかぎり、そのことを最も端的に示すのが意志であった。

「神の意志の如きもの」（N2, 276）と言われ、「宇宙の創世作用」（N2, 295）にも比せられるこの意志について、西田は、「絶対自由の意志が翻って己自身を見た時、そこに無限なる世界の創造的発展がある」（N2, 287）と語る。もっとも、このように書かれているからと言って、何か形而上学的な意志的実体のようなものが意味されているのではない。純粋経験の統一力に見られていたように、意志の特性は、個々のわれわれの意志に働く力が、通常の意志を越えて広がり深まるところにある。その際、意志が自らのうちに翻りうること、自己を否定しうることに、意志の自由がある。それは、「無限なる発展（egressus）」と同時に「無限なる復帰（regressus）」を可能にする（N2, 284）。本書の冒頭で直観と反省の内的結合が自覚に認められたとき、自覚とは、自己を反省しつつそのこと自体が自己自身の展開であるとして、言わば両作用の結合、「作用の作用」とされたが、今やその働きが、「絶対自由の意志」から捉え直される。絶対自由の意志は、無限な肯定と否定を行うことによって、種々の世界を成立させる。肯定の裏面に否定、否定の裏面に肯定を含みつつ、絶対的肯定による純粋知覚と否定的方向の純粋思惟の間に種々の段階を可能にする。それによって、われわれは、抽象的な物理の世界から具体的な歴史の世界、さらにそれを超えて芸術や宗教の世界まで、種々の世界に出入りするのである。

共に最終的な対象化を許さない世界と自己との関係が問題になるとき、それはまたわれわれにハイデッガーとの関係を思い起こさせずにはいられないが、そのことは指摘にとどめ、本書における最終的な立場が示された今、ハイデッガーと西田の両者が示した「自己」における意志的性格を確認しておきたい。

3. 二つの意志的自覚

われわれは、両者の思索の出発点を「現存在」と「純粋経験」において確認し、さらにそこからの展開を通して自己の自己性がどのように捉えられているかを、「先駆的決意性」と「絶対自由の意志」に即して検討した。これらは、両者の捉えた意志的自覚とも言うべきもので、その自覚において自己が置かれている世界に開かれていること、独自な無の契機が本質的に働いていることに、相通じる特性を持っている。

しかし、意志的自覚の統一を成り立たせるところに見られる時間の契機については、明らかな違いがある。既に見たように、ハイデッガーにおいては「将来」が決定的な優位を持った。それに対して、西田においては一貫して「現在」が優位を持つ。たとえば、『善の研究』では、純粋経験において「事実其儘の現在意識あるのみ」（N1, 10）と言われるし、『自覚』でも絶対自由の意志において、「真の自己はこの現在の能動的自我」（N2, 258）であり、それは「未来に進み行く」とともに「過去を省みる」「両方向の結合点」と位置づけられる。注意すべきは、西田における現在が、過去や将来と並ぶ一契機としての現在ではなく、三つの契機全体を統一するものと見られていることである。ここに、ハイデッガーにおける時間性との違いを認めることができる。

さらに、西田が出発点において既に宗教を強調するところにも、ハイデッガーとの相違が認められるであろう。ただし、ハイデッガーにおける先駆的決意性、不安や良心の分析には、不安のなかで決意して神の到来の時を待ち望むキリスト教的実存の存在論的構造を見出すことができる。言い換えれば、神や信仰に関わる語を用いることなく、宗教性の基盤を現存在の存在の内に認めうるということである。(注5)

》注

注1）『存在と時間』における「死」の分析、とりわけその問題を「死」の語り、およびその語りを「聞く」という観点から掘り下げたものとして次の論考がある。松本直樹「死を語る言葉をどのように聞くか—ハイデガー『存在と時間』における「死の実存論的な分析」について」（宗教哲学会編『宗教哲学研究』第三四号（二〇一七年）、四四 - 五七頁）。

注2）二つの箇所の関係については、前者が思惟（知）によって説明される「神」、後者が知的直観によって合一する「神」というように、性格の違いを認めることができる。それは、西洋の伝統に類似性を探すなら、「哲学者の神」と「啓示の神」との関係に比較できるであろう。

注3）上田閑照は、この問題を『善の研究』における「立場の問題」として論じている（U2, 138ff.）。

注4）このロイスの例については、上田閑照が詳細に検討を加えている。「焦点」という語も上田が用いているものである（U3, 75ff.）。

注5）『存在と時間』の現存在分析の背景にキリスト教的信仰の人間観があることは、早くからペゲラーなどが言及していた。オットー・ペゲラー著、大橋良介・溝口宏平訳『ハイデッガーの根本問題』（『現代哲学の根本問題』第12巻　晃洋書房、一九七九年）。

参考文献

上田閑照『上田閑照集　第二巻　経験と自覚』（岩波書店、二〇〇二年）
秋富克哉・関口浩・的場哲朗共編『ハイデッガー『存在と時間』の現在』（南窓社、二〇〇七年）
須藤訓任『『存在と時間』第2篇評釈　本来性と時間性』（岩波書店、二〇二〇年）
仲原孝『ハイデガーの根本洞察「時間と存在」の挫折と超克』（昭和堂、二〇〇八年）
渡邊二郎『渡邊二郎著作集　第3巻　ハイデッガーⅢ』（筑摩書房、二〇一一年）

4 場所と世界

《目標とポイント》「場所」の思想は、意識的主体の場所的性格を照らし出すとともに、独自な論理化の端緒となることで、西田哲学の展開に画期的な意味を持った。その内実を考察し、同じく主体の場所的性格を際立たせたハイデッガーの「現存在」および「世界内存在」と突き合わせてみたい。

《キーワード》 意識の野、地平、場所、直観、論理化、存在（有）と無

1. 西田における「場所」

(1) 自覚の場所性

ハイデッガーが『存在と時間』の原稿を印刷所に届けた一九二六年、西田の画期的な論文「場所」が発表された。経済哲学者の左右田喜一郎（一八八一〜一九二七）が、この論文を評した文章の中で「場所」の思想の哲学的独自性をもとに「西田哲学」の語を用いたことが、この呼称の最初とされている。(注1)

論文「場所」は、冒頭、当時の認識論の立場を踏まえ、その基盤には認識作用とそれを超越する対象との対立が存していることを確認する。ただし、西田によれば、対象と対象が関係するには、

その関係が「それに於てあるもの」がなければならない。「有るものは何かに於てある」(N4, 225)というのが、本論考における西田の基本テーゼである。他方の認識作用についても、作用の統一としての「我」が考えられるためには、「我」は「非我」に対して考えられるかぎり、我と非我との対立を内に包み、いわゆる意識現象をうちに成立させるものがなければならないとされる。こうして、時間と共に移り変わる「意識現象」に対し、移り変わらざる「意識の野」が区別される。用語にだけ留意するなら、『善の研究』では唯一の実在とされた意識現象に対し、「場所」論文では、それを映す意識の野が導入されたことになる。

このように議論の出発点は認識論であり意識論であるが、『善の研究』以来の基本的立場として、それは同時に実在論ないし存在論と重なり合い、しかも自己の問題とも離れない。ただし、論文「場所」の独自性は、そのような西田の関心ないし指向が一つの落着を得たこと、そして同時に、論理化の問題に踏み込む端緒となったことである。

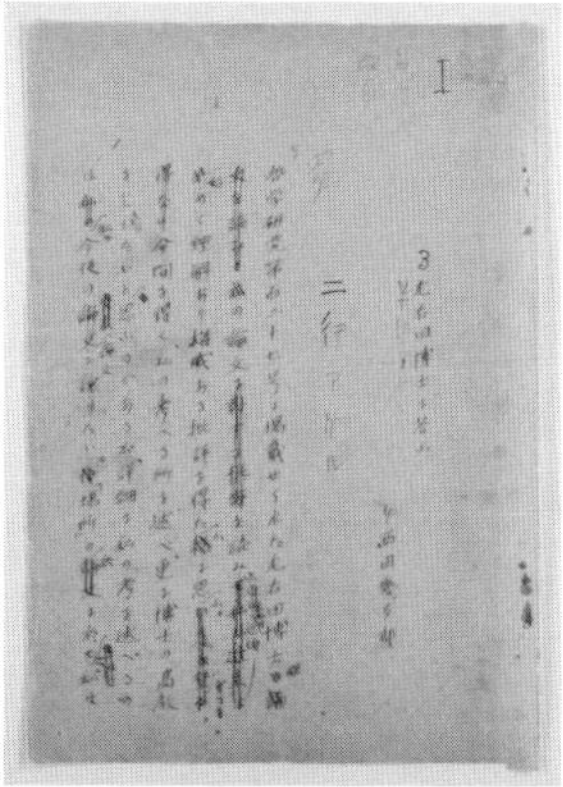

図4-1　原稿「左右田博士に答ふ」(西田幾多郎記念哲学館所蔵)

「場所」という術語の由来はギリシア哲学、とりわけプラトン(前四二八／四二七~前三四八／三四七)とアリストテレスである。プラトンについては、対話篇『ティマイオス』で「コーラー(場所)」が「イデアを受け取るもの」とされていることが手がかりとなった。他方、アリストテレスについては、『デ・アニマ(魂について)』で、魂つまり精神が「形相のトポス(場所)」とされていることが導きとなった。今、古代ギリシアの二大哲人によって術語化され、ともに「場所」と訳される「コーラー」と「トポス」が哲学的にどのように関連づけられうるかという問題に立ち入ることはできない[注2]。しかし、両方の語から西田が受け止めた着想、それは、そもそも知の成立のためには、イデアないし形相の働きでとどまるのではなく、その働きを受け取るものがなければならないということ、そしてそれはそれらを包む場所という性質のものでなければならないということであった。次の言葉は、西洋伝来の哲学的立場を受け止めつつ、「場所」の立場の独自性を明確に語り出したものである。すなわち、「従来の認識論が主客対立の考から出立し、知るとは形式によって質料を構成することであると考える代りに、私は自己の中に自己を映すという自覚の考から出立してみたいと思う。自己の中に自己を映すことが知るということの根本的意義であると思う。自分の内を知るということから、自分の外のものを知るということに及ぶのである」(N4, 215)。

この語が示すように、「知るとは何か」ということを求めて行き着いた「場所」は、どこまでも「自覚」と結びついている。既に『自覚に於ける直観と反省』で、フィヒテやロイスに即して見て取られた自覚の運動は、「自己が自己の中に自己を映す」、「自己が自己に於て自己を見る」という表現で繰り返されるようになる。「自己の中に」や「自己に於て」という表現に、自己の場所的性格が見られているのは言うまでもない。

(2) 直観理解の深化

論文「場所」の成立は、自覚の構造のなかに含まれていた場所的契機が明確化したことである。この事態を西田は、主意主義から直観主義への転換として語る。ただし、その場合、主客未分や主客合一として規定された純粋経験の直観主義からの決定的な変化が見て取られていることに注意しなければならない。西田はある箇所で、「知るものは知られるものを包むものでなければならぬ、否これを内に映すものでなければならぬ、主客合一とか主もなく客もないと云うことは、唯、場所が真の無となると云うことでなければならぬ、単に映す鏡となるということでなければならぬ」(N4, 223) と語っている。同じ事態は、『働くものから見るものへ』(一九二七年) の「序」でも、「所謂主客合一の直観を基礎とするのではなく、有るもの働くもののすべてを、自ら無にして自己の中に自己を映すものの影と見るのである、すべてのものの根柢に見るものなくして見るものという如きものを考えたい」(N4, 5-6) と述べられている。

なぜ、主客未分や主客合一が否定されなければならないのか。それは、たとえ未分や合一と言われても、主客という枠組みが前提になっているかぎり、結局その枠組みの中で見られるという制約を免れないからであろう。そのかぎり、なお見られた「もの」、つまり「対象」となってしまう。そして対象として見られるかぎり、そこには見る主観の作用も残らざるを得ない。

他方、前章の最後に見たように、自覚の立場に進んだ西田が、直観と反省が一つになるところを掘り下げることで到達したのは、作用の作用としての絶対自由の意志であった。それは、自らのうちに自己肯定と自己否定を含むことで成り立つ無限の運動であった。しかしながら、それが意志であるかぎり、作用の作用であれ、なお一つの作用と見られていることは否定できない。それに対し、ここでの西田は、意志のさらに根柢に直観を認めるが、従前のように意志からではなく、意志の作用の徹底の果てに、作用そのものを見るものを捉えようとする。前節での引用にあったように、知識の成立を主観による構成作用とする立場に対し、西田の関心は、作用そのものを成り立たせているところにまで立ち返って、知ることを押さえることにあった。それは、判断作用の根柢にある意志がそこに於てあるところ、意志そのものをも内に包むもの、作用を映すものである。かつて、『自覚に於ける直観と反省』において意志の由来の「創造的無」と言われたところに帰ることである。そして作用そのものが知られるとは、意志的主体が作用を対象的に知るというのではなく、作用そのものになり切ることでむしろ作用の主体が主体としてはなくなり、作用が作用のままに知られるということである。それは、働きそのものに即して成り立つ知に他ならない。「我々はいつでも対立的無の場所に於ける意識作用に即して、自由意志を意識するのである。さらに此立場を越えて真の無の場所に入る時、自由意志の如きものも消滅せなければならぬ」（N4, 250）と言われているのは、そのような事態を示すものであろう。意識作用が対立的無の場所であるなら、その作用を見うるのは、対立的無を越えた「真の無の場所」である。「真の無の場所に近づき行くこと」は、作用を基礎づけて行くことであるが、それはもはや作用によってはなされない。「作用の立場は真の無の場所でなければならぬ」（N4, 252）。

以上、「働くもの」としての意志そのものを見る立場、それは、既に上記引用の中で触れたように、自らを無にして「見るもの」となる。ここにおいてわれわれは、論文集全体の表題となった「働くものから見るものへ」という転換の経緯を確認したことになるであろう。

（3）論理化の端緒

「場所」の思想の独自性は、繰り返せば、意識論と実在論を結びつけるとともに、それが論理化の端緒になったところにある。その論理的立場は、西洋伝来の主語的論理に対する述語的論理として錬磨され、やがてはっきり「場所的論理」として確立されてゆくが、以下その第一歩となる方向性を確認しておきたい。

西田は、厳密な意味における知識は判断の形において成り立ち、判断の最も根本的な形は包摂判断であると考えた。「主語は述語である（S ist P.）」と定式化される包摂判断は、「特殊」である主語が「一般」である述語の規定を受けることによって、換言すれば、特殊が一般に包摂されることによって成立するのである。そして西田は、この包摂判断の定式を、主語と述語という別々のものが Sein 動詞で繋がれるというように単に形通りに見るのではなく、「包摂」という語の意味に即して、「主語は述語に於てある」と理解する。

ところで、主語になるのは「個物」である。個物とは、西田がしばしば引くアリストテレスの有名な定義に従えば、「主語となって述語とならないもの」である。しかし、ある個物について判断がなされるとしても、個物はもとより判断的知識に吸収し尽くされるものではない。個物の個物たる所以は、主語の方向に判断を超越するところにある。一方、そのような個物を捉えるのは、同じく一般の側に判断を越えるものである。それは、個物に対する判断作用ではなく、作用をも見るもの、より根源的な直観である。判断のもとに直観があると言われる所以である。そして、それこそが個物の「於てある場所」である。したがって、「越える」と言っても、外に越えるのではなく、内へと越えるのである。この場所が、アリストテレスの定義を逆転させる仕方で、「述語となって主語とならないもの」と名指される。

しかも、主語と述語の包摂関係という論理学的問題は、同時に意識の問題と重ねられ、「主語面」と「述語面」の関係として捉えられる。この時期以降使われるようになるこれら独特な対の語を、西田は、対象が含まれる「主語的方面」と、意味が含まれる「述語的方面」として規定し、この両面の重なりによって知識が成り立つと考える。すなわち、客観の方向に判断を越える対象、その対象の含まれる主語面が、意識としての述語面に包まれることで、多様な主述関係が可能になるのである。述語面としての意識、つまり「意識面」は主語面を包みつつ、その主語面との関係に応じてどこまでも広がりゆき、かつそれ自身のうちに深まりゆく性質を持つ。

それはまた、意識が、有るものを包むものとして、有るものならざる無であることを意味する。西田における「有」は、意識の対象となるもの、ハイデッガー的に言えば「有る（存在する）もの」に当たるであろう。ただし西田からすれば、有に対する無は、いまだ真の無ではなく対立的無であり、そのかぎりなお一種の「有（るもの）」という性格を残していると見なされる。真の無は、却って有と無との対立がそこに於て成り立つところ、対立を包むところである。「我々が有るというものを認めるには、無いというものに対して認めるのである。併し有るというものに対して認められた無いというものは、尚対立的有である。真の無はかゝる有と無とを包むものでなければならぬ、かゝる有無の成立する場所でなければならぬ。有を否定し有に対立する無が真の無ではなく、真の無は有の背景を成すものでなければならぬ」（N4, 217–218）。

こうして、主語の側への徹底において究極の個物としての実体を基礎に据え、そこから有（存在）の体系を展開させる西洋の存在論と論理学に対して、述語面による主語面の包摂によって種々の知識を説明し、それ自身のうちに無限の有を包む究極のものとして「真の無の場所」を置く西田の「場所」の立場が確立する。「真の無の場所というのは如何なる意味に於ての有無の対立をも超越して之を内に成立せしめるものでなければならぬ。何処までも類概念的なるものを破った所に、真の意識を見る」(N4, 220)。ここで問題になっている「意識」は、論文「場所」の直後に書かれた論文「取残されたる意識の問題」(一九二七年)が示すように、「意識される意識」ではなく、「意識する意識」である。対象として意識化され尽くすことのできない「意識する意識」を掘り下げていくところにこそ、意識そのものを見るもの、つまり見る主体なくして見るもの、さらに言えば、「見るものなくして見るもの」としての、真の無の場所の意義があるのである。

ただし、改めて強調されるべきは、このように実在論の基礎となりかつ論理の端緒となるものとして提示される「真の無の場所」があくまで自己の問題、言うなれば自己の自覚と離れないということである。「意識の野は真に自己を空(むなし)うすることによって、対象をありのままに映すことができる」(N4, 221)とも言われるが、意識的な自己の無化の徹底が対象の有の成立の根拠として捉えられること、そのようなところを求め続けたところに、「場所」の思想に到達した西田の一貫した立場がある。論文「場所」の終盤に記された次の言葉は、このような「場所的自己」の性格を端的に示している。すなわち、「我とは主語的統一ではなくして、述語的統一でなければならぬ、一つの点ではなくして一つの円でなければならぬ、物ではなく場所でなければならぬ」(N4, 279)。

もっとも、「映す」や「包む」という語からは、場所を静的なものと受け止める誤解の生じる危惧がある。西田の言葉遣いにそのように誤解させる理由がないわけではない。しかし、そこには、哲学的思惟の次元での動的な意志の徹底における転換、つまり「働くものから見るものへ」ということがあることを忘れてはならないであろう。

2. ハイデッガーからの照射

(1) 世界の問いから

以上、論文「場所」の基本的立場を概観した。それは、意識を「対立的無の場所」と捉え、有無の対立を包む「真の無の場所」から区別する。しかし、本論文では、どこまでも意識に定位して議論が展開しているため、場所としての意識と意識の背後との区別が記述上必ずしも明確ではない。たとえば、「最も深い意識の意義は真の無の場所ということでなければならぬ」(N4, 224) と述べ、意識が真の無の場所であると記している。しかし、意識もまたそれが作用であるかぎり、その作用が見られるところ、つまり意識の「於てある場所」がさらに想定されなければならず、ある箇所では、「限定せられた有の場所に於て単に働くものが見られ、対立的無の場所に於て所謂意識作用が見られ、絶対的無の場所に於て真の自由意志を見ることができる」(N4, 232) と場所の層的構造を明示したうえで、「意識の背後は絶対の無でなければならぬ、すべての有を否定するのみならず、無をも否定するものがなければならぬ」(同上) というように、意識の背後を語っている。意識が意識として見られるかぎり、その背後が求められなければならないとしても、意識と別のものが求められるわけではない。意識自体をその根柢に向けて深めていくところに現れる場所の諸層は、やがて「有の場所」、「相対[的]無の場所」、「絶対[的]無の場所」という区別とともに、その内実をも明確化さ

図4－2 Aus der Erfahrung des Denkens 初版（著者所蔵）

せてゆく。そして、場所の深まりとともに有と無の関わりの深化が認められてゆくとき、改めてハイデッガーの立場との連関を問題にしうると思われる。

ハイデッガーについてのこれまでの考察で残された問題は、『存在と時間』後の二つの論考『根拠』（『根拠の本質について』）と『形而上学』（『形而上学とは何か』）が、超越をめぐって表裏的な事態を示しながら、その両者の連関そのものが問い出されていないことであった。そのことは、現存在の存在における企投と被投性、さらに時間性との連関で言うなら、将来と既在性との関係に映ってくる。その関係が最も際立った仕方で世界の分析に現れていることを前に論じた。

自己と世界を絶えず両者の連関で捉えるのは、ハイデッガーと西田双方に共通する姿勢である。つまり、自己と世界は互いに相関的である。ただし、西田においては、『自覚に於ける直観と反省』の末尾、さらにその「跋」が示すように、世界は「種々の世界」として、自己の自覚ないし意志の自由を軸に層構造的に見られ、そのことが「場所」の立場にも形を変えて受け継がれている[注3]のに対して、『存在と時間』およびその直後の時期のハイデッガーにとって問題となったのは、有意義性の世界と無意義性の世界の対立的関係であった。

ハイデッガーが『根拠』において取り出した「自由」は、現存在による超越の地平の企投であり、世界形成である。そのかぎり、超越に関わるという意味における超越論的な意志の自由として、西田の絶対自由の意志への親近性を認め得ると思われる。しかし、そのように世界形成する現存在の超越は、他方で、『形而上学』が示すように、「無の内へ差し入れられて保たれてあること」において成り立つ。そのかぎり、自由は有限な自由である。そして、この無を開示する不安は、常に現存在の存在を根柢において規定しながら、拒絶的に自らを覆蔵しつつ（「無が無化する」）、却って存在するものを指し示す（「有るものが有る」）がゆえに、現存在は、さまざまな存在するものに関わることによって不安から目を逸らし、自己自身の存在を忘却することになる。そうであるからこそ、死への存在が不安を伴って開示されるとき、有意義性は連関を絶たれて無意義性に、つまり世界の無に沈み落ちざるを得ない。有（存在）と無がこのように世界をめぐって経験されるかぎり、それらは現存在の超越を言わば表裏して規定すると言うことができる。しかも「沈む」の語が示すように、そこには、単なる対立と言うより、西田の「場所」のような層的な区別を認めることができるようにも思われる。問題は、そのような二つの世界にまたがる現存在、すなわち世界に相関的な自己である。ここで、『根拠』と『形而上学』の記述を通して気づかれるのは、少なくとも『存在と時間』における「非本来性」と「本来性」という対立図式は退けられ、むしろ、右に述べた「企投」と「被投性」の関係が強調されてくることである。この文脈での「自己」という問題を、西田において場所的自己にまで徹底された事態と突き合わせるとき、『根拠』と『形而上学』に共通して用いられる lassen の語が考察の一つの手がかりになると思われる。この動詞は、「放つ、…のままにする、…させる」を意味するが、『根拠』では、超越の地平形成としての世界形成（同時に自己形成）を可能にする意志の自由について、「世界を統べさせ世界させる（walten und welten lassen）ことができる」（GA9, 164）と記され、また、『形而上学』の終わりの箇所では、「無のうちへ自らを解き放つこと（Sichloslassen）」（GA9, 122）と記されている。世界形成に関わる意志的自己の自由な働きが、無への関わりをも規定するということ、ここには、西田が『善の研究』で「自己を棄て」「自己を没し」と言い、論考「場所」で自己を「無にする」「空しくする」と言う、その自己の有り方への近さを見出すことができるように思われる。ただし、右の lassen がなおも意志の働きと考えられるかぎり、西田の立場からは、意志の作用をも見るものの立場、つまり「真の無の場所」への深化がさらに求められるであろうか。意識と自己について今触れたことを、「有（存在）」と「無」の関係ということから、もう少し考察してみたい。

（2）「有（存在）」と「無」の関係をめぐって

ハイデッガーは、『形而上学』のなかで、ヘーゲル（一七七〇～一八三一）の『論理学』における「純粋な有と純粋な無は同一のものである」という言葉を引き合いに出して、「有と無は共属する」（GA9, 120）と記す。ただしこれは、ヘーゲルの概念から見られるなら、有（存在）と無が無規定性と無媒介性において一致するからではなく、「存在それ自体が本質において有限であり、無の内へ差し入れられて保たれてある現存在の超越のうちでのみ開かれ得るからである」（同上）。

一方、『根拠』では「無」は、存在と存在するものとの存在論的差異において、両者の間の区別、つまり「存在」は「存在するもの」では「ない」ということの「無さ（das Nicht）」である。ただし、この「無」について、『根拠』第三版（一九四九年）の序言は、「無は、存在するものではないということであり、そのようにして存在するものから経験された存在である」（GA9, 123）と回顧的に記すこととなった。もちろん、二十年を経て語り出された語を、もともとの文脈に直接持ち込むことはできない。ただ、そのことを頭の片隅に置いて、一九二〇年代末に見られていた事態を改めて検討してみたい。

ハイデッガーがそもそも「存在の問い」の新たな仕上げを目指した背景には、形而上学の歴史の中で「存在」が相応しい仕方で問われていないということ、言い換えれば、存在が問いになる事態そのものが取り出されていないという洞察があった。ハイデッガーが一九二九年の二つのテクストいずれにおいても「何故（Warum）」を問題にするのは、哲学の動機としての「驚き（タウマゼイン）」を、「有るものが有って何も無いのではない」ことに対するものと受け取り、その事態に即した問いを立てようとしたからである。驚きを引き起こすのが「有ること（存在）」でありながら、その経験が「ト・オン（有るもの）とは何か」という問いに定式化される時、存在の根本経験は存在するものへの問いにすり替わる。動詞「エイナイ（有る）」の分詞の中性名詞形「ト・オン（有るもの）」に響いている動詞の「有る」は、名詞化によって実体的に受け取られざるを得なくなる。

存在は存在するものではなく、したがって存在するもののように求めることはできない。しかし、存在はどこまでも存在するものに即してしか、つまり「有るものが有る」ということのうちでしか経験されない。アリストテレスが第一哲学を「有るものを有るものとして研究する学」(注4)としたことを受ける仕方で、形而上学の立場と歴史が成立した。それは、存在するものを「何ものでも無いもの（nichts）」ではなく、まさに存在するものたらしめているものを、存在するものの原因として、あるいは根拠として問う。ライプニッツ（一六四六〜一七一六）とシェリング（一七七五〜一八五四）において「何故に或るもの（etwas）があって、むしろ何も無いのではない（nicht nichts）のか」という「何故の問い」が立てられたのは、そのことを示している。存在するものの問いにおいて問い出されるべき「存在」が、形而上学において「存在するものの根拠」として受け止められるとき、根拠という「存在するもの」、つまり「存在するもの」を越えた「存在するもの」が求められることで、問われるべき「存在」は抜け落ちてしまう。

それに対しハイデッガーは、存在するものを存在するものとして規定しているものを、「存在そのもの」として受け止める。「存在するもの」ならざる「存在」が「存在するもの」をそのものたらしめる事態の全体を問うことが、「存在」を問うことになる。

そのハイデッガーが、「何故に存在するものがあって、むしろ無（das Nichts）があるのではないのか」と、「無」を大文字にして問いを立てたとき、彼は、古代ギリシアにおける「驚き」の経験のなかで生起したこと、つまり、形而上学的問いの「もと」となりながら、それ以後の歴史の中で徹頭徹尾忘却されたことに対して「何故」を向けたと言うことができる。

それは、形而上学の有り方自体が問いに化すことを意味する。「形而上学とは何か」とは、そこから発せられた問いである。その問いを問うた『形而上学』では、「有るものが有ることのうちで、無の無化が生起している」（GA9, 115）と言われ、「何故」の問いを引き起こした全体が「有（存在）と無の共属」として考察された。この事態に対しては、もはや「何故」という仕方で根拠を問うことは叶わない。大文字の「無」は、「存在」それ自体が、存在を根拠として問うてきた形而上学にはどこまでも疎遠なものとして、言い換えれば、根拠づけを拒むものとして出会われることを示している。

このような両者の共属、つまり存在の現れが常に無の本質契機を伴うということが『存在と時間』において様々に記されてきたことは言うまでもない。不安において、世界性としての有意義性は、「無気味さ（Unheimlichkeit）」や「居心地の悪さ（Unzuhause）」を伴って無意義性に沈み落ち、世界の無が立ち現れるが、それは、現存在が、自らの存在を不可能にする可能性としての「死」に先駆し、負い目的に非力さの根拠で有ることを引き受けることによってである。それは、そのような「無」の根本経験において、日常的には覆蔵されている現存在の存在それ自体が、本来的且つ全体的に露わになることを意味する。しかも、そのように不安のなかで無が襲って来るのは、差し当たってたいてい現存在が頽落し「本来的に非ず（un-eigentlich）」として非本来性のうちにあるからである。

肯定的契機が否定的契機とともに、かつ否定的契機によって露わになることこそが、「有（存在）と無の共属」である。ただし、「共属」に向かうハイデッガーにとって最終的な関心は、どこまでも存在であり、つまり無を伴って現れる存在であった。

（3）地平と無の場所

ところで、西田が、場所の立場を導入する際に現象学の「意識の野」に触れたことは既に確認したが、それは、ハイデッガーに即せば、存在するものが現象するところという意味で、地平としての世界に対応するであろう。地平形成は自己企投の運動であり、超越は脱自的な自己の自己性が確保されるところでもある。ハイデッガーの哲学的立場は、「脱底的深淵」を伴う「根拠」、無の契機を孕む自己の存在の全体を、超越の運動のただなかに踏みとどまって企投するところにある。それは、無を存在と対立的に見る立場を越えて、両者が一つであることを自己の存在において受け止めたところから、そのような存在を語るロゴスを探求する歩みとなった。それがハイデッガーにとっての現象学であるから、意識の野も現存在の存在において受け止め直されている。

他方、西田において、意識がそれ自身の中に深まって「意識の根柢」に通じ、「意識される意識」から区別される「意識する意識」に掘り下げられて到達したところは、自己が無となってすべての有るものを包むところ、有と無の対立をも包む真の無の場所である。その独自な立場が提示されるところ、西田もまた、「自覚」から「場所」への連関について、自らの立場から「超越」を語る。すなわち、「我々の自覚の本質は、我を超越したもの、我を包むものが我自身であるということでなければならぬ」（N4, 127–128）のであり、「自己の中に自己を写すことによって自己は一切の作用を超越して、働くことなき基体となると共に、対象として純なる作用を見ることができるのである」（N4, 128）。この「見るもの」が「無の場所」である。それは、西田の思索が、通常の意識の立場を破ったところである。「現で有ること」がハイデッガーにおける超越であるのに呼応して、西田における超越も、自己がもともとそこに於て自己としてある「場所」へということであるかぎり、両者の相通じる点を確認できる。(注5)

ただし、ハイデッガーが有（存在）と無の共属の場を「現‐存在」として規定するのに対して、西田は有と無の関係を、対立を越えた矛盾として受け止め、その矛盾を成り立たせているところを、矛盾を包む「真の無の場所」として理解する。そのところこそは、われわれの主題に沿って言うなら、両者の哲学が前期の思想の展開の中でそれぞれに深めた「原初」であると言えるであろう。ここで確認した両者の類似点と相違点が、各々の思索とともにさらにどのように展開していくか、続けて考察していくことにしたい。

注

注1）左右田喜一郎「西田哲学の方法に就いて―西田博士の教を乞ふ」（『哲学研究』第一二七号、一九二六年）。

注2）岩田靖夫「ケノン・コーラー・トポス」『新岩波講座　哲学』第七巻（岩波書店、一九八五年）二‐三五頁。

注3）「歴史的世界は自然科学的世界に比して一層具体的実在と考えられるが、芸術の世界、宗教の世界は之にも

まして尚一層深い直接の実在であるということができる」（N2, 347）という一節に見られる三つの世界の区別には、後の「場所」さらに「一般者」における三層への対応を見出すことができる。

注4）アリストテレス『形而上学』第四巻（1003a20）。

注5）村井則夫は、このような自己の根柢へと向かう西田の超越を「手前（cis-）」への超越という意味で「内越（Ciszendenz）」と呼びうるとしている。村井則夫「超越論性の変容―西田とハイデガーにおける媒介と像」（西田哲学会編『西田哲学会年報』第十四号（二〇一七年）、五一‐七一頁）。

参考文献

上田閑照『上田閑照集　第三巻　場所』（岩波書店、二〇〇三年）

大橋良介『西田哲学の世界　あるいは哲学の転回』（筑摩書房、一九九五年）

小坂国継『西田哲学の研究　場所の論理の生成と構造』（ミネルヴァ書房、一九九一年）

中村昇『西田幾多郎の哲学　絶対無の場所とは何か』（講談社、二〇一九年）

西谷啓治『西谷啓治著作集　第十四巻　講話　哲学Ⅰ』（創文社、一九九〇年）

5 論理と真理

《目標とポイント》 「論理」と「真理」は密接に関連しながら哲学の本質的な主題を成す。これらは西田とハイデッガーにおいても、さらに「自己」の問題とも結びついて独特な位置づけを得る。両者における「論理」と「真理」を、特にハイデッガーの「存在（ある）の理解」という観点から照らし出して考察する。

《キーワード》 ロゴス、論理、判断、真理、開示性、存在と繫辞（コプラ）

1．ハイデッガーにおける論理の所在

（1）ロゴスの実存的淵源

ハイデッガーにおいて、形而上学的関心は最初から論理学的関心と結びついていた。それは、存在の問いがロゴスの問い、真理の問いを含むことに現れている。

そもそもギムナジウム時代に、アリストテレスに関するブレンターノの学位論文を通してアリストテレスに対する関心を植えつけられたとき、その主題は、「有るものは多様に語られる」というアリストテレスのテーゼ、つまり「ト・オン（有るもの）」についての「レゲイン（語り）」に関す

るものであった。したがって、いったんは神学部に進みながら、やがて専攻を哲学に変えたハイデッガーが、神の学（テオ・ロギー）からロゴスそのものに向かい、フッサールの『論理学研究』（一九〇〇、一九〇一年）に取り組んだのも、きわめて自然なことだったのである。そして学位論文「心理主義における判断論」（一九一四年）では、心理主義に対する批判から純粋論理学の必要性を擁護し、その基本的な方向性はさらに教授資格論文『ドゥンス・スコトゥスの範疇論と意義論』（一九一五年）で展開された。こうして、論理学は絶えずハイデッガーを突き動かす関心事となるが、ここでは、『存在と時間』に依拠して、その基本的立場を見ていくことにしたい。もっとも、論理学に向かいつつ、「ロゴス」から切り離された「神」への問いが、なおもロゴスとの関係を含めてハイデッガーの思索を規定し続けることを、われわれは後の章で見ることになるであろう。

ハイデッガーが、存在論の基礎づけを目指す「基礎的存在論（Fundamentalontologie）」の方法として「現象学（Phänomenologie）」を選び取ったとき、アリストテレスに定位しながら、ロゴスの働きをアポパイネスタイ、つまり「それ自身から見えさせること（Sehenlassen）」と捉え、現象としての存在の根本動向に沿っていこうとしたことは、既に確認した。

一方、「ロゴスの根本義は語り（Rede）である」（SZ, 32）という端的な規定に従って、「語り」は、「現存在」の「現」つまり開示性を構成する本質契機として位置づけられる。すなわち、「現であることの二つの等根源的な構成様態」（SZ, 133）である「情態性」と「理解」について、「情態性と理解は等根源的に語りによって規定されている」（同上）というように、哲学的方法のロゴスは、実存の開示性の「語り」に基礎づけられるのである。

世界内存在である現存在は、日常的な見廻し的交渉のなかで、手許にあるものを「～のためのもの」と理解している。この理解の企投がそれ自身を仕上げることによって、「解釈」が成立する。解釈は、いまだ非表明的な見廻しのなかで「〜のためのもの」と理解されているに過ぎない或るものを、或るもの「として」表明的に取り出す。「先行所持（Vorhabe）」と「先行視（Vorsicht）」と「先行把握（Vorgriff）」という理解の「先‐構造」と解釈の「として‐構造」とに認められる両者の内的連関は、解釈学の可能性を現存在の存在のうちに基礎づけるものとして、『存在と時間』の主要な議論の一つとなった。

周囲世界の見廻し的な理解と解釈から、さらに「言明（Aussage）」、つまり「判断」が派生する。ハイデッガーの挙げる例に即すなら、見廻し的交渉により道具連関の中で出会われている「重すぎるハンマー」がそのものとして取り出され、主語と述語の関係に置かれるとき、「そのハンマーは重すぎる（Der Hammer ist zu schwer.）」という言明ないし判断が成立する。それは解釈に固有な「として」構造からすれば、述語づけ以前の「実存論的‐解釈学的な（hermeneutisch）〈として〉」が「命題的な（apophantisch）〈として〉」に変様することである。

理解、解釈、言明（判断）という企投の働きの展開は、実存の直接的様態からの派生化である一方、理解された内実の表明性を、したがってまた知としての厳密性を高めていく過程である。この過程を貫く「分節（Artikulation）」の働き、それが「語り」に他ならない。したがって、語りは、言語として外に語り出されるとしても、言語化や音声化以前に、気分づけられた理解可能性のなかで既に分節として働いているのである。論理としてのロゴスが実存の開示性に由来するかぎりにおいて、分節としての語りはロゴスの淵源である。現存在の存在が分節によって露わになること、他方でその分節を本質契機として現存在の存在がそのものであり得ていること、ここに実存レベルでの存在とロゴスの密接な連関が認められる。

こうして、日常性のなか様々な存在が漠然と先行的に理解されており、その分節を通して言明が成立するかぎり、言明において主語と述語を繋ぐ「繋辞（コプラ）」の「ある」の由来も、この過程に求められるであろう。ただし、繋辞の考察に向かう前に、この全体の連関に関わる真理の問題に触れることにしたい。

(2) 開示性としての真理と事実としての真理

ロゴスの問題同様、真理の問題もまた、実存の構造に基礎づけられるのが、『存在と時間』の特徴である。基礎的存在論的には、端的に、現存在の開示性が根源的な真理とされる。そのかぎり、言明を理解と解釈からの派生態としたハイデッガーは、判断とその言明を、真理の第一次的な場所とは見なさない。「真理の「場所」は命題（判断）である」、「真理の本質は、知性（認識）と物との「合致」に存する」といった伝統的な真理理解に対して、そもそものような理解の根柢にどのような事態があるのかを探っていくのがハイデッガーの行き方である。そこに、知の根本的な形を判断に見た西田との違いがある。ハイデッガーは、「現象学」の考察の場合と同様、ギリシア語で真理を表す「アレーテイア」の語の組成のうちに、事象の経験の由来を遡る。忘却や覆蔵を表す「レーテー」に、否定の接頭辞「ア」を付けられた「アレーテイア」、それは覆蔵の覆いが剝ぎ取られ、隠れていたものが露わになることとして「非覆蔵性」と訳され、以後ハイデッガーの真理理解を一貫するが、この事態をどのように基礎づけるかは、時期に応じた違いを見せることになる。

ハイデッガーにとって最初の問題は、伝統的に有力となった「知性と物との合致」という真理理解、要はこの合致ということの中に何が存在しているのか、それは基礎的存在論的にどのように基礎づけられるのか、ということである。

認識は判断の形を取り、言明において言い表される。認識が対象と合致するためには、判断の対象となっているものがその存在において露わになっていなければならない。したがって、言明が真であるとは、認識や言明という営み以前に、問題になっているものを、その存在において現存在が発見していることである。ここでもハイデッガーは、「発見する（entdecken）」というドイツ語の組成、つまり「覆い（Decke）を剝ぐ（ent）」ということに、アレーテイアに呼応する構造を見出している。そこから、世界内部的なものが発見されてあることを、ハイデッガーは第二次的な意味で「真」であるとし、第一次的な意味で「真」であるのは、現存在が発見しつつあることであり、したがって、真理は世界内存在の開示性に基づくとする。「ロゴスが「真である」とは、アレーテウエイン〈真にすること〉として、それについて語られている存在するものを、アポパイネスタイ〈露わにすること〉としてのレゲイン〈語ること〉において、その覆蔵性から取り出し、それを非覆蔵的なもの〈アレーテス〈露わなもの〉〉として見えさせること、つまり覆いを剝いで発見すること」（SZ, 33）に他ならない。

以上のような理解に基づき、ハイデッガーは、根源的な真理について二つのテーゼを提示するが、その第一は、「根源的な意味における真理は現存在の開示性であり、その開示性には内世界的に存在するものの被発見性が属する」（SZ, 223）ということである。

ところで、現存在には世界の開示性が本質的に属しているとして、しかしそこには、現存在が差し当たってたいてい身近なものや他者との関わりに没入しているという頽落の可能性が含まれている。そこから、真理についての第二のテーゼが、「現存在は等根源的に真理と非真理の内にある」(同上) として提示される。

「内にある (In-sein)」は「於てある」ということでもあるから、西田における「場所」に対応する「現」の開示性が、ここでは「真理と非真理」、つまり「非覆蔵性と覆蔵性」に認められることになる。しかも、現存在分析においては、非覆蔵性と覆蔵性との連関が現存在の「本来性と非本来性」に重ねられるため、西田における「場所」が重層性を示すのに対し、ハイデッガーでは「非(un-)」という否定を挟んだ真理と非真理の等根源性が際立てられる。他方、西田においては、純粋経験から場所の立場まで一貫して「事実ありのまま」が志向され、真理についても、たとえば『善の研究』で、「真理の極致は種々の方面を綜合する最も具体的なる直接の事実その者でなければならぬ。この事実が凡ての真理の本であって、いわゆる真理とはこれより抽象せられ、構成せられた者である」(NI, 36–37) と言われた。ただし、「真理の本」から「いわゆる真理」がいかに抽象され構成されるかが十分に基礎づけられているとは言えないのに対し[注1]、ハイデッガーにおいては、現存在の開示性自体のうちに、覆蔵性としての非真理が本質的に含まれる。これは、ギリシア的な真理経験を背景に、現象ということのうちに最初から覆蔵や偽装の動性を見ること、さらに現象に呼応するロゴスの側にも、理解と解釈を通して働く「として」の分節作用に虚偽が発生する可能性を認めることであり、これら両側面の結びつきの中で真理と非真理を等根源的に見ようとするところに、ハイデッガーの現象学的立場の特徴があると言えるだろう。

一方、非本来性については、以前触れたように、「現存在の卓抜なる語り」として、現存在自身に自らの負い目的に有ることを告げる「良心の呼び声」が取り出された。「語り」

に根本義を見出されるロゴスは、無を含む存在の全体に関わる現象において根源性を獲得する。決意性は「本来的であるがゆえに最も根源的な現存在の真理」（SZ, 297）であるとされる所以である。

（3）存在の問いにおける「繋辞（コプラ）」

現存在の実存とともに世界内部的なものの被発見性が言明へと展開する中で「繋辞」、つまり「…である」の「ある」が現れるとすれば、それはどのように見出され、基礎づけられるか。ここでは、ハイデッガーが存在の問いの立場から繋辞を扱っている一九二七年の夏学期講義『現象学の根本諸問題』を取り上げたい。

『存在と時間』の刊行年になされたこの講義は、「『存在と時間』第一部第三編の新たな仕上げ」（GA24, 1）と最初に注記されていることから、本書未公刊部の考察の手がかりのため常に重視されてきたテクストである。一方、『存在と時間』で「繋辞」について触れられるのは、上述の「言明」の分析の箇所である。理解と解釈からの言明の派生の分析に際し、判断が存在論的な問題にいかに関わるかという文脈のもと「繋辞」の問題の所在が示唆され、ロゴスの内部で繋辞の「ある」という現象が再び出会われる箇所として第一部第三編が指示されているのは、問題の連関上注目すべきである（SZ, 160）。

再び右の講義に向かうなら、そのなかでハイデッガーは、「存在一般の意味」の問いに向けて、「存在の根本諸問題」との連関づけを想定し、哲学史の中から「存在についての四つのテーゼ」を選び出す。そして第四テーゼに「論理学のテーゼ」として、「すべての存在するものは、それぞれの有り方に関わりなく、「…である」によって語りかけられ、議論される」（G24, 20）ということを掲げ、「繋辞の〈ある〉」を取り上げる。

ハイデッガーによれば、繋辞の「ある」をめぐる第四テーゼのもとわれわれは、「哲学のなかで繰り返し議論されたが、しかし、ある狭められた地平でのみ議論された」(GA 24, 252) 問題に突き当たる。というのも、繋辞の出会われるのが言明のロゴスにおいてであることに応じて、この問いが古代の存在論の展開のもとロゴスの学、つまり論理学のなかで扱われるようになって以来、論理学は特定の個別問題として哲学の中心から隔離されるにいたったからである。近代以降、カント(一七二四〜一八〇四)やヘーゲルの試みにもかかわらず、論理学を「存在の問い」との連関から徹底的に把握することはなされず、さらに十九世紀以降、論理学的問題をも認識論的ないし心理学的立場から問うことが、大きな流れになった。現象学や新カント学派による対抗的試みが論理学に固有な領域を守ろうとしたにせよ、繋辞の問題も論理学と結びつけられたがゆえに、存在の学である哲学の本来的な諸問題からは切り離されたと、ハイデッガーは見る。

真理の問題の存在論的な考察という枠組みは、『存在と時間』に通じる立場であるが、繋辞という事柄の掘り下げとしては『存在と時間』より詳細であり、具体的にはアリストテレス、ホッブス(一五八八〜一六七九)、ミル(一八〇六〜一八七三)、ロッツェ(一八一七〜一八八一)各々の理解が吟味される。しかし、各哲学者の繋辞理解を通して提示された繋辞の多義性を必然的なものと認めつつ、それを「存在するものの存在のそれ自身多重的な構造、したがって存在の理解一般の表現」(GA24, 291) とし、そこから考察は、繋辞そのものではなく、繋辞が現れる言明、および言明が真であることに向かう。それが、上述の現存在の開示性としての真理の考察となることは、時期的なことから容易に想像されよう。「とき性」という主題に踏み込もうとした本講義も、当初目論まれていた内実全体は扱えないままとなり、それによって、繫辞の問題もそれとしては展開されないままに終わった。言明を理解と解釈からの派生様態と見なす立場からすればある意味で当然の考察であり帰結であろうが、しかし、言明を開示性のなかに根拠づけることと、言明に現れる繫辞の「ある」を存在の諸様態の一つとしてその内実や本質において掘り下げることとは別である。存在一般の問いが立てられるかぎり、そして繫辞の「ある」がヨーロッパ諸言語の判断形式に共通の現象であるかぎり、この現象をどのように基礎づけるかは問題であることを止めないと思われる。

2．西田における「ある」の問題

(1) 繫辞と存在

われわれは前章で、西田の「場所」の思想の確立をたどり、それが西田哲学における論理の端緒となったことを確認した。それはさらに「場所的論理」として練り上げられ、西田哲学の特徴となってゆく。東洋的伝統の中にあって、あくまで西洋で展開した哲学との対決の土俵に立とうとする西田の求めたのが、東洋的なものの見方・考え方を成り立たせていながら未だ取り出されていない論理構造を明らかにすることであった(注2)。ただし、それは東洋的論理なるものが取り出されれば済むということではない。哲学的論理であるかぎり、自らの論理的立場から西洋的論理をどのように基礎づけうるかが課題として求められる。以下では、前章の考察を踏まえつつ、ハイデッガーにおける存在の問いとの対照のため、「ある」ということが場所の立場からいかに考えられるかをもとに、両哲学における「論理」、およびそれとも連関する「真理」について、考察を試みたい。

場所の立場における論理の位置づけを確認した際、手がかりは、西田の基本テーゼとも言うべき

「有るものは何かに於てある」ということにあった。改めて注目したいのは、上記のテーゼを受けて、西田自身が、「ここに有るというのは存在の意味ではない、極めて一般的なる意味に過ぎない」（N4, 225）とし、その例として、「種々なる色は色の一般概念に於てある、色の一般概念は種々なる色の於てある場所である」（同上）と述べていることである。特殊な色の概念である「赤」が「色」という一般概念に「於てある」とき、特殊なるものが一般なるものに包摂され、「赤は色であるという判断が成り立つ。西田は、「赤は色であるという判断に於て、繋辞は客観的には一般的なるものに於て特殊なるものがあり、一般なるものが特殊なるものの場所となると云うことを意味する」（N4, 226）というように、繋辞の「ある」を「場所」と連関づけて提示する。たしかに、ここでの「於てある」は、赤いものがあるという意味での「存在」ではない。しかし、西田が繋辞の「ある」だけを問題にしようとしているのでないことも、前の言葉から明らかである。では、西田において「ある」は総じてどのように受け止められているのか。西田における「〈ある〉の理解」はどのようになっているのか。

論考「場所」の中からこの問題に関連する箇所を引いてみれば、「繋辞としての「ある」と存在としての「ある」とを区別すべきことは云うまでもないが、物があるということも一つの判断である以上、両者の深き根柢に相通ずるものがなければならぬ。「ある」という繋辞は、特殊なるものが一般なるものの中に包摂せられることを意味する。…判断とは一般なるものが自己自身を特殊化する過程と考えることができる」（N4, 229）。

ここには、判断についての西田の根本洞察が示されている。「真に一般的なるものは、自己自身に同一なるものであり、種差を内に包むものでなければならぬ」（N4, 226）とも言われるが、このような性格を持って特殊なるものへ自己展開する一般なるものとは、「具体的一般者」である。「場所」の一つ前の論考「働くもの」（一九二五年）では、右と同じ色の例に基づいて「自己自身を限定することによって色の判断を成立せしめる具体的一般者」（N4, 184）と言われていた。一般に「具体的普遍（konkrete Allgemeinheit）」と訳されるヘーゲルのこの語を、西田は考察の軸に据える。西田は、『善の研究』において既に、ヘーゲルの『論理学』に触れて、一般（普遍）は具体的なものであることを強調し、「純粋経験の事実とはいわゆる一般なる者が己自身を実現するのである」（N1, 26）と述べていたが、純粋経験の自発自展に即して捉えられていた一般なるものが、論理の議論の文脈で具体的一般者として考察されるのである。

したがって、繋辞と存在の「ある」双方の「深き根柢に相通ずるもの」と上で言われていたのは、まさに「具体的一般者」を指すであろう。特殊な赤についての判断も、色の体系のなかで一般的な赤が限定されて、言い換えれば一般者が自己自身を限定して成り立つのであり、具体的一般者とはその特殊と一般の全体を含むものである。言い換えれば、特殊そのものである個物の全体がただちに一般者であるものである。

ただし先の引用では、その前に、「ここで物があるということも一つの判断である」と言われていることに注意すべきだと思われる。すぐ後で、「いわゆる存在とは一般的繋辞の特殊なる場合と考えることができる」（GA4, 230）とも言われるように、ここでは存在を繋辞から受け止めようとする姿勢が見て取られる。「外に物がある」と言われる場合、「ある」は明らかに存在であるが、この判断が成り立つためには、やはり根柢に具体的一般者が認められなければならないのである。

具体的一般者がそれ自身を限定するということは、具体的なものに即せば、特殊がそのもの自身に帰るということであるが、一般者に即せば、一般者が特殊化を極限まで押し進めるということである。そこに判断が成立する。ただし、判断は意識の働きの一つであり、判断における知識を意識するのは判断以上の意識である。判断を述語の方向、つまり述語的一般者に向けて押し進めて行けば、具体的一般者を包む反省的一般者が意識面となり、知識を越えた意志が成立するが、それを越えれば述語的一般者が無となって、直観すなわち真の無の場所に到達する。この場所は、「単なる述語面、純なる主観性」(N4, 278) として究極の意識面となる。

西田は、判断的知識の背後の述語面、つまり述語的一般者が、すべての経験的知識に伴う「私に意識せられる」であると言う。カントの超越論的統覚としての「私が考える」を念頭に置いているのは明らかであるが、統覚という能動的主体に対して西田が「私に意識せられる」というように受動的な表現を対置する時、包む場所としての特性が際立ってくる。ただし、「意識せられる」という意識面も、それが働きであるかぎり働きが映される最終の面が求められる。こうして、包摂関係を基礎として主語と述語の関係に定位した判断知についての考察は、述語の究極、つまりそれ以上のいかなる述語づけも不可能な述語面を真の無の場所となし、それを究極の意識面とすることで、論理の問題と実在の問題との重なりを示すのである。(注3)

以上、西田における繋辞と存在の「ある」に触れ、合わせて繋辞と場所の関連に触れたが、その基本的立場は、この時期の西田が自らの論理的立場を、後述のように「繋辞の論理」と呼んでいることに現れている。「繋辞の論理」とはそもそもどのような立場であるか、そのことを概観しておきたい。

（2）繋辞の論理

西田は、明治四十三（一九一〇）年京都帝国大学赴任後から昭和三（一九二八）年における定年退職まで繰り返し行なった「哲学概論」講義のある箇所で、真実在と判断の形式との連関を取り上げ、自らの立場を「繋辞の論理」として位置づけている（N15, 219）。「繋辞の論理」についての言及は、大正十三（一九二四）年度の講義筆記をもとにされたものであり、全集旧版では「附録第四　実在」とされ、全集新版でも「附録　実在」としてそのまま収められている（注4）。

西田はまず実在の捉え方として、「質的なもの」、「働くもの」、「自覚」の三つを挙げる。詳細は省くが、西洋哲学の展開を踏まえて言及される三者が、前章でも確認した三つの立場、つまり本体、作用、場所に対応するものになると思われる。ただし、三番目がなお「自覚」と呼ばれているところに、「自覚」から「場所」に転じていく時期の動きが映っていると言えるであろう。西田は、判断の形式に沿って、判断を構成する主語と述語と繋辞のうち、どれを主に考えるかによって、これら実在の考え方が特徴づけられるとする。

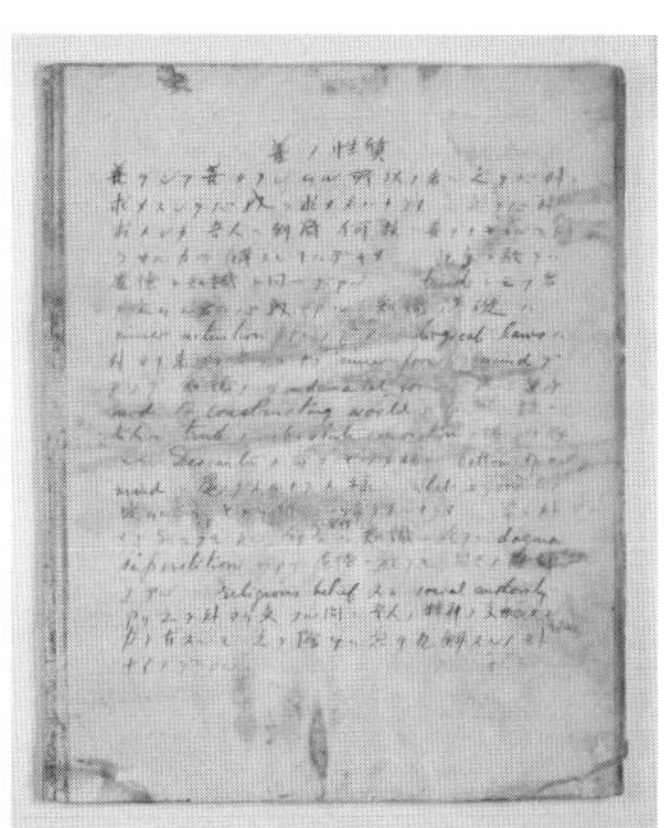

図5−1　発見された新資料　初期「講義ノート」（西田幾多郎記念哲学館所蔵）

第一は、質的なものを実在とするものである。形式で示すなら、

A_1 ist B.
A_2 ist B.
A_3 ist B.

というように、A_1、A_2、A_3をすべてBの現れと考える。述語は一般的なもの、つまり質的なものの方向で

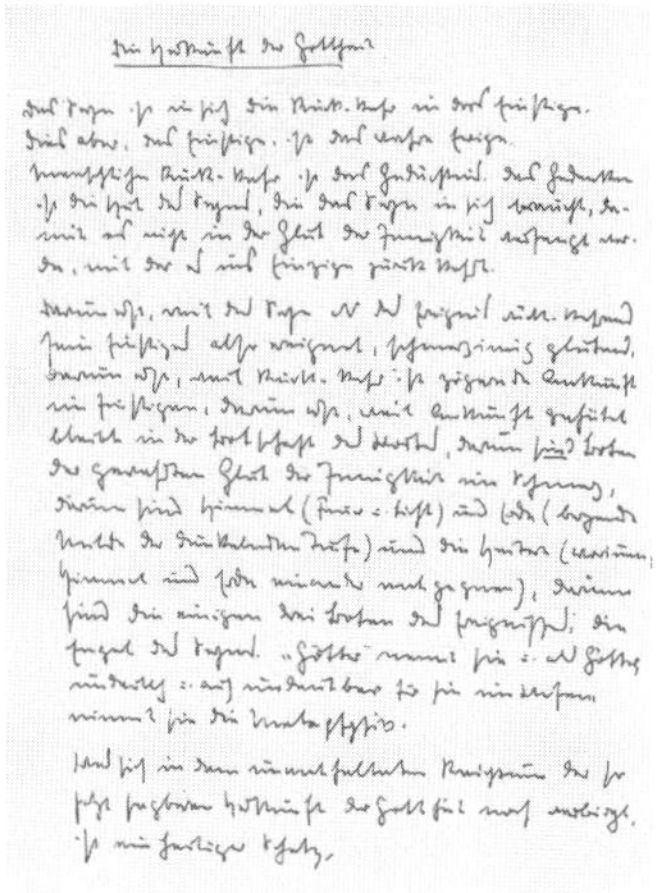

図5－2　Manuskript “Die Herkunft der Gottheit”（Martin Heidegger Gesellschaft, *Jahresgabe 1997*）

あるから、水を万物のアルケーとしたタレス、より端的にはプラトンのイデアに見られるように、性質として不変なもの、一般的なものに実在を見る考え方に代表される。

第二は、「主語の側に存在の根源を求めて行き、すべてを主語の側から纏めて行こうとするもの」（N15, 217）である。形式で示すなら、前者と逆に、

A ist B_1.
A ist B_2.
A ist B_3.

というように、すべての現象B_1、B_2、B_3を実体Aの作用、現象とするもので、働くものとしての個別的なものを実体と考える。アリストテレスの立場がここに属する。

第三は、真の実在を主語にでも述語にでもなく、両者を結びつける繋辞の方向に見る立場、形式的には、

A_1 ist B_1.
A_2 ist B_2.
A_3 ist B_3.

と表される。これは、「AがBに帰するのでもなく、BがAに由来するのでもなく、AとBとが共

にそれを結びつけている繋辞の二つの現れと考えるものである」（N15, 218）。西田は、ヴント（一八三二〜一九二〇）の心理学における「全体表象（Gesamtvorstellung）」に触れつつ、「「馬が走る」という判断の前に、「走る馬」という全体表象があり、その Urteilen〈原始分割〉が Urteilen〈判断〉なのである」（N15, 218–219）と述べる。それは、論理的にはヘーゲルの「具体的普遍」、作用的にはフィヒテの「事行」であり、「畢竟、自覚的なものを実在と見る考え方は、判断の形式にすれば繋辞の立場なのである」（N15, 219）。そして西田は、さらにシェリングの「知的直観」も「具体的自覚の真相に我々を導くもの」としたうえで、「真の実在は、主語の方向にでもなく、また述語の方向にでもなく、却って繋辞の方向にあると云えるであろう」（同上）と締め括る。

この講義筆記ノートは大正十三年度のものなので、論文「場所」より少し前、「場所」の語が初めて登場する論文「内部知覚について」（一九二四年）が書かれている最中であることを踏まえるなら、この講義内容を「場所」の立場に転じて行くものと受け止めることは可能である。とりわけ、その説明の中で全体表象の例として出される「走る馬」は、『善の研究』第一編第二章「思惟」の箇所で、判断の根柢に純粋経験があることを示すものとして出されるものなので、「純粋経験」の立場を受けつつ、「自覚」からさらに「場所」の立場に繋ぐものであると考えられる。

ここでは、全体表象が「原始分割（Ur-teilen）」によって「判断（Urteil）」となるとき、実在は繋辞の方向にあるというのが、西田の主張である。たしかに、「馬が走る」という判断自体は、繋辞の形式を取っていない。しかし、ヨーロッパ言語、たとえばドイツ語の場合、表現としては不自然ながら、「馬が走っている（Das Pferd ist rennend.）」というように、分詞を用いて繋辞を含む文に変更することは可能である。もちろん、この場合でも、判断の基にある純粋経験としての

「走っている馬」は、未だ眺める我もなく眺められる馬もない、刹那における萌芽的な全体である。『善の研究』では、この全体の表象が分化して判断が生じるとされていた。一方「哲学概論」講義では、その立場を維持しつつも、ヘーゲルの「具体的普遍」が名指されていることから、判断的知識の基にある「具体的一般者」に即して考察を進めていると考えられる。すなわち、主語と述語への分化を含む全体としての具体的一般者について、主述両方向への分化によって判断の成立する動きが、他方で、具体的一般者がそのものに帰る動き、つまり一般者の自己限定と重ね合わされる。要するに、繋辞は、単に主語と述語を繋ぐのではなく、主語と述語への分化全体を支えており、つまりは、実在そのものである具体的一般者の自己限定を支えているのである。

先に具体的一般者において存在の「ある」と繋辞の「ある」が一つであるとされたのは、このようなことを言っているのではないか。たしかに、この講義録に、「場所」の語は見出せない。また、主語面を述語面で包むという着想は、主語に対して述語に重きを置いており、それが「述語的論理」と呼ばれるようになることも事実である。しかし、それは、先の第一のパターンのように、主語に対して述語の方に実在を認めるということではない。すべての判断が述語化によって成り立つとき、判断の形式で受け取るなら、「於てあるもの」と「於てある場所」を関係づけるのは、両者が重なり合う「於てある」であり、すなわち繋辞の「ある」である。論考「場所」では、「私の所謂場所の意義に従って、種々の異なれる存在の意義を生ずるのである」(N4, 235) と言われるように、場所が、有の場所、相対的（対立的）無の場所、真の無の場所というように重層的に捉えられ、そして、それぞれの場所に応じて「存在」の意義が変化すると見なされる。しかし、場所に応じて存在の意義が変化しても、その存在はそのつど判断の形を取って表される。そのかぎり繋辞は、「於てある」場所の性格を担うものとして不動の位置を占めるであろう。「繫辞の論理」が場所の立場と結びつくのは、以上のことを意味する。

繫辞の論理に対するこの着眼は、『一般者の自覚的体系』（一九三〇年）所収の「述語的論理主義」（一九二八年）において、概念的知識の成立に必要なものとして、「於てあるもの」と「於てある場所」と両者の媒介者の三つを挙げることに対応している。「於てある」こそは、「もの」と「場所」を繫ぐ媒介者なのである。

なお、右の論考の一つ前の論考「所謂認識対象界の論理的構造」（一九二八年）では、「物がある」と「私がある」について、前者の「主語的有」に対し後者を述語的として区別する。「私」は主語的有としての個物ではない。主語的な物についての判断も、述語づけが意識の働きであるかぎり、すべての判断的知識の根柢には常に「私がある」が含まれる。それは、判断作用を包む意識つまり「超越的述語面」の自己限定である。形の上では「私」の存在が言い表されているようであるが、超越的述語面とは「自己の中に無限に深い主語的統一を見るもの」、「自ら無にして而も自己の中に自己を限定するもの」であり（N5, 28）、この主語的統一がわれわれの真の自己である。この述語面を含む一般者の自己限定の考察こそが、この後の思索の展開を導いてゆくのである。

〉〉注

注1）西谷啓治の批判については、本書第十二章を参照のこと。

注2）後年の月曜講義『日本文化の問題』では、「私は西洋論理と云うものと東洋論理と云うものと、論理に二種あると云うのではない。論理は一でなければならない。唯それは歴史的世界の自己形成作用の形式として、その発

展につれて異なった方向を有つに至るのである」(NI2, 289) と述べている。

注3)「一般者の自己限定」と論理の問題の徹底した考察には、「推論式的一般者」の考察が不可欠である。本書で十分に扱えなかったこの問題には、参考文献に挙げた氣多雅子と嶺秀樹の著作が詳しい。

注4)「哲学概論」講義は、長い時期にわたって行なわれており、編集の任に当たった高坂正顕によれば、講義の筆記ノートも時期の違いにより純粋経験、自覚、場所の時期の三つに大別される。全集所収のものは、「自覚の立場」から「場所の立場」に移りつつある時代、『働くものから見るものへ』の諸論文が成立する時代の講義筆記を元に整理されている。

参考文献

板橋勇仁『西田哲学の論理と方法　徹底的批評主義とは何か』(法政大学出版局、二〇〇四年)
氣多雅子『西田幾多郎　生成する論理』(慶應義塾大学出版会、二〇二〇年)
新田義弘『現代の問いとしての西田哲学』(岩波書店、一九九八年)
嶺秀樹『西田哲学と田辺哲学の対決　場所の論理と弁証法』(ミネルヴァ書房、二〇一二年)
齋藤元紀『存在の解釈学　ハイデガー『存在と時間』の構造・転回・反復』(法政大学出版会、二〇一二年)

6 哲学的転回—超越論的立場から歴史的世界的立場へ

《目標とポイント》 意識に定位した近代的主観性の立場を乗り越えようとする双方の哲学は、ともに自己の場所的性格を取り出した。しかし、両者は共に、その歩みを徹底する中で、ある決定的な「転回」を経験する。そこにどのような事態が見て取られていたか、両者の「転回」の内実と必然性を考察する。

《キーワード》 転回、真理の本質、自由、覆蔵性、存在の歴史、一般者の自己限定、絶対矛盾的自己同一

1. 思索における転回

われわれは、これまでの考察を通して、二人の哲学者が、異なった文化的伝統に立って独立の哲学的歩みを辿りながら、意識に定位した近代的主観性の哲学を超克する試みのもと、人間存在の考察において、意識の立場を越えたところを共に場所的なものとして捉えたということを確認した。ところで、両者の共通性は、場所的な立場を開いた思索が、なおもその立場を徹底していく中で、ある種の転回を遂げていくことである。両者が経験した転回の内実と必然性について考察するのが、本章の課題である。

論文「場所」において自らの立脚点を見出した西田は、「私の最後の立場に達した様な心持」(N18, 303) と弟子に書き送りながら、しかし止まることなく場所の思想を彫琢し続け、「場所」を「一般者」と捉え直し、その一般者の自己限定によってわれわれの自己の有り方を体系的に捉えていく。そしてその展開のなか、ハイデッガーと同様、「世界」を語るようになる。しかし、同時にその途上で、西田はある「転回」を経験することになった。

一方、ハイデッガーにおいて「転回 (Kehre)」は前期以来幾度か術語化され、特に後期には重要な意味を持った(注1)。それは存在の出来事としての「転回」であり、思索の「転回」ではない。しかし、前期から一九三〇年代の思想を辿る時、そこには思索における「転回」とでも言うべき事態が見出される。それは、『存在と時間』の途絶という、ハイデッガー解釈における最も重要な問題の一つとも結びつく。途絶の理由については様々な解釈が可能であろうが、要は、存在の問いの新たな仕上げという目標に、『存在と時間』の方法ないし立場では届きえないことが明らかになったということである。近年公刊されて話題となった「黒表紙のノート」によれば、一九三〇年代に入ってすぐの頃、既にハイデッガーは、『存在と時間』および二年後の通称三部作に疎遠さを感じている。上で考察した『根拠の本質について』と『形而上学とは何か』、残る一つとしてカント『純粋理性批判』の超越論的構想力に独自な解釈を施した『カントと形而上学の問題』、これら三部作の主題は「超越」であった。そこには、『存在と時間』からの新たな歩みを確かに見出しうる。しかし、ハイデッガーがその方向に満足できなかったとすれば、「意味」への問いが現存在の企投に基づくかぎり、根拠づけという超越論的哲学の性格が残ることを重く受け止めたからであろう。まずは、ハイデッガーの立場から見ていくことにしたい。

2. 真理の本質への問い

ハイデッガーにおいて、上記三部作と同じ時期に構想され始めながら、新たな方向に踏み出したのが「真理の本質」をめぐる思索である。一九三〇年になされた「真理の本質について」という講演は、同じ表題のもと練り直しを経て、最終的に一九四三年に論考として公刊された（注2）。

自らの真理理解を提示するに際し、真理とは言明と対象の合致であるとする伝統的な立場に定位し、その合致が成り立つ根柢に遡源する姿勢、しかも真理を表すギリシア語のアレーテイアを「非覆蔵性」と訳してその事態に即していこうとする姿勢は、『存在と時間』と変わらない。しかし、真理はもはや現存在の開示性ではなく、したがって真理と非真理の区別も、現存在の本来性と非本来性に対応的に基礎づけられることはない。それでは、真理の本質はどのように理解されるのであろうか。

言明が真であるためには、言明の対象であるものに言明が正しく向かえなければならない。そのためには、言明が、存在するものの出会われる場、つまり「開け」に「自らを自由に解き放ち（sich-freigeben）」、存在するものに向かって「自由であること（Freisein）」が必要である。存在するものとそれが有る場に開かれている「自由」こそが、言明の真理が可能になる根拠である。この自由は、存在するものを、それが有るように「有らしめること（Sein-lassen）」、「存在するものへ自らを関わり入らせること（Sich-einlassen）」である。こうして、存在するものに自らを「晒し立てる」自由が、一般的な「実存」概念との区別のもと、「脱存（Ek-sistenz）」と規定される。「存在するものの開蔵性（Entborgenheit）」に自らを晒し立てること、開けの「開性（Offenheit）」つまり「現」に立つことが、「現 - 存在」である。「開蔵性」とは、「蔵された状態（Geborgenheit）」を「開く（ent-）」の意であるから、事態としては「非覆蔵性」と変わらない。

ところで、人間が脱存的に存在するものを有らしめている自由は、同時に、存在するものが全体において覆蔵されていることに「関わり入らされていること（Eingelassenheit）」である。人間が個々の存在するものに関わりえているとき、人間は存在するものの全体のただなかで気分づけられている。しかし、その存在するものの全体は、人間と存在するものとの関わりを包みこみ、存在するものが存在するものであることを規定しつつ、全体としては覆蔵されている。

「覆蔵性（Verborgenheit）」は、「開蔵性」としての「真理」からすれば、「非 - 開蔵性」であり、したがって「非 - 真理」である。ただし、全体としての存在するものの覆蔵性は、「本来的な非 - 真理」と呼ばれる。それは、この覆蔵性が個々の存在するものが開かれるよりも、また存在するものが有らしめられるよりも古いからである。古いとは、もちろん時間的にではなく、存在するものの「開顕可能性（Offenbarkeit）」を本質的に先行して規定していることを言う。存在するものを有らしめることは、存在するものに関わることで同時に、存在するものが全体において覆蔵されていることに関わる。しかも、有らしめることは、全体において覆蔵されているものを覆蔵のままに保護する。「覆蔵されているものの覆蔵」は「秘密（Geheimnis）」と呼ばれ、それは「人間の現 - 存在を徹底的に統べている」（GA9, 194）。秘密は「真理の本来的な非 - 本質（Un-wessen）」であり、「非 - 本質」とは本質を「先に - 統べている本質（das vor-wesende Wesen）」なのである（同上）。

こうして「有るものが有る」というきわめて単純な事態の根柢をアレーテイア、つまり覆蔵（「レーテー」）の覆いが剝奪される（「ア」）ということが統べているとすれば、この二重の否定性はいかに捉えられるか。ハイデッガーの問いは徹底してそこに向かっていく。「知る者たちにとって何より、非‐真理としての真理の原初的な非‐本質に含まれる「非‐」は、存在の（まず、存在するもののではなく）真理の未だ経験されていない領域を指し示している」（同上）という言葉は、存在するものの非覆蔵性の根源に遡り、そもそも存在が覆蔵される「非‐」の原初とでも言うべきところに向かう歩みを示しているのである。

ハイデッガーの思索は、このように人間と存在するものとの関わりの場にどこまでも即して行く。人間は、それが「現に存在する」かぎり、非覆蔵性のなかの否定的動性にも巻き込まれざるを得ない。存在するものが全体において覆蔵されているなか、人間は、通用しているものや意のままにできるものに関わりゆくがゆえに、脱存的な現存在は、同時に「執存的（insistent）」となる。これは明らかに、『存在と時間』での「頽落」に重なる事態である。ただし、執存的な脱存が常に動いていく活動空間が「迷い（Irre）」と名指されるとき、「迷い」は決して人間の行為ではなく、「真理の原初的本質に対する本質的な反対本質（Gegenwesen）」（GA9, 197）として「現‐存在」それ自体を統べるものである。こうして、存在の真理の原初的本質を遡源することは、「現‐存在」としての人間本質を遡源することになり、同時に、実存の自由を含んだ自己の本質を存在の真理から掘り下げることになるのである。

3. 実存の生起から存在の生起へ

真理の本質についての思索をやや詳しく検討したのは、そのような真理理解が、ほぼ同時期から展開する独自な歴史理解と結びついているのを確認するためである。右の論考は、真理の本質を、存在するものの覆蔵性と非覆蔵性との連関に沿って掘り下げていくなか、「存在するもの自体がことさらにその非覆蔵性に高められ保護されるところで初めて、そしてこの保護が存在するものそのものを問うことから把握されるところで初めて、歴史が始まる」（GA9, 190）と語る。ここでの歴史は、歴史全般ではなく、「存在するものの存在」が経験され「存在の問い」が発せられた西洋形而上学の歴史である。一九三〇年代以降、プラトン『国家』の有名な「洞窟の比喩」が講義で繰り返し考察されるのをはじめ、哲学史との思索的対決を通して真理概念の歴史的変遷が検討されるようになるが、このことは、歴史との新たな関わりが始まったことを示している。

注目すべきは、『存在と時間』における「存在の問い」の成立と展開に決定的となったプラトンとアリストテレスよりも早期の哲学者たち、一般に「ソクラテス以前」と呼ばれる哲学者たちのうち、特にアナクシマンドロス、ヘラクレイトス、パルメニデスの三者を「原初的な思索者」と呼び、彼らが残した箴言を通して、ディケー（正義）、アレーテイア、ロゴス等々が考察されるようになることである。要は、存在の問いが哲学的に確立する以前、存在の経験のより早期に遡ることが、経験された存在の現れをより深く探ることになる。上記の術語群は、すべてその経験から発せられたものと見なされる。ハイデッガーは、そのような西洋哲学の源流を「第一の原初」と呼び、その原初に向かう自らの思索を「原初的思索」と規定した。ハイデッガーの根本洞察は、第一の原初として「有るものが有る」ことの驚きに由来する「存在するものの問い」が、本来問われるべき「存在」を「存在するもの」の根拠や第一原因と規定することによって、「存在」そのものはそれ以後の歴史の中で徹頭徹尾問われないままになったということにある。この事態こそが、いわゆる「存在忘却（Seinsvergessenheit）」に他ならない。

『存在と時間』の予定されていた第一部第三編が差し控えられたことを「転回」の語で名指した有名な論考「ヒューマニズムに関する書簡」（一九四六年）で、ハイデッガーは、「この転回は、『存在と時間』の立場の変化ではなく、この転回の中で、『存在と時間』で試みられた思索は、『存在と時間』がそこから経験されている次元、しかも存在忘却という根本経験において経験された次元の場所性（Ortschaft）に初めて届く」（GA9, 328）と述べた。ただし、この根本経験が、『存在と時間』では「存在の問いの忘却」と捉えられ、存在を対象的な「眼前性」とする非本来的な存在理解が自明化することと重ねられた。そして「忘却」は、現存在の時間性の非本来的な既在性に基づけられた。しかし、第一の原初に始まる歴史の全体が「存在の歴史（Seinsgeschichte）」と捉えられるようになるとき、「歴史」の理解も「忘却」の理解も共に変わってくる。しかも、第一の原初の歴史の中で立てられた「存在するものとは何か」という「主導的問い」に対し、その展開の中で問われないままになっている「存在とは何か」という「根本的問い」を立てる「原初的思索」は、問われるべき「存在の真理」の到来を歴史の「別の原初」に求める「移行的思索」として自らを捉えるのである。（注3）

図6－1　野の道（著者撮影）

そもそも「歴史」は、『存在と時間』以前からハイデッガーの根本関心事であった。（注4）そして『存在と時間』では、現存在の存在が「時間性」に基づけられたところから、現存在の「歴史性」が分析された。時間性に基づく「誕生と死の間の現存在の伸び拡がり」

（SZ, 373）、すなわち「伸び拡げられて自らを伸び拡げることの特有な動性」が「現存在の生起（Geschehen）」と名づけられ（SZ, 375）、そこから「歴史（Geschichte）」の開かれる可能性として「歴史性」が捉えられた。「歴史」を語源的連関のもと「生起」から捉える姿勢はこの後も一貫するが、「存在の意味」から「存在の真理」への転換とともに、「生起」も「現存在の生起」ではなく、「存在の生起（Seinsgeschehen, Seinsgeschehnis）」から捉え直されていく。

形而上学の主導的問いについて、たとえばアリストテレスが「有るものを有るものとして研究する」と受け止めたとき、ハイデッガーはそれを哲学者の側からというより、むしろ「存在の根本動向」として捉えた。すなわち、存在が存在するものの非覆蔵性として自らを送り遣わし（schicken）、そうして存在するものを存在するものとしつつ、存在それ自体としては自らを覆蔵し、あるいは「脱去する（sich entziehen）」。この事態こそが、先述の「存在忘却」に他ならない。「存在の歴史は、存在忘却とともに始まる」（GA5, 364）。しかも、存在が覆蔵された歴史は、「存在それ自体については無である」こと、つまり「ニヒリズム」の歴史である。ニヒリズムは、「存在の歴史的運命（Seinsgeschick）」として、西洋の歴史の根本運動になる。しかも、存在が存在するものの全体に関わるかぎり、存在の歴史は、形而上学の歴史だけでなく、世界歴史の全体に及んでくる。とりわけ、存在するものが技術的に「作られたもの」ないし「作られ得るもの」と見なされる「工作機構（Machenschaft）」は、後に現代技術の本質として「集立（Ge-stell）」と呼ばれるものの先行形態に他ならない。現代技術の本質を「存在の歴史」に位置づけ、存在の覆蔵性としてのニヒリズムの完成と見なすところに、ハイデッガーのニヒリズム理解の独自性があり、また技術理解の独自性がある。

以上、「現存在の生起」から「存在の生起」へと歴史理解が大きく変わることを述べた。ただし、これは立場の変化ではなく、存在の現れ、しかも隠れを含む現れにどこまでも即して行くという一貫した姿勢によって取り出された事態に他ならない。

『存在と時間』における「現存在の生起」の分析から二年後、先に考察した『形而上学とは何か』において、形而上学を「現存在の根本生起」と名づけたとき、そこでは、形而上学的問いのもとになることとして、「存在するものの全体」が人間に開かれる事態が見て取られていた。形而上学が学として営まれる以前、人間的現存在の根柢では、「有るものが有ることのうちで、無の無化が生起している」(GA9, 115)。ここでは、「生起」が直ちに歴史性に結びつけられることはなく、むしろ現存在の存在の根柢で生起していることと見なされる。重要なのは、この生起が、もはや人間によって根拠づけられるものではないということである。『存在と時間』で時間性に根拠づけられようとした実存の生起に、『根拠』はなお根拠づけの動性から接近して超越の生起のうちに「深淵」を見て取ったが、『形而上学』は、その生起の根柢の「無」に触れることになった。ここに、「現‐存在」の根柢で生起する「無」、そしてその「無」と共属的に生起する「存在」に対し、根拠づけに依ることなく、むしろその現れそのものに即していく歩みへと転回する方向性を認めることができるのではないか。

4．「一般者の自覚的体系」から「無の自覚的限定」へ

ハイデッガーの思索に超越論的立場からの転回が認められるのに対し、西田の思索においてはどのような転回が見出されるか、そのことを考察していくことにしよう。

論考「場所」以降、「場所」の立場は、著作としては『一般者の自覚的体系』（一九三〇年）、そして『無の自覚的限定』（一九三二年）に収められる種々の論考において深められてゆく。「一般者」という呼称は、「自己自身を限定する一般者を場所という」（N5, 387）と言われるように「場所」と重ねられるが、おそらく「個物」ないし「特殊」との関係を前面に出した表現であろう。

そのことを示すように、論考「場所」以降「有の場所」「相対的（対立的）無の場所」「絶対的無の場所」という三層で見られていた場所が、『一般者の自覚的体系』では、「判断的一般者」「自覚的一般者」「知的直観の一般者」として受け止め直され、しかもそれぞれの一般者において、主語面と述語面の区別にフッサール現象学の用語である「ノエマ」と「ノエシス」が使われ、場所の重層性が一般者相互の連関性を強めて、言わば同心円的に重なる事態が取り出されていく。

図 6 - 2　**哲学の道**（著者撮影）

一般者の限定について確認すれば、まず判断的一般者に限定されるのが自然界、その判断的一般者の述語面の底に超越して判断的一般者を包む自覚的一般者、この自覚的一般者に限定されるのが意識界である。この自覚的一般者は、判断的一般者の述語面を自らのノエマ面とする知的自覚的一般者と、意識的自己をさらにノエシス的に超える意志的自覚的一般者に区別される。この自覚的一般者をさらに底に越えるものが、「知的直観の一般者」と呼ばれ、それによって限定されるのが「叡知的世界」である。

たとえば自然界の認識として、「この花は赤い」という判断がなされるとき、言い換えれば「この花」が「赤い」に包摂されるとき、「この花」と「赤い」を媒介するのが「於てある」としての繋辞であった。この判断は、「この赤い花」に即せば自然界についての対象的認識となるが、述語づけの働きに即せば意識現象についての認識となり、意識的自己は判断的一般者の超越的述語面を越えた自覚的一般者に於てあるものとなる。言い換えれば、自覚的一般者が自己自身の内容を映す自覚的一般者の限定面となる。西田は自覚的一般者における自己を、判断的一般者の内容を意識内容とし自己の自覚内容を持たない知的自覚と、自覚内容を意識する意志的自覚に区別する。後者において意識面も判断的一般者の超越的述語面から自覚的意識面に変化する。

この自覚的一般者をノエシスの方向に超越するのが「知的直観の一般者」である。自己は、超越的世界に入ることによって超越的対象を意識する。判断的一般者は自覚的一般者に、また自覚的一般者は知的直観の一般者に包まれているがゆえに、判断的対象が「有るもの」としての有り方を失って意味や価値となったり、意識的対象が叡智的世界を映して当為的になったりすることも可能となる。先の例に即せば、「この赤い花」の美に神の創造を見るということも可能となる。

意志をノエシスの方向に超越して意志的自己そのものを見る叡智的自己には、超越の方向に知、情、意の三段が認められる。それぞれにおいて見られるノエマが真美善のイデア（西田の表記では「イデヤ」）であるが、知的直観の一般者と言えども、なお超越的ノエシスと超越的ノエマの対立を残すかぎり、最終ではない。知的叡智的直観は意識一般の形式に関わるのみであるが、芸術的直観は内容を含む情的叡智的自己の立場となり、さらにそれを越えると意志的叡智的自己に移る。ただし、自由で道徳的な意志的叡智的自己も、自己の奥底を見れば見るほど自己の内に悪を認めざるを得ない。この自己矛盾を越えた統一を求める時、自己超越を可能にするのは、知的直観の一般者をも包むもの、究極の真の自己がそれに於てあるもの、すなわち「絶対無の場所」であり、それはまた宗教的意識である。「悩める魂こそ叡智的世界に於ける最も深い実在である」(N5, 175)と言われ、その絶対否定即肯定として「回心」が語られる。宗教的意識をここで考察することは控えざるを得ないが、「唯、自己を亡すことによってのみ、神に於て生きるということができる」(N5, 182)というような宗教観をなお最深とは見なさず、「真に絶対無の意識に透徹した時、そこに我もなければ神もない。而もそれは絶対無なるが故に、山は是山、水は是水、有るものは有るがままに有るのである」(同上)として、最深の宗教的立場に即して絶対無を有との連関で記していることを確認しておきたい。

判断的一般者から始められた一般者の自己限定は、自覚的一般者から知的直観の一般者を越えて、有を限定する無の果てに絶対無の場所に到達する。この展開でもう一つ注意すべきは、自己の無を見る絶対無の自覚的限定に深まる過程で、意識的自己の底に行為的自己が見られ、「行為」と「表現」という呼応的な契機が見出されることである。「我々の自己が絶対無の自覚に接着した時、その最も深いノエシス的限定の意義を行為に求めることができるであろう。行為的限定に対してノエマ的に現れるものが表現である」(N5, 395)。

意識的自己から叡智的自己への深まりが、行為的自己と表現的自己によって歴史や社会の具体性を伴って認められる。行為的自己の限定は歴史的内容を含むが、歴史的限定はイデヤ(ママ)的に限定し得ないものの表現であり、そこに歴史の非合理性がある。「行為的自己のノエシス的方向には何処までも深いものがなければならない、我々の行為的自己をも越えたものがあるのである。歴史とか社会とか考えられるものは、…かかる自己の自己限定として現れるのである」(N5, 403)と言われ、そのノエシス的限定をなおも越えるものは、我々の行為をも歴史をも越える「深い内的生命」(N5, 410)とされる。こうして、『一般者の自覚的体系』は、判断的一般者から出発して自覚的一般者、さらに知的直観の一般者、そしてそれをも越えた絶対無の場所に展開し、合わせて、行為的一般者と表現的一般者を体系的に位置づけることになった。

この歩みを「表から裏」となし、その全体を今度は逆に、絶対無の場所から「裏から表」において見ていくのが、続く『無の自覚的限定』である。西田哲学の展開に即せば、分量的にも前者に匹敵する本書について、当然同じだけの重みをもって考察されるべきであるが、ここでは、自己の自覚の全体と、そこに一般者(場所)の重層性があることを確認するにとどめざるを得ない。

ただ、絶対無にまで遡ったところから一般者の自己限定が見られるとき、行為的ないし表現的一般者としての叡智界から、ノエマ的方向に限定されて自然界が、ノエシス的方向に限定されて意識界が成立すると見られること、さらにこの無の一般者に対応する仕方で、場所に於てある個物が改めて強調されるようになること、真の個物として「我々の自己」が名指されること、これらのことを指摘しておきたい。また、繰り返し語られる「個物は個物に対して個物」、あるいは「個は個に対して個」について、真の個物と個物の関係が「私と汝」として取り出され、絶対無の限定に即して「自愛」と「他愛」が論じられることも、『無の自覚的限定』の特徴である。

以上、西田が「意識」に即しつつ、しかも「意識の根柢」をも含めた全体を「絶対無の場所」から基礎づけようとしたことは、ハイデッガーが「意識(されてある)(Bewusst-sein)」に含まれる「ある」を「現に開かれてある」ことから捉えたことに、しかも存在を理解する人間的現存在の開示性からやがて存在の本質の現れの場としての「現 - 存在」へと立場を深めていったことに、対応を認めることができるであろう。ただし、そのようにして見られる自己と場所（一般者）の関係をあくまでその重層性において取り出すところに西田の独自性を認めうるのである。

5．ポイエーシスと絶対矛盾的自己同一

西田は、続く『哲学の根本問題』（一九三三年）において、個物と一般者とを包む場所としての「世界」を術語として用いるようになる。そもそも個物を限定するには一般者が必要であり、逆に個物なしに一般者はない。一方、一つだけの個物もありえず、個物は個物に対してのみ個物である。しかし、個物の相互限定は、もともと「一般者を否定する個物」と「個物を包む一般者」、つまり個物相互の限定を自らの限定とするような一般者の自己限定と一つに成り立つ。個物的限定は、個物相互の限定を通して個物が於てある世界を限定し、逆に世界は個物的限定では届かないところまで含んで無数の個物を、相互の関係とともに限定する。

こうして西田の思索は、個物と一般者の関係を軸に展開するが、「行為の世界」を副題とする『哲学の根本問題』正編を経て「弁証法的世界」を副題とする同書続編（一九三四年）に向かうとき、一つの転回を迎えることになった。続編における西田の言葉を引くなら、「前書の「私と世界」に於ては尚自己から世界を見るという立場が主となっていたと思う。従って客観的限定というものを明にするのが不十分であった。我々の個人的自己というものは自己自身を限定する世界の個物的限定に即して考えられるものに過ぎない」（N7, 203）。

これまで見てきたように、西田における「自己」は、主観として世界を対象とするものではな

い。場所に「於てあるもの」として初めから場所に開かれ、その場所も重層的に自己を包み絶対無にまで通じるものであった。しかし、それでもなお自己から世界を見る立場が残っており、そこからの転回がなされなければならないと見なされる。言い換えれば、「世界から」見る立場の確立が求められるのである。西田が、現実の世界には「我と汝」に加えて「彼」が必要であるとして新たに「彼」を持ち出すとき、それは個物の無数性を示すとともに、世界もまた、右の「自己から見る」立場を離れて、より「客観的限定」を強めてゆくように思われる。こうして相反する個物的限定と一般的限定とを含んで動いていく世界の自己形成が「弁証法的一般者」の自己限定であり、そこに私たちの社会的現実の形成が認められるのである。

　ところで、世界の自己限定から「我々の自己」の自己限定が捉えられるようになるとき、われわれの行為は「物を作ること」、すなわち「ポイエーシス（制作）」として捉えられる。「物」とはわれわれが関わるものすべてであるが、われわれは、それがわれわれに向かってくるのを受け止めて行為する。つまり、見ることによって行為する。「行為と云うのは、我々が世界を映すことから起るのである」（N9, 241）。「行為すること」と「見ること」が一つである「行為的直観」は、われわれの存在の本質構造である。相反する方向性が結びついて存在構造を成すということでは、ハイデッガーの「被投的企投」と重ね合わされる。ただし、行為的直観が世界の自己限定という性格を強く持つかぎり、西田から見れば、前期ハイデッガーの被投的企投もなお「自己から世界を見る」ものと見なされるであろう。

　行為的直観あるいはポイエーシスの世界は、西田固有の別のフレーズに即せば、「作られたものから作るものへ」である。「作られたもの」が最初に来るのは、われわれが何かの行為を起こすとき、つまり「物を作る」とき、既に投げ込まれている環境の中で、その環境を受け止めること、つまり作られたものを見ることから始めざるを得ないからである。作られたものを受け止めて、われわれが新たに作る。われわれは環境によって作られながら、環境に対し環境を作るものになる。こうして、作られたものと作るものとは、相互に入れ替わりながら世界の形成運動を成す。

「作られたものから作るものへ」は、この表現が示すような、決して一方向的で連続的な過程ではない。西田は、「作られたもの」と「作るもの」の間に、絶対否定による媒介を見る。それはまた、「絶対無」によって媒介されることである。「作られたもの」として過去になったものが、自ら表現的に働きかけることによって新しいものを生み出す、つまり「作るもの」を作り、未来を作ってゆく。それは、「作られたもの」と「作るもの」が「絶対断絶の連続」、あるいは「非連続の連続」として関係するということである。その関係の場は、相反する過去と未来を同時に成立させる現在でなければならない。それは、「作られたもの」と「作るもの」が、両者を超越しつつ同時に両者を成り立たせる絶対無によって媒介されることである。未来と過去、個物的多と全体的一、絶対に矛盾するもの同士が絶対無を媒介とすることで、矛盾をどこまでも維持しつつ結びつくのが、「絶対矛盾的自己同一」である。しかも、矛盾的自己同一的に自己創造的な世界のなかで生きるわれわれは、そのつど行為的直観的に作られつつ作ることによって世界の形成に関わってゆく。世界の自己形成（自己創造）は、機械論的でも目的論的でもなく、無数の行為的主体を形成（創造）的要素として含みながら、全体としての世界が形成されることを言う。そして、歴史的現実の形成に対する主体の関与があくまで身体を通して行為的直観的に「物を作る」という仕方でなされるがゆえに、われわれの身体は「歴史的身体」と言われるのである。

注

注1）後期ハイデッガーの思想展開の画期となったとされる一九四九年のブレーメン講演「有ると言えるものへの観入」は、四つの連続講演から成り、「物」「集立（総かり立て体制）」「危険」に続くものが「転回」である（GA79）。森一郎、ハルトムート・ブフナー訳『ハイデッガー全集』第七九巻（創文社、二〇〇三年）。なお、「物」以外の三講演は、若干の変更を加えて『技術と転回（Technik und Kehre）』として公刊された。

注2）繰り返された講演ごとの草稿が全集版で公刊されている（GA80.1）。

注3）「第一の原初」と「別の原初」という枠組み自体は、公刊著作ではほとんど出てこない。この二つの原初をめぐる「原初的思索」「移行的思索」という思索像が展開されるのは、一九三六年から三八年に書き記された膨大な覚書き集『哲学への寄与論稿』である（GA65）。秋富克哉、大橋良介、ハルトムート・ブフナー訳『ハイデッガー全集』第六五巻（創文社、二〇〇五年）。

注4）ハイデッガーが、一九一五年、フライブルク大学に教授資格論文「ドゥンス・スコトゥスの範疇論と意義論」を提出した後、試験講義で行ったのが「歴史学における時間概念」であった（GA1）。岡村信孝、丸山徳次、ハルトムート・ブフナー、エヴェリン・ラフナー訳『ハイデッガー全集』第一巻（創文社、一九九六年）。

参考文献

板橋勇仁『歴史的現実と西田哲学　絶対的論理主義とは何か』（法政大学出版局、二〇〇八年）

上田閑照『上田閑照集　第三巻　場所』（岩波書店、二〇〇三年）

杉本耕一『西田哲学と歴史的世界　宗教の問いへ』（京都大学学術出版会、二〇一三年）

花岡永子『絶対無の哲学　西田哲学研究入門』（世界思想社、二〇〇二年）

嶺秀樹『西田哲学と田辺哲学の対決　場所の論理と弁証法』（ミネルヴァ書房、二〇一二年）

景山洋平『出来事と自己変容　ハイデガー哲学の構造と生成における自己性の問題』（創文社、二〇一五年）

7 西田による批判とハイデッガーからの可能的応答

《目標とポイント》 繰り返せば、西田とハイデッガーの間に、生前積極的な交流が生まれることはなかった。しかし、西田は、分量的に少ないながら書簡や論文にハイデッガー批判を残している。それらは偏りや誤解を含む反面、ハイデッガーとの立場の違いを際立たせ、かつハイデッガー哲学の問題点を突くものでもある。西田の批判をもとに、改めて両者の哲学的対決の可能性を探りたい。

《キーワード》 現象学批判、行為的自己、不完全な自覚、始まり（原初）、死と誕生

1. 西田による批判

（1）誤解を通して見えてくるもの

これまでの考察が示すように、われわれの基本姿勢は、それぞれ独立に営まれた西田とハイデッガーの思想に多くの類似点が見出されることを踏まえ、両者の思想的展開を共時的に取り出して突き合わせることである。それは、直接の積極的な交流がなかったことを、言わば逆手に取っての行き方であった。

しかし、西田の側にハイデッガー哲学についての感想や批判が残されているかぎり、それらに触

れないわけにはゆかない。(注1) 前期思想の展開の中に起きた「転回」までを概観したところで今ようやくこの問題を取り上げるのは、西田のハイデッガー批判の地盤となる思想的立場を確保するためであった。以下に触れるように、西田は『存在と時間』を公刊直後に入手して読んでいるが、はっきりしたハイデッガー批判を展開するのは、一九三〇年代以降である。したがって、西田から向けられた言及や批判には、三〇年代以降まで展開した時点での立場が映っている。一方で、批判の対象は常に『存在と時間』である。(注2) この時間的ずれゆえに、言及や批判は一方向的にならざるを得ず、ハイデッガーの側からすれば不公平と言うしかない。ただし、偏りや誤解を含むにせよ、西田の言及と批判は、両者の立場の違いを際立たせ、かつ前期ハイデッガーの思想的立場に含まれていた問題点を照らし出すようにも思われる。両者の思想的対話の可能性を探るという目標に向け、まずは書簡における言及から見ていくことにしたい。

(2) 書簡のなかの言及

西田が『存在と時間』を手にしたのは、一九二七年の六月一七日のことである。当時ドイツのフライブルクに留学していた弟子の務台理作（一八九〇～一九七四）宛ての書簡に、「今日 Heidegger, Sein und Zeit を落手いたしました」とある。同書が『哲学ならびに現象学的研究のための年報』第八巻として刊行されたのは同年四月、合わせて単行本としても刊行されているから、務台は刊行直後のものを西田に送ったことがわかる。西田は早速読み始めたようで、三日後に田辺元に宛てて、「務台よりハイデッガーの Sein u. Zeit という書を送って来ました　少し読んでみたが中々精密な有益な研究と存じます　併しどうも私はフェノメノロギーというものの根柢に不満を有っているので左程にinspireされませぬ」(NI8, 317)と書き送っている。ここでフェノメノロギーと言われているのは、田辺共々触れていたフッサールの現象学であるから、ハイデッガーとを合わせた現象学評価となっている。しかし、それでも西田は読み進めており、六月二六日付けで再び務台に宛てて、「ハイデッガーを大分よんで見ました　少しくだ〱しいが緻密な面白い研究と存じます」(NI8, 328)と書いている。こうして『存在と時間』を同時代的に受け止めた西田であったが、少し下の年代に属する田辺、さらに九鬼周造、和辻哲郎、そして三木清たちがこの書から強い影響を受けたのとは、既に明確な違いが認められる。

しかし、その批判の内実に向かう前に指摘しておきたいのは、一九二一年一一月、まだハイデッガーが大学で正式な職も得ていない時期、当時ドイツ留学中だった弟子の山内得立(一八九〇〜一九八二)に宛てて、「Heidegger は Duns Scotus の事をかいたものがあった様だがよんでは見ず併し小生はかねて Duns Scotus からまだ〱出るだろうと一寸注意したことがある」(NI8, 139)と記していることである。(注3)

これは、西田によるハイデッガーへの最初の言及で、触れられている書籍は、ハイデッガーの教授資格論文『ドゥンス・スコトゥスの範疇論と意義論』(一九一五年)である。生涯一度も海外に出なかった西田が、ヨーロッパに留学した弟子や知人に哲学はもちろん、神学、美学、芸術学、心理学、さらに数学から自然科学等々、多領域にわたる文献の調査や購入を依頼していることは、書簡から様々に知られる。言及されている中には、その後当該分野で大きく注目されるようになった人物や著作等も少なくない。情報流通が質量ともに現代とは比較にならないほど限られていた当時、文献の注記などを頼りに数々の文献に注目、その現物を収集し、新たな思想家や科学者達を見出して我が国に紹介した、その先見の明は実に驚嘆すべきである。当のハイデッガーについても、フッサールの俊秀の助手として周囲では次第に噂が広がりつつあったようだが、現象学研究以前のスコトゥス論にいち早く着目していたことには、ただただ脱帽の念を禁じ得ない。

したがって、少しの時期を経て一九二三年、三木清がマールブルクに移ったハイデッガーに師事し、翌一九二四年には、ドイツ留学から帰国した田辺元がフライブルクで聴講したハイデッガーの講義を元に日本初の本格的なハイデッガー研究論文「現象学に於ける新しき転向—ハイデッガーの生の現象学」を発表したことで、西田もまたハイデッガーへの関心を新たにしたであろう。実際、田辺の論考については、田辺宛てに、「「思想」に御掲載のハイデッガーの考をよみてはじめて氏の哲学が非常に面白い意図を有するものたることが分りました　現象学的立場から文化学に対して面白い貢献ができるかも知れない」（N19, 582）と書き送っている。このような背景があっただけに、『存在と時間』の現物が務台から届けられたとき、ある程度の期待を寄せて臨んだかも知れない。

しかし、既に「場所」の思想の確立に手応えを得ていた西田は、その立場を深めてゆくにつれて、現象学に対する先述のような不満もあり、ハイデッガーに対する明確な批判を表明するようになる。

一九三〇年に『一般者の自覚的体系』を公刊し、二年後の『無の自覚的限定』に向かっていた時期、和辻に宛てた書簡で、「ハイデッゲルには死にゆく所はあるが生れ出る所がない　それは私のいう如き一旦自己自身を失った行為的自己からでなければならぬ」（N18, 402）と書いている。この批判は、十一ヶ月後、やはりハイデッガーのもとに留学していた弟子の三宅剛一（一八九五～一九八二）宛ての書簡と重ねる時、より明らかになると思われる。すなわち、「ハイデッゲルの考で

図7－1　三宅剛一（在独）宛て書簡（西田幾多郎記念哲学館所蔵）

はEntwurf（企投）とかEntschlossenheit（決意性）とかいうものの出る所が本当に分っていないのです　これはどうしても私の「無の自覚」という如きものを考えねばだめです」（N18, 422. 括弧内筆者）。同じ書簡では、さらにハイデッガーの真理理解や時間理解について、真理はUnverborgenheit（非覆蔵性）というようなギリシア的なものではないと記し、時間もまたハイデッガーでは可能的であって現実的ではなく、瞬間を中心としなければならないと書いている。

和辻宛て書簡の批判が「死への存在」を踏まえていることは明らかである。それは、既に考察したように、自らの存在が不可能になる究極の可能性に企投すること、そしてその核心は先駆的決意性であり、時間性の将来に基礎づけられ、本来的な時間性の全体に繋がるものである。ただし、和辻宛て書簡では、死が誕生と結びつけられていることに留意すべきである。この点は、その後に続く「行為的自己」と繋がり、ハイデッガーにおける現存在ないし自己についての問題となる。さらに、三宅宛ての書簡で触れられている真理や時間も自己の問題に関わるがゆえに、両者の立場の違いが浮かび上がるであろう。後で改めて検討したい。

（3）論考のなかの言及

論考での言及は決して多くなく、その大半は上記書簡の時期と重なっている。その主要なものを取り上げてみよう。

西田が論考でハイデッガーに最初に触れるのは、『一般者の自覚的体系』所収の論考「自覚的一般者に於てあるもの及それとその背後にあるものとの関係」（一九二九年）である。そこには、「ハイデッゲルの解釈学的現象学の立場というのは、フッサールの立場に比して一歩を進めた点はあるが、未だ現象学的立場其者に伴う根本的欠陥を脱し得たものと云うことはできない」（N5, 349–350）とある。西田によれば、意識的自己をノエシス的方向に越えて叡智的自己の立場に立つとき、そこになお二つの方向が考えられ、ノエマ的限定の方向にカントの意識一般が、ノエシス的限定の方向にフッサールの現象学的立場が位置づけられる。このフッサール理解がハイデッガー理解の前提になっており、すぐ後でもハイデッガーについて、「自己自身の自覚的内容即ち叡智的ノエマを限定することなき叡智的ノエシスの抽象的限定を脱し得ないという点に於てはフッサールと同じであるが単に見るという如き内在的意識の立場を脱し、解釈的意識の立場に立つことによって、叡智的自己の自己限定の立場に近づいたものと云うことができる」（N5, 351）と記している。前の引用文同様、ハイデッガーの立場をフッサールから一歩進んだものと認めつつ、しかし「解釈的意識」とあるように、ハイデッガーをなお意識の立場として捉えているところには、理解の限界を

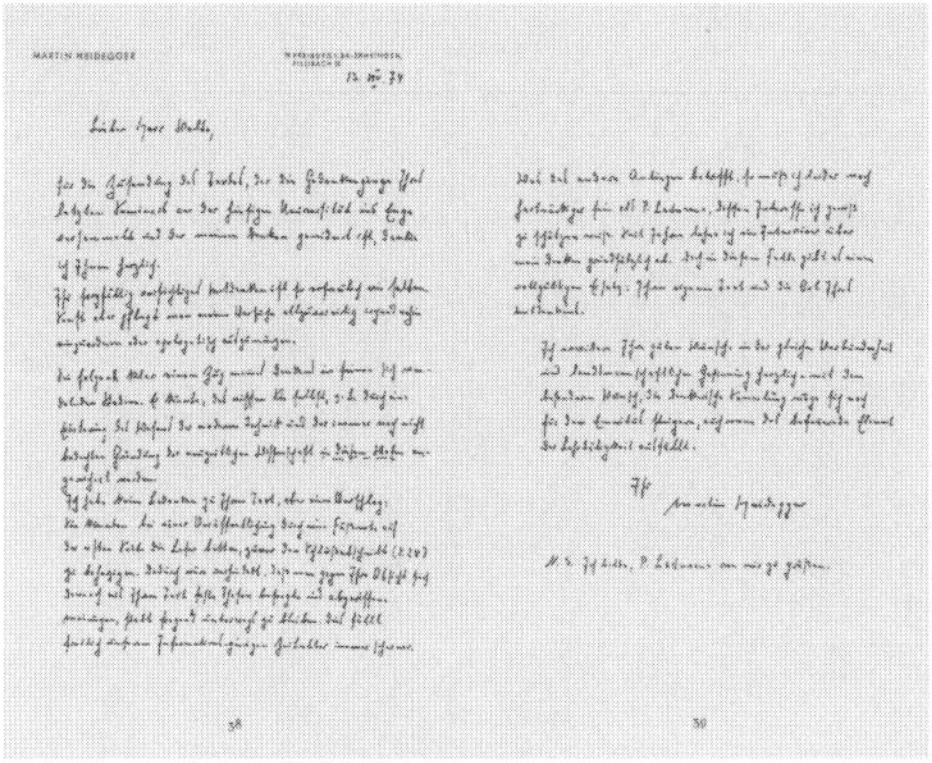

図7－2　B. Welte 宛て書簡
（Bernhard Welte/Martin Heidegger, *Briefe und Begegnungen,* Klett-Cotta, 2003）

認めざるを得ない。

ただし、この文脈のもと、自己自身の内容を客観的に限定するには行為的自己の立場に立たなければならないと記しており、そのことは、「行為」の強調とともに、先に触れた和辻宛て書簡の内容を理解する鍵となる。それを示すように、続く『無の自覚的限定』でハイデッガーへの言及が集中的に現れる論考「私の絶対無の自覚的限定というもの」では、行為的自己とその根柢にある絶対無の場所の立場が鮮明になる。一九三一年の初めに書かれたこの論考は、表題がそのまま西田の根本的立場を表すとともに、ハイデッガー批判の立脚点になっている。

「絶対無の自覚」について改めて確認するなら、「自己が自己に於て自己を見る」と繰り返し定式化される「自覚」については、「自己として何物かが見られるかぎり、それは真の自己ではない、自己自身が見られなくなる時、即ち無にして自己自身を限定すると考えられる時、真の自己を見るのである、即ち真に自覚するのである」（N6, 117）とある。自己が絶対の無となって自己を見るがゆえに、しかも対象的に見られない自己を見るがゆえに、「無が無自身を限定する」、「場所が場所自身を限定する」と言われる。そして、無になった自己において真の事実が見られると考えられるがゆえに、「事実が事実自身を限定する」とも言われる。

ところで、自己の奥底には無限に非合理的なるものがあると考えられる。したがって、そのような自己の自己限定は、非合理的なるものの合理化となる。そこに行為の意義が認められる。どこまでも摑むことのできない現在が現在自身を限定するのが、行為的自己の自己限定である。それは、「永遠の今の自己限定として現在が過去未来を限定するということ、即ち現在を中心として一つの世界が定まるということは、我々が行為するということでなければならぬ」（N6, 133）とも言われる。ただし、無にして自己自身を限定する行為的自己もなお限定された自己であり、その底には、真に無にして自己自身を限定するものとして「絶対無の自覚」がある。

この絶対無の自覚の立場からすれば、現象学もなお意識的自己の立場に過ぎない。西田は、行為的自己が意識的自己と考えられる時にタートザッヘ（事実）はザッヘ（事象）になるとして、「「ザッヘそのものへ」という代りに私は「タートザッヘそのものへ」と云いたい」（N6, 166）と記す。『存在と時間』に掲げられた現象学のモットーが念頭にあるのは明らかである。

西田によれば、「行為（タート）」が働かないかぎり「事実（タートザッヘ）」が事実とならない。事実が事実自身を限定するためには、絶対無の自覚を根柢とする行為的自己が必要である。このようにハイデッガーの立場に対して根本的な疑問を向ける一方、しかし「ハイデッゲルに於てはフッセルの内在的意識の立場を越えて一層具体的なる立場に立って居ることを認め得る」（N6, 170）として、自らの語る事実とハイデッガーの存在との類似性を認めてもいる。すなわち、「主客対立以前のものから出立する意味に於てハイデッゲルの存在と相類するかも知れないが、ハイデッゲルの存在は事実的に自己自身を見るものではない、了解とは不完全なる自覚であり、所謂言表とは自己を失ったものの働きである。真の自己は単に自己を了解するものでなく、働きによって自己自身を事実的に知るものでなければならぬ」（N6, 168）と記し、事実に向かう通路としての「了解」を不完全な自覚として捉えるのである。「了解（理解）」に対するこの見方は、西田のハイデッガー批判を貫く基本的立場であり、「ハイデッゲルの解釈学的現象学という如きものも、了解を一種の行為と見做し、従って存在を了解の事実と見做すことによって、了解的自己が自己自身の事実を見ると解し得るものと思う」（N6, 170）とも記されている。

さらに「現存在」について、「私というものは「そこに」あるものでなく「こゝに」あるものでなければならぬ、此処から其処が見られるのである。永遠の今の自己限定として永遠なるものに触れる所に、自己があるのである。自己のある所、そこが今であり、此処である、現在から過去未来が見られ、此処から其処、彼処が見られるのである」（N6, 173）というところには、肝心の時間についての理解の相違も認められる。

もちろん西田は、『存在と時間』の「現存在」が、「ここにある」から区別された「そこにある」を意味するものでないことは理解していたはずである。ただし、「現在を摑み、此処を見るということは矛盾と云われるであろう、併しかゝる矛盾を摑むのが自覚である、そこに実在の根柢があるのである」（同上）というように、あくまで「絶対無の自覚」に立って永遠の今の自己限定として行為的自己を捉える立場からすれば、「矛盾そのものを自己と見る自覚の事実」は、外から達すべきものではなく、内から矛盾的事実そのものになり切って摑む以外になかった。

しかし他方、「ここ」と「そこ」を区別するなど、西田がハイデッガーにおける存在を、なお「了解」が向かう対象的なものと捉えている節があることも否定できない。ハイデッガーは、「事実（タートザッヘ）」の語こそ積極的に用いないが、現存在に固有な「事実性（Faktizität）」に着目し、この事実性（情態性）に対応する被投性と実存（理解）に対応する企投との被投的企投から現存在の存在を捉えた。その存在が本来性と全体性で押さえられ、それがさらに時間性の時熟から動的に捉えられるかぎり、そこには自己の自己限定ときわめて近い洞察が含まれているのではないか。いずれにしても、「自己」の所在は、両者の哲学を突き合わせるうえで主要な観点になると思われるが、先の西田の時間理解とも合わせる仕方で、続く時期の批判を検討することにしたい。

了解を不完全な自覚とするハイデッガー批判は、さらにハイデッガーの世界理解に対する批判に繋がっていく。『哲学の根本問題』（一九三三年）の「総説」の次の箇所も、西田のハイデッガー批判としてよく知られた箇所である。

「歴史的世界は我々の了解の対象界たるのみならず、我々の行為を限定するものでなければならない、我々は歴史に於て生れ歴史に於て死にゆくのである。ディルタイの影響を受けたハイデッゲルの存在の哲学といえども、その世界というのは尚了解の世界であって我々の行為を限定する世界ではない。我々はそれに於て無限の重荷を負うと共に企図的であると云っても、我々がそれから生れる世界ではない。それは個物を限定する世界ではない、私と汝とを包む世界ではない、自己自身を限定することによって我々を限定する世界ではない。それは尚我々が外から見て居る世界であって、我々がそれに於てある世界ではない。故にハイデッゲルの哲学は弁証法的ではない、単に解釈学的現象学たるに過ぎないのである」（N7, 179–180）。

行為の視点からの了解に対する批判ということでは一貫しているが、この批判は、ちょうど直後の『哲学の根本問題』続編で言及され、われわれが前章で考察した「転回」を映じているように思われる。自己や了解を見る視点が「世界」に移っているからである。（注4）世界は、上の言葉が示すように、「弁証法的一般者としての世界」として術語化することになる。それは、前章で述べたように、個物的限定と一般的限定との相反する限定を自己限定として動く世界である。弁証法のことを『存在と時間』では「真正な哲学的困惑」（SZ, 25）と呼び、後年も「問いなき者の独裁」と名づけ

2．世界の捉え直し

て「その網のなかではいかなる問いも窒息する」（GA13, 212）と語り、また「上から摑む統一」あるいは「事象や事態を前にして回避する逃げ道」（GA14, 8）と捉えたハイデッガーにとって、解釈学的現象学の立場はやがて離れられるとしても、弁証法は採られるべき立場ではなかった。

ところで、自己と世界の関係について言えば、そもそも自己の存在に世界が属し、世界と自己が切り離せないという洞察から、意識に定位した人間理解を超克しようとして提示されたのが「世界内存在」であった。右の引用のなか、「それに於て無限の重荷を負うと共に企図的である」と言われているのは、西田なりに被投性とりわけ「負い目的に有ること」と企投とを受け止めたものである。しかし、「外から見ている世界であって、我々がそれに於てある世界ではない」とあるように、西田は、ハイデッガーの世界理解になお対象的な性格を見て取っている。『哲学論文集』以降になると、そもそもの言及が少なくなるが、「ハイデッゲルの立場といえども、それが自己を媒介として世界を見るかぎり、それから真の客観的世界というものは考えられない」（N8, 20）というように、世界が自己から対象としてしか見られないという理解は変わらない。「外から見ている世界」がなお主観からの隔たりという性格を残しているのに対し、「真の客観的世界」という語のもと西田が求めたのは、主観による規定を離れた、それでいて対象化以前にわれわれが既にその内に有り、かつわれわれを限定する世界に他ならなかった。晩年の言及においても、ハイデッガーのオントロギーは真のオントロギーではないと言われているが、要は西田にとってハイデッガーは、最後まで『存在と時間』だったのである。

ただし、「それに於てある世界」の「於てある」は、言葉のうえでは世界内存在の「内にある（In-sein）」に対応する。ハイデッガーもまた、この「内にあること」を現存在の開示性として、つまり自己が「於てある」ものとして掘り下げていったのではなかったか。

なるほど、ハイデッガーの場合、現存在が対象化以前にその内に投げ込まれかつ関わり行く世界は、現存在を突き動かし、その有り方を規定していくものではなかった。しかし、西田の批判から見る時、その後のハイデッガーの思索があたかも西田の批判を克服するかのように動いていることも事実である。たしかに、世界内存在の世界は「脱自的時間性の地平的統一」(SZ, 366)に基づくとされ、地平形成の主体を離れて世界を考えることはできない。世界内部的なものが様々に出会われるとしても、現存在が形成する地平においてのことである。しかし、前章で確認したように、『存在と時間』後の展開のなか、ハイデッガーは現存在による根拠づけという超越論的な立場を離れ、存在の開けの内に立つということから現存在を捉えようとする。世界という術語に即せば、「世界と大地の抗争」、さらに「四方界としての世界」が提示され、それは人間をも内に含みつつ世界として動き行くものである。世界理解の変化とともに、歴史を捉える観点も、「現存在の歴史性」から「存在の歴史」へと大きく変化した。西田が、歴史的世界の自己形成という視点のもと、自己をその形成的要素と見なし、やがて「世界が自覚する時、我々の自己が自覚する。我々の自己が自覚する時、世界が自覚する」(N10, 559)と語るようになるとき、そこには、後期ハイデッガーが、死すべき者たちをその一隅とする四方界について「世界が世界する」と語ったことへの呼応を認めることができるのではないだろうか。

また、西田の世界が「私と汝とを包む世界」であると言われるとき、「私と汝」は、弁証法的一般者の世界における真の個物と個物である。一方、ハイデッガーにおける他者論の不在は『存在と時間』に対しても早くから指摘されていることで、「私と汝」という観点がないことも認めなければばならない。(注5) しかし、『存在と時間』では、死への先駆における本来性において他者と共に有る可能性に触れて、「決意性の本来的な自己であることから初めて、本来的な相互共同性（Miteinander）が発源する」（SZ, 298）とされている。また後年の四方界における人間が「死すべき者たち」という複数形で示されるとき、そこには「私と汝」とは別の他者との有り方、しかも一貫して「死」を介した他者との共同性を認めることができるのである。

もちろん、両者の呼応を通して違いが浮かび上がることも事実である。そのこととの連関で、以下では先に留保していた問題に立ち返りたい。改めて注目したいのは、「歴史において生れ」や「我々がそれから生れる世界」という西田の表現が示すように、歴史的世界が「死」とだけでなく、「生れる」ことと結びつけられていることである。このことは、和辻に宛てて「ハイデッゲルには死にゆく所はあるが生れ出る所がない」と書き送ったこととも繋がっている。ここに西田とハイデッガーの決定的な違いを見出すことができるように思われる。

3. 死と誕生

和辻宛て書簡では右記の語との連関で、「一旦自己自身を失った行為的自己から」と言われていた。西田がこのように言うとき、意識的自己を超えた行為的自己が「絶対無の場所」にまで通じてゆくところで摑まれていることは既に確認した通りである。

この時期以降、西田は、行為の世界を社会的・歴史的な現実の世界と捉え、個物が環境を限定し環境が個物を限定する生命の世界と規定するようになる。ただしそれは、生物的生命の世界を越えた、「我々がそこから生れそこに死に行く人格的生命の世界」（N7, 176）である。このとき、世界にあるものはすべてが自己自身を表現するものとなり、世界も自己自身の無限な表現をもってわれわれに迫ってくる。われわれはこのような世界の自己限定として世界に於てあるがゆえに、各自が唯一絶対の使命を持つ。このことを西田は、「一々が唯一の個物として絶対の使命を有するということが、我々一々が死すべく生れ生るべく死するということである」（同上）と述べる。生まれること自体が既に死をもって生まれることであり、そのようにして生きられる生が常に根柢に死を携えていることは、誰もが頭では解っていよう。ただし、通常はこれを事実とだけ受け取り、矛盾として受け取ることはない。「生るべく死する」ということが真に受け取られるのは、たとえば「死復活」の語で言い表される宗教的体験においてであり、それは絶対無の自覚の立場である。西田は、『無の自覚的限定』の時期から、絶対無の真の自覚に至ることを「真に死することによって生きる」（N6, 80）と語り、「無にして自己自身を限定するものとして我々の真の自己は矛盾そのものである、我々は矛盾そのものに於て真の自己を見るのである」（同上）と記していた。

しかし、西田がこのような立場からハイデッガーに欠けているとして批判する「生れる」については、ハイデッガーもまた、『存在と時間』で考察していた。歴史性の分析のなか、現存在の全体性を確保するために二つの「端／終わり（Ende）」を指摘し、「死への存在」と並べて「始まり／原初（Anfang）への存在」を取り上げ、「誕生」を名指すのである。(注6) 前章で触れたように、ハイデッガーは、「誕生と死の間の現存在の伸び拡がり」を現存在の「生起」として、そこから現存在の歴史性の考察を始めるが、その文脈で、「事実的な現存在は、誕生を抱えながら実存しており、また死への存在という意味で既に誕生を抱えながら死につつある」（SZ, 374）と語る。誕生と死がこのように語られるとき、言葉の上では、西田の「死すべく生れ生れるべく死する」に近づいているように思われる。

もちろん、絶対無の自覚に基づく行為的自己の有り方を、そのままハイデッガーの分析に重ね合わせると言うのではない。しかし、ハイデッガーも、「誕生と死の間」ということで、単に一定の時間的広がりを見ていたわけではない。現存在の分析が示すように、「死への先駆」と「取り戻し的反復」が「瞬間」において統一されるとき、本来的時間性の時熟は、非力さの根拠における「死への存在」を自らに固有な存在として決意して受け止めることを可能にするものである。

改めて確認すれば、西田は三宅宛ての書簡で、ハイデッガーにおける時間は可能的であって現実的でないとし、時間は瞬間から摑まれなければならないと記していた。同じことは、「了解の世界というのは現在を有せない単に可能なる時の世界たるに過ぎない」（N6, 165）とも言われていた。存在理解を存在への問いの通路とする『存在と時間』において、時間性の契機として将来の優位は動かない。現存在の存在の根源性を確保する死への先駆が、可能性の性格を持つことも否定できない。しかし、そこから脱自的な時間性の運動によって瞬間における統一が見られていることを見落としてはならないであろう。

一方、西田が、現在の自己限定を過去と未来とを包むものと見なして始終現在に優位を置く時、その現在は、アウグスティヌスの時間論への共感が示すように、時間の三契機の一つとしての現在ではなく、三契機全体を貫く現在であった。そこに、ハイデッガーの時間理解との違いが認められるのである。

以上、ハイデッガーにおいて、「生れ」は「死」とともに受け止められていた。ただ、この「始まり」としての「誕生」が「始まり（原初）への存在」において受け止められるとき、本来「そこ

から」始まる「そこ」が、死と同じように「向かう先」として見られることになる。ハイデッガーは企投や決意性の出てくる所が分っていないという批判が示すように、「生れ出る所」が問われるためには、あるいは誕生が現存在の存在において十全に確保されるためには、「始まり（原初）**へ**の存在」でなく、「始まり（原初）**から**の存在」でなければならなかったのではないか。もしこのように言うことが可能であるなら、西田の批判は、ハイデッガーが現存在の存在の全体を確保しようとしたことにも的中するように思われる。

しかし、前章で考察したように、ハイデッガーもまた、現存在の根柢に存在と無の共属、あるいは脱底的深淵としての根拠を捉えたところから、「現‐存在」の根柢における存在の生起を問うようになる。このとき、西田の批判に答える方向が開かれるのではない。

しかも、われわれが本書で主題化しているように、「始まり（原初）」は、やがてハイデッガーの思索において、西洋の歴史の「原初」であるとともに、そのような歴史を開いた存在の現れの「原初」という意味を持ってくる。歴史の「原初」で生起したことを受け止める仕方で存在の真理への問いが展開するようになるとき、「始まり（原初）」は実存的な「誕生」とは別の意味を獲得し、改めて「始まり（原初）からの存在」が問われ得るようになると思われる。しかし、そのような立場から実在的な「誕生」がどのように捉えられるか、「始まり」は問いであることをやめないのである。

注

注1）先行研究としては、第一章注5を参照。

注2）ただし、一九三三年の一月、読売新聞「宗教」欄に掲載された談話記事「実在の認定について　私の見てい

る其形と場所」の第一回目（一月一日付）のなか、『形而上学とは何か』（談話記事の表記では『形而上学とは何ぞや』）における「無」に触れて、「彼は有の世界からいったん下向的に、「不安」の場所に降りて、更に「無」の方に下って行く。それから再び浮かび上って来るというような径路を取っているが、真の「無」は直に実在する場所に於て把握されねばならぬものである」と述べている。

注3）『善の研究』では、第三編「善」の「倫理学の諸説」において他律的倫理学の「権力説」に、「神を本とした神権的権力説」の主張者としてドゥンス・スコトゥスを挙げている（NI, 126）。

注4）大橋良介『西田哲学の世界』（筑摩書房、一九九五年）一九五ページ。

注5）論考「私と汝」を踏まえ、西田とハイデッガーの関係を論じたものとして、以下を参照。榊原哲也「西田とハイデガーにおける「私」と「汝」」（立命館大学人文学会編『立命館文學』第六二五号、二〇一二年）五五 - 六五ページ。太田裕信「西田幾多郎とハイデガー『存在と時間』―存在了解と自覚―」（西田哲学会編『西田哲学会年報』第九号、二〇一二年）七八 - 九五ページ。

注6）『存在と時間』における「始まりへの存在」を考察したものとして、森一郎の研究を挙げることができる。参考文献参照。

参考文献

大橋良介『西田幾多郎　本当の日本はこれからと存じます』（ミネルヴァ書房、二〇一三年）

黒崎宏『「西田哲学」演習　ハイデガー『存在と時間』を横に見ながら』（春秋社、二〇二〇年）

齋藤慶典『「実在」の形而上学』（岩波書店、二〇一一年）

森一郎『死と誕生　ハイデガー・九鬼周造・アーレント』（東京大学出版会、二〇〇八年）

8 芸術と詩作―共通主題からの照射（1）

《目標とポイント》 両者は、それぞれの哲学的展開の中、共に芸術に大きな関心を寄せた。その背景には、「ポイエーシス」への洞察がある。ポイエーシスが古代ギリシアにおいて既に「制作」とともに「詩作」を意味することを映すように、両者は芸術ジャンルのなかで詩歌に優位を置いた。各々の「芸術」及び「詩作」理解を検討することが、本章の課題である。

《キーワード》 ポイエーシス、芸術、美、世界形成、抽象、作品、詩作、真理

1．芸術への問い

本章からは、西田とハイデッガー両者に共有される主題を立て、それぞれの立場を考察することにしたい。このような対照によって、両者の立場を浮かび上がらせると同時に、当該の主題の射程もまた明らかになるであろう。まずは芸術である。

哲学にとって芸術は、美のイデアを語ったプラトン、そしてギリシア悲劇をもとに芸術の本質をミーメーシス（再現・模倣）に見出したアリストテレス以来、独自な位置を占めてきた。絵画、音楽、彫刻、詩歌等、幅広いジャンルのうち何を考察の中心に据えるかによって、各ジャンルの特性と共に、各哲学の個性が照らし出される。西田もハイデッガーも芸術に大きな関心を寄せたが、前

者における真実在への問い、後者における存在（有）への問いというように、芸術への関心は、それぞれの哲学的課題に導かれた（注1）。そして、芸術ジャンルということでは、いずれの哲学者も詩作ないし詩歌に独自な位置を与えたことで共通する。以上の観点から、各々の芸術論を検討し、さらに両者において際立つ「ポイエーシス（制作・作ること。西田の表記では、時としてポイエシス）」の位置づけについて確認することにしたい。

2. 西田における「芸術と詩作」（注2）

（1）前期の芸術論『芸術と道徳』

西田にとって、芸術が主題的に取り上げられたことは二度あった。一度は、『自覚に於ける直観と反省』の後、「絶対自由の意志」の立場に立って芸術や道徳を論じた『芸術と道徳』（一九二三年）、そして今一度は、後年の「歴史的形成作用としての芸術的創作」（一九四一年）である。

ただし、そもそも西田にとって芸術は、既に『善の研究』において、純粋経験を記述するのに、道徳や宗教と並んで最も引かれる事例であった。たとえば、主客合一の状態の持続の例に、「音楽家が熟練する曲を奏する時の如き」（N1, 11）と言われ、また最深の主客合一である知的直観についての記述の中では、「画家の興来り筆自ら動く様に複雑なる作用の背後に統一的或者が働いて居る」（N1, 43）と言われている。

やがて、純粋経験の立場が自覚の立場に展開し、さらに自覚の背後と称された絶対自由の意志が場所の立場に大きく転じていくとき、その過程で書かれた『芸術と道徳』は、「序」で、「芸術的直観と道徳的意志との内面的関係を、意志我の直観と反省との関係に求めた」（N3, 239）と述べられていることからも、『自覚に於ける直観と反省』の絶対自由の意志の立場に立っているのは明らかである。

『善の研究』との関連にもう少し触れるなら、『芸術と道徳』は、この書名や所収論考「感情の内容と意志の内容」「真善美の一致点」「美と善」「真と美」「真と善」などに示されるように、真実在に深く関わる芸術（美）、道徳（善）、哲学（真）を、各々の固有性と相互の関係において明らかにしようとする姿勢が顕著であること、また『善の研究』では、意志と知的直観がそれぞれ道徳と宗教に呼応させられながら芸術に固有な精神作用が認められていなかったのに対し、本書はその前著『意識の問題』（一九二〇年）の考察を経て、芸術に感情を結びつける立場が出ていることが指摘されうる。もともと『善の研究』で「知情意」の語が頻用され、知より情意が深いとする姿勢が際立つことは第二章でも言及したが、感情への着目が大きくなったことには留意すべきである。あまり図式的な対応を強調するのは事態にそぐわないが、知よりも情意が深いということを自覚する知が哲学として、芸術や道徳との関連で位置づけられること、そして自己の人格的統一力が芸術や道徳より深い宗教については考察が保留されていることも、本書の特色として指摘できるであろう。

さて、『芸術と道徳』のなか、美についての当時の態度が明確に示された論考「美の本質」によれば、美の本質を明らかにするとは、「美的対象界の拠って立つ所のアプリオリを明に」（N3, 245）することである。美的対象は、道徳的対象と性質を同じくして人格的内容を含む。それは自由我の世界であり、自由意志の創造作用による対象界である。たとえば美的対象に関わる色の体験に即すなら、赤が青から区別されるには、あるいは赤自身の中に無限の色合が認められるには、区別されるものを統一するものが必要である。この統一が視覚作用である。ただし、視覚作用も色の関係を動かすことはできない。「視覚作用とは、色が色自身を区別する内面的関係である、色の体験の依って立つアプリオリである」(N3, 248)。内容と不可分離的なアプリオリな作用の根柢には、「作用の作用」として自己を実現する絶対意志の自由な創造作用がある。

芸術の本質を芸術のアプリオリに求め、それを絶対意志に認めるというのは、先述のように、『自覚に於ける直観と反省』の基本的立場を芸術に広げたものである。「作用の作用」である絶対自由の意志の立場において、作用と作用との直接の結合の状態が感情である。そして、絶対意志が「達すべからざる無限の深み」(N3, 250) を持つことに呼応して、「感情は分析することのできない己自身の深い内容を有つ」(N3, 259) とされる。

このように芸術の本質を意識作用に見る西田にとって、特に強い関心の向けられたのがフィードラー(一八四一～一八九五。西田の表記ではフィードレル)の芸術論、とりわけ「純粋視覚」の思想であった。フィードラーもまた、我が国で西田が初めて紹介して知られるようになった。

西田は、まずディルタイの「詩人の想像力」(一八八六年) を取り上げる。ディルタイによれば、精神生活ではすべてが「一つの構成作用」として外的意志と内的意志の形を取るが、両者の間にある感情の構成作用の緊張が、内外の意志によっても止められない場合に、幻影や錯覚から芸術的創造まで種々の影像を生じさせる。西田はこの見解を積極的に評価しつつ、しかし、それがなお「芸術的創造作用の主観的意義」であるのに対し、「芸術的創造作用の客観的意義」を明らかにしたのが、フィードラーの『芸術活動の根源』(一八八七年) だとした。精神作用はすべて無限なる活動として外に表現されるが、その際、「眼の仕事の終った後を受けて手が発展させる」(N3, 272)。純なる視覚作用が「自ら我々の身体を動かして一種の表出運動に発展する」のが「芸術家の創造作用」に他ならない（N3, 268）。芸術家が「全身眼となる」ことで、「彫刻や絵は、手を含める眼によって見られた実在」（N3, 273）となるのである。

純粋視覚の内容は、人格的内容である。それゆえに、作品には、芸術家の自由な人格が表出される。それは、無限に深い生命の流れを自覚したものである。純粋視覚をこのように受け止める中で西田が身体の要素を積極的に取り上げていることは、注目されてよい。ただし、繰り返すなら、芸術の最初の主題化は、芸術的直観であれ美的感情であれ、創作と鑑賞の双方をともに意識作用として位置づけたところに、特色と同時にある種の心理主義的な制約を持つと言えるだろう。

（2）後期の芸術論「歴史的形成作用としての芸術的創作」

一九四一年に発表された本論考は、表題からも明らかなように、「芸術的創作も歴史的社会的形成作用として、美学の根本問題も歴史哲学の立場から考えて見なければならない」（N10, 178）とするものである。この論考でも最初にフィードラーを改めて積極的に位置づけるが、一方でその立場を「主観的」と呼び、その理由を「表現的形成と云うことが、唯意識的自己の一方からのみ考えられて居る」（N10, 181）と述べる。先には、ディルタイを主観的と呼び、それに対して客観的と位置づけたフィードラーをあえて主観的と捉え直すところに、西田の立場の変化が映っている。それは、前期の芸術理解に対する自己批判でもあった。歴史的社会的形成作用から純粋視覚を改めて捉え返すなど、フィードラーに対する西田の相変わらずの関心の高さがうかがえるのだが、ここでは同時に、「芸術的創作を始めて歴史的形成作用として考えた」（同上）試みとして芸術史家リーグル（一八五八～一九〇五）の「芸術（的）意欲」、さらにこの立場に基づいて出てきた美学者ヴォリンガー（一八八一～一九六五。西田の表記ではヴォリンゲル）の『抽象と感情移入』（一九〇八年）における「抽象的衝動」が取り上げられる。これらが、フィードラーを「主観的」とするのに対して新たに「客観的」と呼ばれるが、西田の主眼は主客の区別であるより、あくまで「主客対立がそこから成立する歴史的世界の自己形成の立場から、芸術的創作を考え」(N10, 179) ることであった。したがって、後者に対しても西田の立場から捉え直しが試みられた。

西田の考察は、これらの美学的立場に向かう前に、イギリスの古典学者ハリソン（一八五〇～一九二八）の著書『古代芸術と祭式』（一九一三年）から出発する。

ハリソンはこの中で、「為されたもの (a thing done)」を意味し「ドラマ」の語源となったギリシア語の「ドローメノン」に触れて、芸術の起源を祭式に求める見方を提示する。ハリソンによれば、古代ギリシアに限らず、エジプト、メキシコ、マケドニヤ等の原始社会では、狩猟や戦争から帰った後、それらを再演することで強い共同的な情緒的反応が引き起こされ、それが民族の歴史や記念的祭式の始まりになった。と同時に、そこから次第に抽象化や一般化がなされ、その周期的な繰り返しから表象的心像が生まれて神々になった。神々が祭式を生むのではなく、祭式が神々を生む。アリストテレスが『詩学』の中で言うように、悲劇は大ディオニュソス祭における牛追いの歌ディチュランボスから始まったのであり、それは芸術が祭式から起こることを示している。

ハリソンのドローメノン解釈を導入する西田の意図は明らかであろう。外界の刺激に対する衝動的行動が祭式となり、その祭式からの抽象によって芸術が誕生するというハリソンの着想のなかに、主体と環境との矛盾的自己同一的な歴史的形成の原始的段階を見て取るのである。

西田によれば、歴史的世界は、環境が主体を限定し、主体が環境を限定し、主体と環境との矛盾的自己同一によってそれ自身を形成する。そして主体的限定の方向が内在的、環境的限定の方向が超越的であり、芸術とは、超越的なるものを内在的に見る、つまり主体的方向に徹して見るものである。「それは世界を何処までもポイエシス的自己の立場から、歴史的身体的に把握する立場である」（N10, 213）。この理解に西田は、フィードラーの純粋視覚を結びつける。すなわち、「我々の自己が概念的世界に於ての種々なる連絡を断ち切って純粋視覚となる時、直に身体の運動と結合し、制作によって我々の不完全なる視覚像を補正する」（同上）という仕方で芸術家が制作に向かうことは同時に、歴史的世界が芸術家の歴史的身体を通して自らを形成することに他ならない。

西田は、芸術的創作の衝動をさらに抽象作用的衝動に求めた人物として、ヴォリンガーを取り上げる。ヴォリンガーによれば、リップス（一八五一～一九一四）の唱えた「感情移入」は、人間と自然との親和的関係が基になっているが、ピラミッドやビザンチンのモザイクなどは感情移入的芸術意欲では説明できず、むしろそれとは逆の抽象作用的衝動が働いている。そこでは外界は親和的ではなく、不安や恐怖に満ちている。自己を物に沈潜し、物において自己を味わうのではなく、物を変幻不測の状態から抽出し、抽象的形式として永遠化するのである。しかも、抽象作用的衝動は単に感情移入的衝動に対立するというだけでなく、すべての芸術の始まりに現れ、ギリシアなどでは感情移入的衝動に移っていったが、別の文化的民族のもとでは後々まで支配的なままとなった。

ここから西田は、ヴォリンガーがリーグルの「芸術意欲」から受け止めた「抽象」を我々の自己に生来的なものと受け止め、この語を歴史的形成作用という自らの立場から捉え返す。環境が主体を限定し、主体が環境を限定し、作られるものと作るものとが矛盾的自己同一的に自己形成するポイエシス的世界において、その歴史的形成作用が主体の方向に抽象されることで芸術が、環境の方向に抽象されることで科学が成立する。そして、環境が主体に没するとき歴史的世界の自己表現の形は芸術的様式となり、主体が環境に没するとき表現の形は科学的法則となる。前者が「主体的生命の自己表現」、後者が「環境的世界の自己表現」と考えられる（N10, 238）。科学については次章で触れるが、要するに芸術意欲とは、ポイエシス的自己がポイエシス的世界の作用となることであり、世界による主体への内在的限定が抽象作用となるのである。世界の歴史的形成作用は、各民族の環境を通して働くことでそれぞれの芸術様式となる。その様式は民族のみならず芸術家によっても、無限に多様でありうる。そしてその根柢には、無数の芸術意欲があると考えられる。最終章の最後に西田は、ヴォリンガーがゴシック建築について述べたことをもとに、「西洋芸術は物の空間を把握するが、東洋芸術は心の空間を把握する」（N10, 263）と述べる。一見きわめて図式的な記述であるが、西田にとって肝心なことは、それぞれの芸術の根柢に、それぞれの地域における環境と主体との相互限定を介した、歴史的形成作用による芸術意欲の違いを見ることだったのである。

（3）詩歌―想像の自由

本論考でもう一つ注目すべきが、芸術における詩の位置づけであろう。[注3] 西田は、リーグルやヴォリンガーの考察が造形美術に定位していることを指摘した上で、右に述べたような立場から詩というものがどのように捉えられるかを考察する。

ここで西田が導入するのが、アリストテレスの「センスス・コムニス」（西田の表記では「センスス・コムムーニス」）、つまり共通感覚である。各種感覚が色や音などそれぞれに固有な感覚的形相に関わるのに対し、共通感覚は、これらの感覚を越えて、これらに共通の形相を把握する。その共通感覚の作用である「ファンタジイァ」（想像作用）の関わる想像的形相、つまり「ファンタスマタ」（想像されたもの）の形相は、すべての感覚的形相に共通なものでなければならず、それこそが言語的形相である。空想や想像作用も歴史的世界における身体的出来事であることに変わりはない。そのかぎり、それらは歴史的形成的であり、技術的である。しかし、言語的形相は理性への関係を持つがゆえに、ファンタジイァの対象はロゴスであり、ファンタスマタもロゴス的となることで、ファンタスマタの無限な世界が開かれる。ここに、言語の特性がある。「言語は魂の技術であり、詩の世界は純なるファンタスマタの世界でなければならない」（N10, 246）。「すべて芸術とは身体的方向に身体を越え、技術の底に技術を越える所に成立する」（同上）が、造形芸術や音楽は、徹底的に身体の底に身体を越えるには至らない。これらの芸術もまた、各々の感覚がセンス・コムニスとなることでファンタスマタの世界に開かれるが、そこにはやはり身体的制約が残る。それに対して、「唯詩のみが真に自由の芸術である」（同上）。

西田によれば、芸術における詩の優位は、「魂の技術」である言語に基づく。「詩は純なるファンタジイァの芸術として、勝義に於ての芸術」（同上）であり、それは、「すべての人が何等かの意味に於て詩人であると云うことである」（N10, 247）。

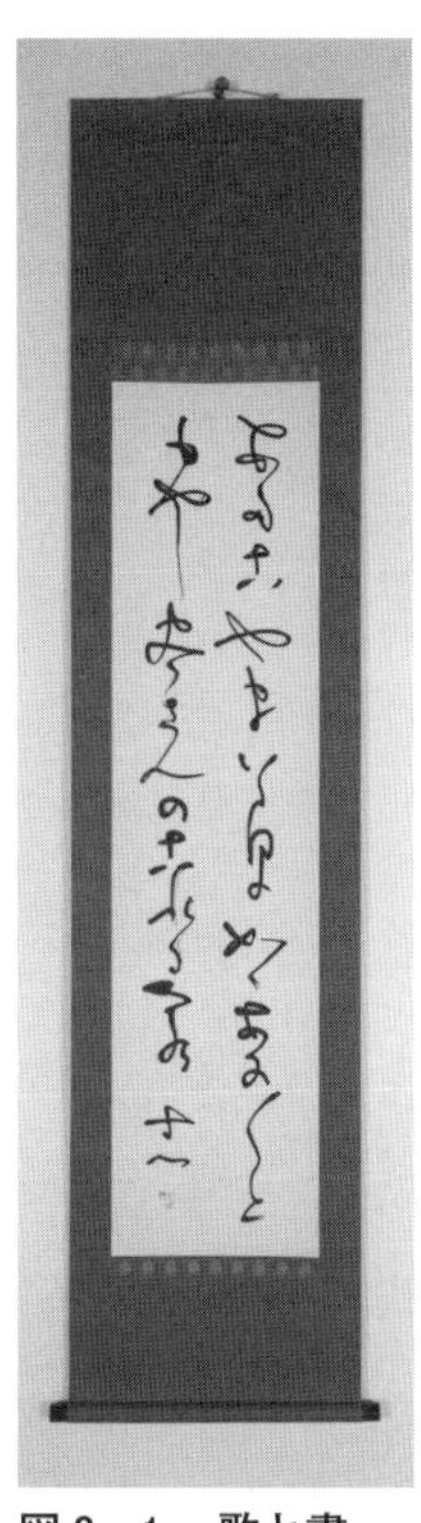

図８－１　歌と書
「あたこやまいる日の如くあかあかともやし盡さんのこれる命」
（西田幾多郎記念哲学館所蔵）

西田が多くの短歌を詠んだことは有名であるが、その背景には、右のような詩観とも言うべきものがあったことがうかがえる。おそらくは、各々の言語が共通感覚を通して身体的に歴史的環境と繋がっているがゆえに、主体を限定する環境の違いが、言語の違い、そして詩型の違いを生み出すと考えられる。ただし、そのような違いがあるとは言え、「魂の技術」である言語を持つかぎり、すべての人間は創造的世界の創造的主体として、自由な想像の世界に開かれるのである。

3. ハイデッガーにおける「芸術と詩作」

(1)「芸術作品の根源」

一九三〇年代の半ばに発表された論考「芸術作品の根源」(注4)は、ハイデッガーの唯一まとまった芸術論として重要であるだけでなく、前期の超越論的な立場の克服、「存在の問い」に即して言えば、第六章で論じた「存在の意味への問い」から「存在の真理への問い」への転回が芸術作品という具体的な現象に即して提示されたものとして、極めて重要な位置を占める。その核心を先取りすれば、古代ギリシアにおいて経験されたアレーテイア、つまり非覆蔵性としての真理が生起する仕方の一つが芸術であり、その生起の場が芸術作品であるということである。

ハイデッガーは、まず表題に含まれる「根源」の語を確認する。「根源」とは、「ある事象が、そこからして且つそれを通してそれであり、かつそのようにある、そのもの」(GA5, 1)であり、「本質の由来」である。同時期のヘルダーリン講義では「原初」と重ね合わされてもいる(GA39, 3)。

ハイデッガーは、作品の本質を問うに際し、作品が物という性格を持つことから接近する。そして哲学史に現れた「物」の規定を取り上げ、そのなかで特に優勢となった「形相と質料の結合」という規定が、物そのものからではなく、われわれに身近な道具から取られていると見なす。使い道としての本質とそれに適合する素材との結合は、道具にこそ認められるからである。道具の「有用性」もまた、この規定と無関係ではない。『存在と時間』において最も身近な物の有り方を道具的な「手許にあるもの」に見出して世界内存在の分析に向かったのと同じ発想が働いているのは明らかである。しかし、道具が道具であることを掘り下げる歩みは、新たな道を進む。直接の身近な道具に向かう代わりに、農夫靴を描いたゴッホ（一八五三〜一八九〇）の作品「古い靴」の絵を持ち出すのである。現実の靴を取り出して考察するなら、靴は道具であるがままの有り方、つまり道具連関の有意義性から切り離され、一つの対象になってしまう。ハイデッガーはむしろ、描かれた一足の靴から、農婦の踏みしめる大地と農婦が属する世界とともに、農婦が日々の労働のなかで靴に寄せる「信頼性」を読み取る。それは、「有用性」を越えた道具の固有性である。靴という道具の何であるかをわれわれに示すのは、ここではゴッホの一枚の絵である。こうして、いささか戦略的に、共に「物」である「道具」と「作品」の連関に沿って、「有用性」には収まらない道具の「信頼性」が、それを露わにする芸術作品の特性とともに取り出されてくる。

図8-2　ゴッホ「古い靴」
（ユニフォトプレス）

ここから、「芸術とは、真理が作品のうちへ自らを置き入れることである」という、本論考の重要テーゼが示される。真理はここでも、ギリシア語のアレーテイアつまり「非覆蔵性」として捉えられる。芸術作品に真理が置き入れられるとは、作品が、その中で表現されているもの、先に挙げたゴッホの絵であれば、一足の農夫靴が何であるかをそのつど露わにすること、『存在と時間』の術語を使えば、「[覆いを取り除いて]発見する(entdecken)」ことである。前節のフィードラーの立場を参照すれば、全身眼となった芸術家の純粋視覚によって、主題のものが作品の中で覆いを剝がれ、言わば先入観や固定観念を打ち破られ、新たな相貌において見えるようになるのである。

もっとも、芸術作品は描写芸術ばかりではない。続いてハイデッガーは、描写芸術でない作品として、ギリシアの神殿に向かう。この建築作品は、ギリシア民族という歴史的民族の世界を開きつつ、同時にその世界を大地の岩盤の上に立て返す。「世界」とは、存在するものが全体において現れる「開け(das Offene)」であり、神殿作品では、神殿を取り巻く諸々の自然、神々と民族が経験した歴史的出来事とその運命、これらの全体である。ハイデッガーは、世界が立ち現れることを、かつて『根拠の本質について』で用いた「世界は世界する」の語で表現する。ただし、その論考では、現存在の根拠づけによる世界企投を表していたのに対し、今や、作品において生起する事態を示すのに用いられる。そして、そのように立ち現れる世界を担い支えるものが、大地である。「大地」とは、自らを閉ざし、それ自身の内に覆い匿うものである。石や木、色や音など、作品の素材もまた大地に含まれるが、それは、それらがすべて作品を通して世界が立ち現れることを担うかぎりにおいてである。

このようにしてハイデッガーは、作品が作品であることに属する二つの動向を取り出す。すなわち、「世界を開き立てること(Aufstellen)」と「大地をこちらへ立てること(Herstllen)」である。立ち現れることを本質とする世界と自らを匿うものとしての大地との相対する動性は、「抗争

(Streit)」と名づけられる。それは、それぞれが自らの固有性を発揮しつつ、そのことによって同時に相手の固有性を活かすような拮抗である。世界は、大地を自らを匿うものとして開き、大地は自らを匿うことによって、立ち現れる世界を担う。

芸術作品において真理が生起するとは、主題であるものがそのつど露わになる、つまり非覆蔵的になるというだけではない。作品は、世界と大地との抗争を通して、存在するものが全体においていかにあるかを露わにする。それは、作品において、存在するものが全体において露わになる場が開かれることである。その場が、「空け開け(Lichtung)」である。「空け開け」とは、森や林で木が伐られて明るくなった場所を指す語だが、ハイデッガーはここでも、空け開く(lichten)動きに絶えず対抗する覆蔵(verbergen)の動性を認める。それは、「真理は空け開けと覆蔵との原抗争(Urstreit)として生起する」(GA5, 42)ということである。作品が作品であることは、このような意味での真理が生起する仕方の一つであり、芸術とは、真理を作品のうちへ置き入れることに他ならない。しかも、真理の生起がそのつど具体的な民族的世界を映し、またその世界を開くところに、芸術の歴史性が確保されるのである。

(2) 詩作―言葉による存在の創設

古代ギリシアにおいてポイエーシスが広義の制作とともに狭義の詩作を意味したことはよく知られているが、そのことに呼応するように、ハイデッガーも、「芸術作品の根源」のなかで、「詩作」を、作品における真理の「企投」として芸術そのものであるとするとともに、言語による狭義の詩作に優位を与える。西田に通じるこの立場は、ハイデッガーの思索を最後まで一貫するものでもあった。そして、そのような立場にとって不可欠だったのが、積極的な思索的対話の相手となる詩人ヘルダーリンであった。ヘルダーリン論は『ヘルダーリンの詩作の解明』（一九四三年）という論文集に収められ、中でも「芸術作品の根源」と同時期になされた講演を元にした論考「ヘルダーリンと詩作の本質」（一九三六年）は、詩句を中心としたヘルダーリンの五つの言葉をもとに、ハイデッガーのヘルダーリン解釈、そして詩作理解を表す代表的なものである。

ハイデッガーは、西洋の数多の詩人の中からヘルダーリンを選んだ理由として、彼の詩作が「詩作の本質をことさらに詩作するという詩人的使命に担われている」（GA4, 34）ことを挙げる。普遍的性質という意味での本質を理論的に説明するのではなく、詩作とは何かを詩作を通して示したということである。もちろん、ヘルダーリン自身がそのようなことを意図したというのではなく、あくまでハイデッガーがヘルダーリンの詩作から読み取った内実に他ならない。

ハイデッガーは、ヘルダーリンの詩「回想（Andenken）」の最後、「留まるものを創設するのは、しかし詩人たちだ」という詩句をもとに、「詩作とは、語を用いた存在の創設（Stiftung）である」（GA4, 41）と語る。「留まる（bleiben）」とは、決して静止の意味ではない。ハイデッガーが、ヘルダーリンの詩に歌われる「風」や「河流」に認めるように、「留まり」とはそれ自身の中に絶えざる動きを蔵しながら全体としてそれで有り続けるもの、すなわちハイデッガーが問い続ける「存在」である。現れとしての存在は、常にそれ自身の中に覆蔵の動性を孕んでいる。芸術とは存在するもののこのような動的な真理を作品の中に置き入れることであり、詩は、言葉を通して、存在するものの存在を開き出すのである。

ハイデッガーにおいても、詩作の優位は言葉の特徴に基づく。言葉は「名づけること（Nennen）」

によって、神々であれ物であれ、存在するものをまさに各々であるものとして発見する。言葉とは、それを共有する民（Volk）、つまり民衆と民族と両義的である民に、世界と歴史を開き出すのである。このような言葉理解は、「われわれの現存在は、根本において詩人的である」（GA4, 42）という人間理解に通じるが、それはまた、同じヘルダーリンの詩句「人間は詩人的にこの大地の上に住む」をもとに、「住む（wohnen）」ことへの独自な洞察として掘り下げられるのである。

４．ポイエーシスの射程

芸術についての考察を締め括るにあたり、改めて「ポイエーシス（制作・作ること）」についての両者共通の事柄に一言触れておきたい。

ポイエーシスは、もともと人間の広義の制作行為を指すものであるから、それが作品創作としての芸術に際立つことは言うまでもない。ただし、両者の芸術論において特徴的であるのは、そのポイエーシスを世界の側から見ること、あるいは世界そのものをポイエーシスと捉えることである。西田が世界の自己形成（制作・創造）を語り、世界と自己の相互限定から芸術を受け止めたこと、一方のハイデッガーが「世界は世界する」と語り、世界と大地の抗争から芸術ないし芸術作品を捉えたこと、そこには、明らかな対応がある。しかも、世界がそのつど具体的な歴史と結びつくことから、芸術の創造は世界歴史的出来事として摑まれる。

そして、制作としての広義のポイエーシスに対して狭義のポイエーシスを言葉による世界創造としての詩作に見出した古代ギリシアの伝統に沿うように、両者において詩作は独自な位置を与えられた。ただし、それはギリシア的伝統に則るというより、古代ギリシアにおいて現れた言葉の優位をハイデッガー、西田ともに、それぞれの文化的背景のもとに受け止めたと言うべきであろう。ハイデッガーがヘルダーリンとの対話を通して、詩作の言葉を存在の創設として受け止め、他方で西田が短歌や俳句から西洋の詩とは異なる物の見方や考え方を受け取るとき、そこには、両者が言葉の中に見出した創造力が映っているのである。(注5)

ところで、両者においてポイエーシスが世界と自己に即して捉えられているかぎり、「作る」というその働きは芸術以外の領域にも映ることになる。そのような領域として、次に科学と技術を見ていくことにしたい。

注

注1) 芸術という主題のもと、西田とハイデッガーを突き合わせたものとして、以下を参照。辻村公一「セザンヌ『サント・ヴィクトワル山』をめぐって—西田哲学とハイデッガーの思索—」(西田記念館編『西田哲学を語る 西田幾多郎没後五〇周年記念講演集』、燈影舎、一九九五年)七四 - 一〇三ページ。

注2) 西田の芸術理解については、参考文献を参照。より詳しくは、大橋著第二章3「芸術」、岩城編著解説、藤田著第二章「生と表現、そして美の問題」。

注3) 前期の記述においても、「建築や音楽に比して、詩は思想として自由なるが故に、芸術として勝れたものであるというのではないが」(N3, 389) というように、詩が自由であることは認められているが、まだその独自な位置づけには至っていない。

注4) 本論考を含むハイデッガーの芸術理解については、参考文献の拙著第三・六・七・八章を参照されたい。

注5) 西田に言語や詩を哲学的に主題化した論考はないが、「島木赤彦君」(一九二六年)や「短歌について」(一九三三年) などの随想では、日本の短詩についての洞察を記している (N13)。

参考文献

岩城見一編『西田哲学選集　第六巻「芸術哲学」論文集』（燈影舎、一九九八年）
上田薫編『西田幾多郎歌集』（岩波書店、二〇〇九年）
大橋良介『西田哲学の世界　あるいは哲学の転回』（筑摩書房、一九九五年）
藤田正勝『西田幾多郎の思索世界　純粋経験から世界認識へ』（岩波書店、二〇一一年）
秋富克哉『芸術と技術　ハイデッガーの問い』（創文社、二〇〇五年）
マルティン・ハイデッガー著、関口浩訳『芸術作品の根源』（平凡社、二〇〇二年。増補改訂ライブラリー版、二〇〇八年）

9 科学と技術（科学技術）——共通主題からの照射（2）

《目標とポイント》 制作についての両者共通の関心は、同じく世界を作るものとしての科学と技術に向かう。ただし、科学と技術が不可分の力となった二十世紀、戦後の世界経験の有無が、両者の立場の違いを生み出しているように思われる。科学と技術をめぐるそれぞれの思索を考察する。

《キーワード》 科学の危機、数学、物理学、生物学、技術、世界像、集立（総かり立て体制）、サイバネティックス

1. 「作ること」としての科学と技術

われわれは、両者に共通する第二の主題として科学と技術（科学技術）を取り上げる。両者において、芸術がそうであったように、科学も技術も、実在ないし存在に向かう哲学的問いのなかで問題になった。とりわけ、世界という視点のもと「作る（制作）」ということの位置づけが大きくなるとき、科学と技術という主題は不可避なものとなる。

科学と技術は、前者が実用的関心を離れて自然を探究するのに対し、後者は実用的関心に沿って自然を利用するため、別の志向を持つものとして区別されることがある。しかし、西田とハイデッ

ガーが生きた二十世紀、両者は一体不可分となって現実的な問題になった。もっとも、大戦の終わる直前、自国への原爆投下を知らずに亡くなった西田と、同じく敗戦国ながら戦後三十年余りを生きて原子力はじめ巨大化した科学技術の展開を経験したハイデッガーとでは、哲学に映る問題の局面も異なってくる。個人的資質の違いは無視できないが、十九年の年齢差は、本章の主題において大きく作用すると思われる。まずは、西田の立場から考察していくことにしたい。

2．西田における「科学と技術」

(1) 科学への一貫した関心

青年期の西田が進路を決めるに際して、当時師事していた数学者北条時敬（一八五八～一九二九）の強い影響のもと、哲学か数学かで迷ったことにうかがえるように、西田は早くから数学に関心を示していた。それは一生続くことになったし、物理学や生物学にも貪欲に向かった。その成果は晩年の『哲学論文集　第六』や『哲学論文集　第七』に集中的に現れることになる。

しかし、われわれは考察の開始にあたり、ここでも『善の研究』から出発したい。そこでは、「現今科学の厳密なる機械的説明」（N1, 85）の立場に触れ、それは「具体的実在より主観的方面、即ち統一作用を除き去ったもの」こそを「必然の法則」に従った客観的自然として純物質的に考えるものであると見なす一方で（N1, 82）、「ニュートンやケプレルが天体運行の整斉を見て敬虔の念に打たれたという様に我々は自然の現象を研究すればする程、其背後に一つの統一力が支配して居るのを知ることができる」（N1, 178–179）として、科学もまた宇宙全体の統一力に関わるべきことを記している。これは、主客合一が最深となる知的直観でのことであるが、同じ立場から技術についても、「真の知的直観とは純粋経験に於ける統一作用其者である、生命の捕捉である、即ち技術の骨の如き者、一層深く云えば美術の精神の如き者がそれである」（NI, 43）と述べている。

このような科学観や技術観は、たしかにごく素朴な理解のうえを動いているだけのようにも見える。しかし、思索の展開とともに、純粋経験が場所の立場を経て行為的直観ないしポイエシスとして深められていくとき、科学も技術も、前章で芸術について考察したように、歴史的世界の自己形成から、行為的直観として基礎づけられるようになる。以下では、数学、物理学、生物学への接近を順次概観していきたい(注1)。数学と自然科学を並べて考察することについては論じられるべき問題もあるだろうが、ここでは西田の関心に沿って一つにまとめることとする。

(2) 数学

まずは数学からである。論考「論理と数理」（一九四四年）を取り上げよう。表題からして既に『善の研究』直後の論考、つまり『思索と体験』（一九一五年）に収められた「論理の理解と数理の理解」（一九一二年）からの一貫した関心をうかがわせる。それは、数理を論理に還元する論理主義への否定的姿勢であり、数学の成立の内に求められる直観的契機と論理的契機の関係の問題であった。論考「論理の理解と数理の理解」が次の著作『自覚に於ける直観と反省』への導きになったと西田が記していることにうかがえるように、西田にとって数理と論理の問題化は「自覚」と結びついていた。数理と論理の根柢に、動的に自己発展するものの無限な進行の形式を認めるということである。ただし、自覚がやがて場所的自覚となり、さらに自己の自覚が世界の自覚として捉えられるようになる過程が、数学に対する西田の立場にも映ることになる。

一方、最晩年の論考「論理と数理」においても、公理主義と直観主義の論争への言及から出発しつつ、「論理か直観かと争う前に、論理とは如何なるものか、直観とは如何なるものか。直観と論理とは如何なる関係に立つか」（NII, 87）というように、当時の数学が直面していた数学そのものの存立基盤に関わる問いを哲学的立場から受け止める。前期以来の姿勢として、数学を論理に還元することに同意できないと語る一方、しかしブラウアー（一八八一～一九六六。西田の表記ではブラウェル）などの直観主義に対しても直観の論理的意義が真に考えられていないと批判し、「寧ろ論理と直観とが場所的に一となる所に、数の体系と云うものが成立するのではないか」（NII, 88）と指摘する。前期の西田が数学の成立に求めていた直観は、今や後年の基本的立場である行為的直観に基づいて、場所的論理の立場から捉え直される。

多と一との矛盾的自己同一として、作られたものから作るものへと動き行く世界自身を映すところに「我々の自己」の自覚が成り立ち、このとき自己が行為的直観的に世界の自己表現点になるというのが西田の基本的着想であるが、西田は、世界が記号面的に自己を表現するとき、個物的多の独立性は失われ、すべてが記号化されると言う。数の体系を、個物的多と全体的一との矛盾的自己同一による実在的世界の自己表現を基礎にして押さえつつ、「場所的論理の抽象的形式」とするところに、この時期の数学に対する基本姿勢が認められる。

また、同年に書かれた論考「空間」（一九四四年）では、空間を、矛盾的自己同一的に自己を表現する世界の自己否定面、世界の自己射影面と捉え、リーマン幾何学における多様体の問題を取り上げている。さらに、亡くなる約四ヶ月前に仕上げられた「数学の哲学的基礎付け」（一九四五年）では、カントール（一八四五～一九一八。西田の表記ではカントル）の集合論を取り上げ、集合と要素の関係を、一と多の自己否定的相互関係として捉えることを試みた。

これらの試みが、現代的視点からして種々の限界を持つことは否定できないかもしれない。(注2) しかし、この努力の背景にあるのは、数学の世界の諸領域で展開する様々な立場を、個物的限定と一般的限定とに依る世界の自己限定的な自己形成から捉えようとする姿勢に他ならないのである。(注3)

(3) 物理学

次いで物理学である。論考「経験科学」（一九三九年）では、物理現象はあらゆる主観的要素を離れて客観的に成立するという見方について、古典物理学から相対性理論や量子力学に代表される現代物理学への展開のなか、その基本的立場が変化したことを物理学者ブリッジマン（一八八二〜一九六一）の二冊の著作『現代物理学の論理』と『物理理論の本性』をもとに考察する。西田がブリッジマンから取り出す基本概念は「操作」である。ブリッジマンの操作主義とは、物理的概念は、ニュートンの絶対時間のように、物理的操作と独立に物質の性質として規定されるものではなく、測定操作と不可分であるとする立場である。

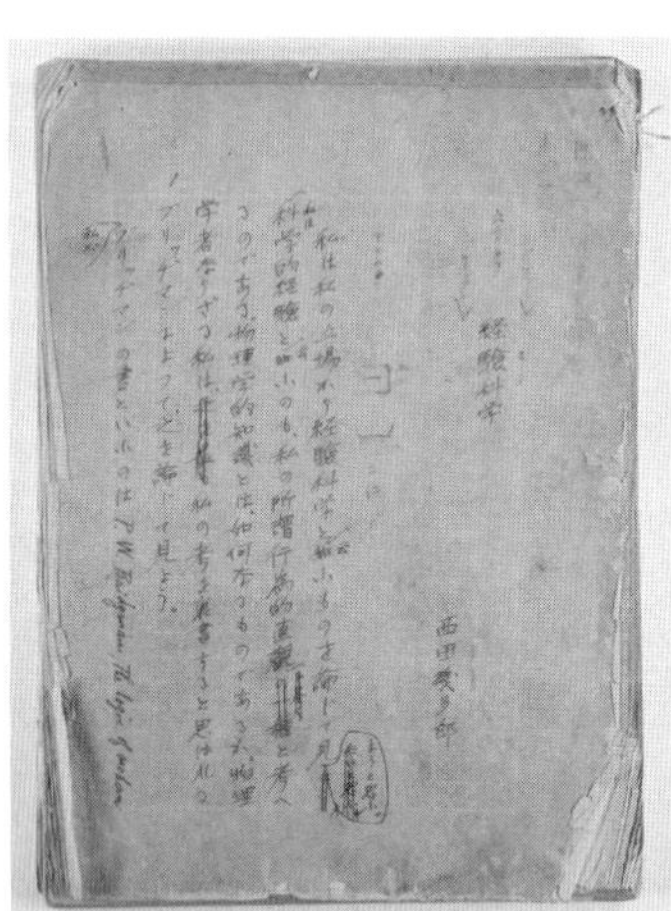

図９－１　原稿「経験科学」（西田幾多郎記念哲学館所蔵）

西田は、ブリッジマンが現代物理学に認めた「操作」を自らの立場から行為的直観として受け止め、物理学のみならず心理学から社会科学まで多様な「経験科学」が、ポイエシス的自己の行為的直観によって、つまり物を見つつ物の世界を把握しようとすることで成立すると主張する。そして、とりわけ物理学について、「物理学は感覚的経験の学と言われる如く、それが如何に直観を超越すると考えられても、その根柢に於てどこまでも我々が歴史的身体的に物を見るという行為的直観に基礎付けられたものでなければならない、即ち実験に基礎付けられたものでなければならない。物理的操作は固歴史的身体的操作でなければならない」（N9, 259）と受け止める。純粋な理論と見なされる理論物理学でさえ、歴史的世界におけるポイエシスとして、常に世界の自己形成を映しつつ、その形成に関与しているのである。このことはまた、五年後に発表された論考「物理の世界」（一九四四年）において、「科学者は、実験に於て、世界が我々の意識を通じて、自己自身を表現するものとして、事実と事実との関係を或表現的形式によって表現するのである」（N11, 6）という理解にも通じていく。このようにして表現されたものが「科学的法則」に他ならない。

さらに、量子力学の成立を、「物理学が真に経験の事実そのものに還ったこと」（N11, 41）となし、対象論理的な古典物理学に対して、「真に身体的自己の自覚の立場、徹底的に事実的実証の立場に立った」（N11, 50）と述べているところには、物理学の歴史的な展開自体を、あくまで歴史的世界の自己形成から捉えようとする姿勢が一貫して見て取られるのである。

（4）生物学

生物学の主題を「生命」と規定するなら、この主題をめぐり生物的生命からさらに歴史的生命に及ぶ西田の関心は、生物学に限定されるものではない。ただし、基礎となる生物的生命の理解において、生物学者ホールデン（一八六〇～一九三六。西田の表記ではホルデーン）の影響は大きく、それへの取り組みは、後年の長大論文「論理と生命」（一九三六年）と「生命」（一九四四・四五年）に取り込まれた。ホールデンは、著作『生物学の哲学的基礎』において、生気論（西田の表記では活力論）にも機械論にも立つことなく、自らの基本的立場を主張する。西田は「論理と生命」でホールデンの立場を、「生命は有機体の外に環境を有つのみならず、内にも環境を有つ。生命というのは、或種属に特有な規準的な構造とその環境との能動的維持である」（N8, 287–288）とまとめ、この「能動的維持」の語を直後にも繰り返す。主体が環境を作り環境が主体を作るという主体と環境の相互限定を〈世界・自己〉理解の基本とする西田にとって、この相互限定を端的に表す現象が生命であった。特にここでは、通常有機体の外部に認められる環境が有機体内部にも認められ、構造と機能を維持していくことに生命の本性が認められる。

後者の論考「生命」においても、ホールデンの生命理解を自分の考えに最も近いと認めつつ、有機的生命を自らの立場から「全体的一と個物的多との矛盾的自己同一」と捉え、この矛盾的自己同一を、分裂した無数の細胞がそれぞれに独立性をもちつつ一つの生命体を作り上げていることに重ね合わせる。ここで「矛盾的」の語が使われているのは、生命体の自己同一が無数の細胞の絶えざる交代に依ること、つまり生命体の維持という連続がそれ自身のうちに自己否定的非連続的契機を含んで成り立っていることに基づく。こうして、小さな生物の芽の発生一つにも、時間と空間の矛盾的自己同一における、創造的世界の創造的要素が認められる。ホールデンの語る生物の形態は、世界の一つの表現である。西田は、形態を「形」と受け取り直し、それを種の形と見なすが、環境と主体との相互限定により、形が形自身を形成し、つまり種が種自身を維持していくところに、有機的生命があると見るのである。

さらに論考「生命」では、ホールデンと並んで、ホールデン自身が影響を受けた生理学者ベルナール（一八一三～一八七八）の『実験医学序説』にも言及がなされている。「生命、それは創造である」というベルナールの言葉は、歴史的生命を創造的と見なす西田自身の立場に重ねられたのである。

（5）行為的直観としての技術

第六章の最後にわれわれは、世界から自己を見る立場の確立に対応して、行為することが道具を用いて物を作ることであり、それは同時に世界から作られることであるとされるのを確認した。見ることと行為することが一つである行為的直観が、西田においては、そのまま技術と結びつき、しかも、そこに独自な身体理解が結びつく。「外に道具を有つということは、逆に我々の身体を道具として有つということである」(N8, 299)。

ここで、「外に道具を有つ」ということが特に重要である。外に物を見るだけであれば、意識の範囲で語ることも可能である。しかし、われわれが道具によって物を作る時、われわれは身体において、物と共に外に出ている。共に世界に出ているからこそ、作られた物は歴史的に現れるものとして、われわれにまた働きかけ、われわれを作っていく。身体を道具として持つということは、通常言われるように道具が身体の延長であるということではない。西田は「道具というのは既に物であり、それは身体の延長ではない。そこには既に断絶の連続がなければならない」(N8, 321) とも語っている。むしろ、断絶している我と物を連続的にするのが、「見られるものなると共に見るものである」(N8, 326) 身体なのである。

このようにわれわれは身体的に道具を持つことによって、われわれがその内にある世界のなかで具体的に物に関わり行く。西田が自然を「歴史的自然」、生命を「歴史的生命」と捉える時、自然や生命を歴史的なものにするのは、それらのものと「我」を媒介する技術である。技術が自然や生命をも道具的なものにする。そして、それはさらに身体が「歴史的身体」であることであり、身体がと言うよりも、行為的直観的自己が「歴史的身体」なのである。

西田の技術理解の基本は、弁証法的一般者の世界において「我々の自己」が行為的直観的にあるとされることに認められる。そのかぎり、「技術とは、我が物となり、物が我となり、主客一如的に、自然に、物が生ずることである、我々が歴史的身体的に働くことである」(N8, 321)。自己が行為的直観として創造（制作）的世界の創造（制作）的要素になることは同時に、「自己が真の自己となること」(N8, 343) でもある。このような見方は、純粋経験における「技術の骨（こつ）」の洞察から後年繰り返される「物となって考え、物となって行う」にまで一貫する立場である。したがって、たしかに技術的行為が機械的世界をもたらし、そのなかで自己喪失的に、あるいは意識我の立場から自己中心的に行為する可能性も洞察されてはいるが、その一方、技術的行為は、人間が創造的世界の創造的要素としての自己になる可能性を最終的に確保するものになっているのである。

3．ハイデッガーにおける科学と技術

(1) 科学（諸学）の危機

西田が、数学や自然科学、とりわけ物理学や生物学の同時代的展開に敏感に反応し、各々の展開を自らの哲学的立場から受け止めようとしたのに対し、ハイデッガーの関心事は、個々の自然科学

領域というより、むしろ科学的世界観と方法であり、とりわけ近代自然科学の基礎となった数学的認識であった。初期フライブルク時代の講義では、哲学を実証的な諸学や世界観から明確に区別して、哲学固有の可能性を求める姿勢が際立つが、そのためにも、学の本質ないし理念を明らかにすることが必要であった。このような姿勢には、二十世紀前半ヨーロッパに広がっていた「科学（諸学）の危機」が映っている。実際ハイデッガーは、『存在と時間』及びその前後のいくつかの講義で「科学の危機」に触れている。肝心なことは、科学の危機を決して偶然な歴史的現象などとするのではなく、学そのものの本質に根ざす内在的なものと見なすことである。

『存在と時間』では、第三節「存在の問いの存在論的優位」において、諸学の各事象領域で起きている根本概念の動揺が指摘される。この「基盤の危機」に対し、様々な分野で「探究を新たな基礎の上に置き移す傾向が芽生えて」（SZ, 9）おり、「一見最も厳密で最も堅固に組み立てられている数学」では、数学の対象とされるべきものへの第一次的な接近の仕方の獲得と確保をめぐって「形式主義と直観主義との間の論争」が起こっている。物理学では、「自然そのものの固有な連関を、それが「それ自体において」存立しているように取り出そうとする傾向」（同上）から相対性理論が生じた。生物学でも、「有機体と生命について「機械論」と「生気論」によって与えられた諸規定の背後に遡って問い、生きているものそのものの有り方を新たに規定しようとする傾向が目覚めている」（同上）。歴史学と神学の動きにも言及しているが、数学と自然科学は、西田が関心を寄せたものと重なっており、両者の同時代性を示している。

ここで諸学の根本概念の基礎づけとは、各々の学に含まれる主題的対象の事象領域を先行的に徹底研究することであり、上記の諸学で言えば、数、物質、生命といった根本概念を各々の存在の根本構制に向けて解釈することに他ならない。特定の存在するものの存在を究明する個別の存在論は、各々の学を可能にするアプリオリな制約となるが、ハイデッガーは、それらの存在論を、人間以外の存在するものの存在を含め、総じて存在一般の理解を基礎づける存在論、つまり基礎的存在論に基づけようと考えていた。『存在と時間』でその課題を含むはずであった第一部第三編は結果的に遂行されなかったが、公刊部においても、数学的認識については一定の洞察を示していた。

（2）数学的企投

ハイデッガーは、科学の歴史的発展及び存在論的生成を示す古典的例として、「数学的物理学」の成立を取り上げる。この成立にとって決定的なのが、「自然そのものの数学的企投」(SZ, 362)であった。この企投によって、物質的存在が先行的に見出され、運動、力、場所、時間など量的に規定可能な構成契機への主導的眼差しの地平が開かれる。この企投において重要なのは、その企投が数学的であること自体よりもむしろ「あるアプリオリ」を開示するということである。こうして数学的な自然科学では、主題となるものが、ひとえにその存在構制の先行的な企投において発見され、その主導的な存在理解を種々の根本諸概念によって明らかにすることで、方法の手引き、概念性の構造、根拠づけの方法等が決定されたのである。

数学的企投についてのハイデッガーの分析は、数学的なものそのものではなく、学の元となる存在の企投とその分節による主題化や客観化の過程を明らかにすることを重視しており、それは、世界内存在としての現存在の見廻し的配慮からいかに学が生成するかの存在論的問いとなる。

一方でその後、数学的認識あるいは数学的物理学への関心は保持されたまま、「数学的なもの」

そのものへの関心が展開するようになる。とりわけ、後に『物への問い』（一九六二年）という表題で単行本化された一九三五／六年冬学期講義や一九三九年に講演されて後に論考化された「世界像の時代」は、その関心を示すが、これらの講義や講演が行われた一九三〇年代後半は、形而上学の歴史を「存在の歴史」として捉え、近代の自然科学的世界観の成立をもその歴史から見る傾向が強まった時期でもある。

前者の一九三五／六年冬学期講義では、上記のように「数学的なもの」をめぐって、近代的自然科学の生成に言及する。「学ぶ」を意味するギリシア語動詞マンタネインから出来た「タ・マテーマタ」という語は、元々「教えられるもの、学ばれうるもの」を意味するが、それがいかにして近代的な知や思考を規定する「数学的なもの」になったかを、ハイデッガーは、ニュートン（一六四二～一七二七）の運動の第一法則、いわゆる「慣性の法則」を取り上げて確認する。この法則は、既に百年前にガリレオ（一五六四～一六四二）が発見していたもので、運動、場所、力等あらゆる本質的な変化をともに定立するものとなった。「数学的なもの」とは、物の規定を定めるものであり、経験によって物そのものから直接汲み取られたものではないにもかかわらず、物の一切の規定の根柢に存し、一切の規定を可能にするものである。このように物を越えて物の物性を企投する数学的企投は公理的企投であり、それによって一切の物とその関係性が、自然全体に対する「見取り図（Grundriß）」において予め描かれる。それは、自然の領域の中で見出される物体や微粒子に対する接近の仕方も規定するようになる。この数学的企投の内実は『存在と時間』の言及と基本的に変わらないが、そのことをさらに形而上学への影響と結びつけて考察している。すなわち、数学的なものの根本的な意味づけは存在するものの知の全体に関わるがゆえに、形而上学の省察にならざるを得ない。その省察に向かったのがデカルトであった。

ハイデッガーは、デカルトの死後に遺稿集において刊行された『精神指導の規則』のなかでデカルトが数学的なものの本質を省察しつつ「普遍数学」の構想を提示していることに触れ、そこに近代的思惟の根本動向を指摘する。数学的なものに基づいて定立された基礎は、端的に確実なものとして、根源的な命題にならなければならない。それは、周知のように「私は思惟する、ゆえに私はある」と定式化されるが、肝心なのは、この命題において、定立する「自我」が基体（subiectum）の位置に高められ、一切の確実性と真理が基づく根拠になるということである。数学的なものが近代的思惟となって哲学の形態を決定づけるものとなるのである。

図９－２　ミュンヘン・ドイツ博物館の映像技術展示（著者撮影）

（３）近代科学技術から現代科学技術へ

論考「世界像の時代」で、ハイデッガーは、近代の本質的な現象の筆頭に「学」を挙げ、古代の学知（エピステーメー）とも中世の教説（doctorina）とも区別される近代の学の特徴を「研究（Forschung）」と捉える。学の代表はここでも数学的物理学であるが、研究の基本的特徴は、第一に「見取り図」の企投、第二に「手順（Verfahren）」である。実験もまた自然認識が研究に転じたことで初めて可能となるのであり、実験によって自然科学が研究になるのではない。学が限定された企投領域を対象とするかぎり、研究としての学は専門化を必然的帰結とする。そこから、研究の第三の特徴に、「企業（Betrieb）」としての性格が挙げられる。

研究としての認識は、それぞれの学の領域において企投された存在するものを、「表象定立（Vorstellen）」という仕方で対象化する。デカルトが真理の基準とした「確実性」は、表象定立が存在するものを前に（vor）立て（stellen）、そうして自らに向けて確保する（sicherstellen）ことに認められる。

ここで決定的なのは、表象定立する人間が、存在するものの存在と真理を基づける主体（Subjekt）となり、それと同時に、世界が存在するものの全体として、人間の前に立てられる「像（Bild）」になるということである。世界が像になるということは、「世界を像として征服すること」（GA5, 94）でもあり、このような経過の徴候として多様な「巨大なもの」が現れる。

巨大なものは、文字通りの物理的な大きさという以上に、量が独特な質に転じる状況のもと、人間や社会を支配する「力」として現れる。それを示すのが、この時期の技術理解を表す「工作機構（Machenschaft）」である。このドイツ語は「策謀、作為」のような恣意的な意味合いを持つが、ハイデッガーは、文字通り「作ること」の支配として受け止める。形而上学的見地からすれば、あらゆる「存在するもの」を「作られたもの」ないし「作られ得るもの」と見なす世界観であり人間観である。というのも、ここには、存在するものの全体ないし世界を像として立てる、つまり対象（客観）として定立し、そのことによって自らの存立の基盤を確保する形而上学的主体が存しているからである。政治や社会すべてを支配する体制としての「工作機構」は、戦後の技術論として有名な「ゲシュテル」の先行形態に他ならない。

この独特な術語がはっきりと提示されたのは、戦後、一九四九年のブレーメン講演においてであったが、ハイデッガーの技術理解は、一九四〇年代、戦況の激化と並行して深められていた。ドイツの敗戦が色濃くなった一九四四／四五年に書き記された対話篇「アンキバシエー。野の道での対話」では、自然科学の研究者と学識者を相手に、ハイデッガー自らを重ね合わせる賢者との対話形式のもと、「技術とは、応用物理学（物理学の応用）に他ならない」という研究者に対し、純粋な自然研究がすでに技術的機器なしにはあり得ないことを踏まえ、「物理学、ひいては現代の自然研究の総体が、応用技術（技術の応用）に他ならない」という結論を出している（GA77, 6）。

ハイデッガーもまた、西田同様、進歩した科学が応用されて現代技術になるとは考えない。たしかに、現象的には、テクノロジーは科学の応用であろう。ただ、ハイデッガーは、両者を最初から区別してどちらがどちらの応用かということを問題にするのではなく、専門分化する諸科学や種々の技術の根柢に、「立てること」自体の展開を見る。つまり、科学や技術の成立と展開の背景に、存在するものの存在に関わる形而上学が存していることである。先に記したように、近代自然科学の土台となっている「表象定立」は、ありとあらゆるものを「対象」として立てることであり、またそのことによる主体の確立でもあった。しかし、表象定立において働く定立の力は、さらにそれ自身を展開する。

それこそが、すべてのものを、主客の明確な区別なく、有用性のもとに立てる「用立て」ないし「用象定立（Bestellen）」である。今や、そのような立てることの連鎖が、現代技術の本質としての「ゲシュテル（Ge-stell）」として提出される。「集立」や「総かり立て体制」などと訳されるが、後で取り上げる辻村公一の巧みな比喩を借りれば、「人も物も、いわば世界大のベルト・コンヴェイアーの如き連鎖をなして駆動する装置のうちに、部品のように集め立てられ駆り立てられる」

（T2, 163）。自然もエネルギー源として「徴発（herausfordern）」され、人間も労働資源ないし医療資源となって、他のもののために用立てられていく。この連鎖の中に巻き込まれた「存在するもの」が、「対象（Gegenstand）」に代わる「用象（Bestand）」ないし「用象物資」と名づけられた。

ブレーメン講演と同時期の論考「科学と省察」（一九五三年）においても、古典物理学から現代物理学への対象性の変化について、古典物理学的な主客の枠組みを前提とする「表象定立」が「用象定立」に変化することとして述べられるとき、これは西田が、現代物理学の量子論について、物理学がそれ自身のうちに帰ったと述べていることに比せられるだろう。

正確には、表象定立が用象定立に変化したというより、もともと「表象定立」のうちに働き出ていた「立てること」がそれ自身を展開していくということである。先述のように、「立てること」が主体の存立を確保するとき、それは主体の働きとして、すべてを立てようとする意志と結びつく。したがって、「立てること」の展開は、哲学史上の様々な意志の立場を経て、ニーチェ（一八四四～一九〇〇）の根本概念である「力への意志」が、意志の動的本性によって「意志への意志」に展開し、それ自体のうちで完結することに対応する。それは、ハイデッガーにとって、存在が覆蔵されるニヒリズムがその内的本質を極限まで尽くすこと、つまりニヒリズムの「完成」であった。そこに現れるのは、存在と人間とを包んで働く「歴史的運命（Geschick）」である。

「集立」のこのような支配のもと、ハイデッガーは、現代技術を代表する原子力技術の拡大を見ていたが、この集立が人間の本質でもある「言語」に支配を及ぼす様態を「情報言語」に見出した。一九五〇年代に展開する言語論を集めた『言葉への途上』では、「言語が情報になる」という観点を提示、同時期の諸論考でその具体化をサイバネティックスに見出している。

一九六七年にアテネで行った講演では、算定可能なあらゆる世界事象の根本動向を制御と見なすサイバネティックス的な世界企投が、情報に媒介され、自動機械と生物の区別をなくして一切を制御可能性に向けて支配することを語り出した。そして、サイバネティックス的科学の人間への適用が、生化学と生物物理学の領域で最も確実に進むことを指摘してもいる。しかし、そこでもハイデッガーの眼差しは、そのような諸現象を通して現れる技術の本質に向かっている。「人間胚細胞の遺伝子構造への生化学による侵入と、核物理学による原子核の破壊とは、科学に対する方法の勝利という同じ軌道の上にある(注4)」という言葉は、その姿勢を示すであろう。

こうして、集立における「立てること」の連鎖の、さらに情報を介した全世界的支配を考えるとき、見落としてはならないのは、そこに「追い立てる（Nachstellen）」と「立て塞ぐ（Verstellen）」という、さらなる「立てること」が見られていることである。ハイデッガーは、集立の本質を「危険（Gefahr）」と名づけているが、これは種々の巨大事故に見られるような「危険」ではない。むしろ、「追い立て」と「立て塞ぎ」によって危険が危険として見えなくなること、そこにこそ現代技術の本質を統べる危険が認められるのである。この洞察によって、ハイデッガーの技術論の射程は、われわれの時代をも覆ういっそう包括的なものとなるであろう。

注

注1）数学、物理学、生物学に関する考察を西田の「科学哲学」としてまとめるなら、この領域の先駆的で包括的な研究として、野家啓一の一連の成果を第一に挙げなければならない。参考文献を参照。

注2）参考文献として挙げた『西田哲学選集』第二巻の野家啓一による解説参照。

注3）大橋良介は、西田の「群論的」の語をもとに集合論と群論を踏まえ、「群論的」自覚の構造を明らかにしている。左記参考文献の第二章1「自覚（二）」を参照。

注4）講演「芸術の由来と思索の使命」は、講演原稿をもとに改訂を加えたものが、以下の論文集に収められているが、全集版には収められていない。*Martin Heidegger, Denkerfahrungen 1910-1976*, Vittorio Klostermann, Frankfurt am Main, 1983, S.143. 邦訳と解説は、参考文献に挙げた関口浩訳『技術への問い』を参照。

参考文献

大橋良介『西田哲学の世界　あるいは哲学の転回』（筑摩書房、一九九五年）
野家啓一編『西田哲学選集　第二巻「科学哲学」論文集』（燈影舎、一九九八年）
野家啓一「科学哲学者としての西田幾多郎」（西田哲学会編『西田哲学会年報』第六号、二〇〇九年）一‐一七ページ
松丸壽雄『直接知の探求　西田・西谷・ハイデッガー・大拙』（春風社、二〇一三年）
秋富克哉『芸術と技術　ハイデッガーの問い』（創文社、二〇〇五年）
國分功一郎『原子力時代における哲学』（晶文社、二〇一九年）
マルティン・ハイデッガー著、関口浩訳『技術への問い』（平凡社、二〇〇九。ライブラリー版、二〇一三年）
マルティン・ハイデッガー著、森一郎訳『技術とは何だろうか』（講談社、二〇一九年）
森一郎『核時代のテクノロジー論』（現代書館、二〇二〇年）
山本英輔他編『科学と技術への問い―ハイデッガー研究会第三論集』（理想社、二〇一二年）

10 物―共通主題からの照射（3）

《目標とポイント》 さまざまな造語を提示しながら難渋な思索の道を進む両者は、共に後年に至って、きわめて単純な「物」という語を決定的な文脈で用いるようになる。このことは何を意味するのか。「物」が現れるそれぞれの文脈を押さえながら、両者の問いの射程を考察する。

《キーワード》 物、四方界、物は物になる、世界は世界する、物来って我を照らす、放下

1．物とは何か

「物（Ding）」とは何か。あまりに単純すぎて取り付く島もないようなこの問いが、古来哲学の歴史を通して、ウーシア、プラーグマ、レース、エンス等の術語に即して繰り返されてきた。

われわれの哲学者たちも例外ではない。両者が長く難渋な思索の歩みの果てに、共に「物」という単純な言葉に立ち返ったのだとすれば、そのことは何を意味するだろうか。誤解がないように付け加えるなら、両者とも「物」という語を早い時期に使っていないわけではない。したがって、より事態に即せば、自明と思われる「物」が、その単純さを維持しつつ、しかし思索の展開のなかで独自な意味を付与されたということであろう。

西田は、後年のある時期から、「物となって考え、物となって行なう」、「物となって見、物と

なって考える」という表現を繰り返すようになる。戦時期に行なわれた講義『日本文化の問題』（一九三八年）では、本居宣長（一七三〇～一八〇一）の「物に行く道」[注1]について語り、同じ時期には、「物来って我を照らす」という表現も用いている。どこまでも「物」そのものに向かい、物が物として成り立つ場を確保しようとする中で「物」はどのように受け止められていったか。

他方、ハイデッガーもまた、既に『存在と時間』で、身近な「物」をそれに相応しい仕方で問うことに腐心して、従来の哲学が飛び越してきた物の有り方を「道具」に求め、やがて「作品」を問うことに向かった。後年になると、それらを含めた「物」に改めて立ち返り、「物は物になる（Das Ding dingt.）」という定式を提示する。「物は物である」という通常の同語反復ではなく、主語の名詞をそのまま動詞にして述語とする破格の言い回しに、既に独自な洞察が見受けられる。

われわれは、先の二章で「芸術」と「科学と技術」を取り上げたが、いずれの領域でも「物」はそれぞれに固有な性格を伴って出会われていた。本章の課題は、両者が行き着いた「物」理解の内実を、それをめぐる事情とともに考察することである。

2. 西田における「物」

（1）物我相忘じ

ここでも、出発点は純粋経験である。たとえば、『善の研究』第一編第四章「知的直観」に、「こは実に主客合一、知意融合の状態である。物我相忘じ、物が我を動かすのでもなく、我が物を動かすのでもない、たゞ一の世界、一の光景あるのみである」（N1, 43）という文言がある。ただし、純粋経験の統一力が最も深まる知的直観に合わせて、「物」の語が印象的に用いられている。ただし、その

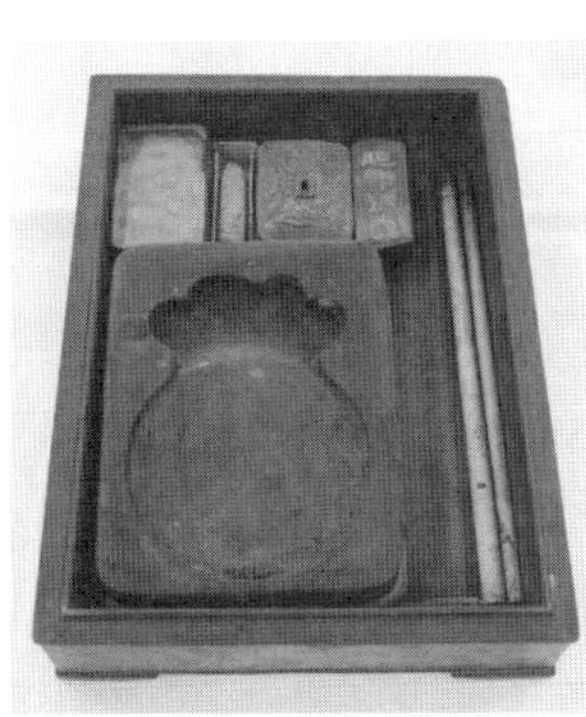
図10-1　**筆と硯**（西田幾多郎記念哲学館所蔵）

意味合いは、主客合一の言い換え以上ではない。

純粋経験の立場は、その後、自覚、場所、さらに弁証法的一般者、行為的直観へと移っていくが、この展開は、純粋経験において「物我相忘じ」と言われたところを押さえつつ、同時にそこから「物」と「我」の区別が明確にされていく過程でもあった。

既に見たように、『一般者の自覚的体系』から『無の自覚的限定』にかけて、前者で重層性において掘り下げられた「一般者」に対し、後者では無の一般者に於てある「個物」が、固有な有り方とともに強調されてゆくように思われる。とりわけ『無の自覚的限定』後半の諸論考では、真の個物が「我々の自己」とされ、真の個物相互の関係が「私と汝」に見出されるようになった。続く『哲学の根本問題』所収の「形而上学序論」（一九三三年）でも、この枠組みのもと、絶対に相反するものが相反するものとして自己同一面で相対することについて、「個物と個物とは表現的に相見るのである。個物と個物との間には、私と汝との関係がなければならない。具体的世界に於ては、物と物との間に私と汝という関係がなければならない」（N7, 59）と言われている。ただし注意すべきは、その後に、「私と汝というのは単に個人と個人との対立を意味するのではない。我々の自己が絶対の否定面即肯定面に於てあるものとして、絶対否定を隔てて相見る時、私に対するものは、山も、川も、木も、石も、すべて汝の意味を有つのである」（同上）とされていることである。ここには、『無の自覚的限定』のなか西田の他者論として重要な論考「私と汝」（一九三二年）で顕著になる「人格」理解がうかがえる。すなわち、「自己に於て絶対の他を見る」、そして「絶対の他に於て自己を見る」という仕方で語られる自他の関係、およびその関係に基づいてなされる人格的自己の自覚に明らかなように、人格の決定的要素と見なされるのは、自己に対する絶対の否定性と、その否定性を介しての肯定性であった。この論考では、情意において「物を我として見る」、つまり「物の人格化」によって物を自己の内に見るとか、「物が汝の呼びかけとなる」などと記し、物の人格的性格を認める一方、「物は尚我に於てあると考えることもできるが、汝は絶対に私から独立するもの、私の外にあるものでなければならない」（N6, 415）として、「物」と「汝」を区別してもいる。西田自身のなかで、「人格」理解の掘り下げとともに「物」についての見方も変化していったのではないかと思われる。

（2）物となる、物来る

人格との連関で捉えられるようになった「物」が、より重い意味を持つようになるのは、行為的直観あるいはポイエシスの思想の展開過程である。現実の世界である「弁証法的一般者としての世界」を、個物的限定と一般的限定との関係から捉えていくなか、行為的自己の行為が「物を作ること」として捉えられるようになる。「物の世界」にあって物を見ることで行為するのが行為的直観であった。問題は、「物」がいかに捉えられるかである。

既に『哲学の根本問題　続編』の「現実の世界の論理的構造」（一九三四年）では、絶対自由な「我々の人格的自己」を限定するものは「自己自身を表現するもの」であり、「非連続の連続として我々の自己というものがあるかぎり、物は物以上の内容を有つ。而してそれは絶対に無なるものの底からの限定として、絶対に暗いもの、絶対に不可測と考えられるものである」（N7, 296）と記された。「物」はわれわれによって作られるものである一方、「客観的にして一般的なもの、我々の如何ともすることのできないもの、それ自身によって変ずるものである」（N8, 277）と言われ、どこまでも我に抵抗し、我を否定するものとなる。そしてそれは、そのようにわれわれに対するものとして、「我々の死の底から我々を限定するもの」（N8, 286）でさえある。「物」ということのもとにこれだけのことが言われうるのは、「我々の於てある世界は、我々がそこへ死し行くと共に、そこから生れる世界でなければならない」（N8, 285）ことが、同時に見て取られているからである。「物が物以上の内容を有つ」ということも、物と我との相互限定が既に両者の於てある世界の自己限定であることを示している。こうして、『善の研究』における「物我相忘じ」、つまり我と物が一つになる方向が維持されながら、我と物との相対する事態が同じように強調されるようになる。たとえば、「物は何処までも物であるのである。但、物は歴史的世界に於ての物として、生命の表現となる時、我々は物に於て自己を見、物を自己と考える。我と物と一と考える。我々の身体も、歴史的世界に於ての物として見られるものであり、道具であると共に、見るものである」（N8, 343）と言われる一方、「物と我とは何処までも相反し相矛盾するものでありながら、物が我を動かし我が物を動かし、矛盾的自己同一として世界が自己自身を形成する、作られたものから作るものへと行為的直観的に動いて行く」（N9, 9）とも言われる。

「物」理解の展開には、『哲学の根本問題』の正編と続編との間に見出された「転回」も映っている。というのも、「物」が人格化されて、あるいは「汝」として見られるときでも、なお「我」に対する「物」として「我」から見られるのに対し、「世界から」の立場に立ったとき、物が物としてあることは、世界が自己を表現することとして、しかも世界の根柢の深みから人格的自己を限定することとして見られるからである。

物と我とのこのような関係が、この時期以降、「物となって見、物となって考える」およびその類似表現で繰り返されるようになる。(注2) その一方、「我々の自己は物となって見、物となって働くと云う、物来って我を照らすと云う」(N10, 427) というように、「物となる」と「物来る」が畳みかけるように用いられてもいる。二つの言い回しでは、「物」と「我」の関係が逆向きになっているが、個物相互の限定を世界の自己限定から見る立場に立てば、各々の言い回しは、個物相互の限定を我と物のどちらに視点を置いて見るかの違いではあって、主客の別を立てた上での違いではない。このような世界の自己限定は、さらに「物」と「事」との連関で見ることができる。

（3）「物」と「事」

「物」についての独自な強調が認められる時、「物」と「事」の区別という主題を思い起こすことは自然であろう。和辻哲郎が「もの」と「こと」の区別についての考察を示して以来、(注3) 日本語の「もの」と「こと」との相互に還元不可能な二重性が、しかも、「こと」が「事」にして「言」であることから、日本語の世界観の理解にとってきわめて豊かな示唆を与えてきたことは言を俟たない。それは、「物的世界像」と「事的世界観」の対置という仕方でも論じられてきた。

ただし西田は、徹底して「物」と「事」との相互連関的な立場を取っている。たとえば、論考「知識の客観性について」（一九三八年）では、「物」同様、「事」についても、「歴史の世界は先づ徹底的に事の世界、出来事の世界でなければならない。私は歴史の世界の根柢に実体的なもの、何等かの意味に於ての基体的なものを考えることはできないと思う」(N10, 369) として、「事そのものの立場」を探っている。物が個物と同義で用いられているように、事は事実と呼ばれてきたものと重なり、それは、一般者の自己限定が語られる文脈で、たとえば「事実が事実自身を限定する」と語られていた。

晩年の論考「物理の世界」（一九四四年）では、「事は一度的と考えられる、同一の事は再び起らない。そこに事の唯一性があり、実在性があるのである。一つの事は一つの世界を限定するのである」と見る立場から、「事は事に対することによって事である」（N11, 8）というように、「個物」について用いられた表現を「事」に置き換えて述べている。もちろん両者は別のことではない。「個物が個物自身を限定すると云うことは、その極限に於て事が事自身を限定することでなければならない」（N11, 9）のであり、「絶対矛盾的自己同一の世界は、その根柢に於て、無限なる唯一的事の世界として、創造的世界、即ち生滅の世界でなければならない」（同上）。「物の本質は事である」（N11, 17）という端的な表現もなされるが、「何処までも自己自身を表現的に映すことによって進み行く世界に於ては、或一つの事が起った、或一つの物が動いたと云うことは、いつも無限なる可能の一として、無限に可能なるものの相互関係から唯一のものと決定せられるのである」（N11, 18）とまとめられるように、「事」の自己限定も「物」の自己限定も、共に世界の自己限定から見られることに変わりはない。重要なのは、世界の自己限定が自己の自己限定であるかぎり、「物」であれ「事」であれ、それらとの関わりが世界における自己の自己限定、あるいは世界における自己の自覚となるところに、西田の最終的な立脚地があるということである。

3. ハイデッガーにおける「物」

（1）物への新たな問い

ハイデッガーにおいて、「物」の語は、既に『存在と時間』から登場している。「物」と言われた時に直ちに「対象」が理解されるのを避けるために、『存在と時間』では、対象化された「眼前にあるもの」に対し、対象化以前の「手許にあるもの」が区別された。そのことによって、日常性における物が「～するためのもの」という道具的性格において出会われていることが取り出された。やがて、「芸術作品の根源」は、「作品」を考察し、併せて世界理解の変化をもたらした。ただし、これまた既に記したように、「作品」が導入された時、同時に「道具」との関係が「物」を含めた三者の連関で捉えられた。

このような歩みを経て、ハイデッガーが「物」を術語とするようになったのは、戦後の新たな立場の開始と目される一九四九年のブレーメン講演においてであった。「物」「集立（総かり立て体制）」「危険」「転回」という四つの連続講演には、冒頭に短い「まえおき」が置かれた。そこでハイデッガーは、交通技術、情報技術、軍事技術各々の発達により、時間・空間的な距離が短縮されているにもかかわらず、「近さ」が喪われ、近さとともに「遠さ」も喪われ、一切が等質の距離なきものとなっていることを語り出した上で、「近さ」の内にあるのは「物」と呼ばれるものだとして、第一講演に入る。一連の講演の前に置かれたこの印象的な「まえおき」は、講演全体に対するのみならず、戦後に展開する後期思想全体に対するものと言っても過言ではない。

ハイデッガーは、身近にある物として「壺（Krug）」を選び出して、「物とは何か」を問う。目の前に置かれた壺を、陶工が土から作り上げた「制作されたもの（Herstand）」と呼ぶにせよ、「自立したもの（Selbststand）」と呼ぶにせよ、広義の「対象（Gegenstand）」として受け取るかぎり、この壺に固有な物らしさには至らない。壺の物らしさは、むしろ容器としての「納める働き」にある。壺に注がれたワインを納めるのは、側壁と底面である。空気に満たされた空洞をワインで満たすのであれば、科学的説明はある物質が別の物質に交換されることで「納める働き」を説明するであろう。しかし、この正しい科学的説明も、壺を既に対象として受け止めている限り、壺の物らしさは失われてしまう。「物の物性は覆蔵され、忘却されたままである」（GA7, 172）。ここに見られるのは、ある現象を通して、その内で覆蔵されたまま生起してきたことを取り出そうとする、一つの歴史的思索である。二十年余り前、『存在と時間』において、日常的な物経験をめぐって、「眼前にあるもの」との自明化された関わりにおいて飛び越された「手許にあるもの」の道具性格を取り出した現象学が、一九三〇年代後半から展開した、ニヒリズムへの取り組みを経て、歴史という契機を取り込んだ新たな現象学的思索になっていると言うことができる。記述としても、「物が物として現れないこと」（同上）に対して、「近さ同様、物を物として熟考してこなかった」（GA7, 168）という記述が見られ、そこに現象とロゴス（思索）の対応を認めることができる。

（2）物と四方界（世界）

それでは、このような洞察を背景に、改めて「物とは何か」。再び壺の「納める」ことに着目するハイデッガーは、日常的に使われる壺が、水やワインを受け取りかつ保存するという二重の意味で「納め」つつ注ぎ出すこと、つまり「贈る」ことを取り出す。贈られるのは飲み物としての水やワインである。水には源泉を通して岩盤と大地のまどろみ、そして天空からの雨と露の受容が宿っており、ワインにはぶどうの実を介して大地の養分と天空の太陽とが宿っている。

さらに、注がれたものは、死すべき者たちとしての人間の飲み物になることもあれば、不死なる神々、神的な者たちへの奉納物となることもある。こうして、注がれたものを贈ることの全体には、天空と大地、神的な者たちと死すべき者たちが、それぞれの仕方で宿っている。天空とは星々の運行、光と闇、空や雲であり、大地とは担い支える自然の全体である。また、神的な者たちとは神性を合図する使者たちであり、死すべき者たちとは人間である。人間が「死すべき」と呼ばれるのは、「死を死として能くする（vermögen）」からである。[注4] ハイデッガーによれば、「あることを能くするとは、あることをその本質にしたがって私たちのもとに放ち入れ（einlassen）、この放ち入れを、内的緊迫をもって匿うことである」（GA7, 129）から、この理解にしたがえば、「死を死として能くする」とは、死をその本質にしたがって私たちのもとに放ち入れるということになる。「死の本質」ということについては後で改めて取り上げるが、ここでは、「死すべき者たち」というように複数で語られていることのうちに、死を死として能くすることで成り立ちうる人間の相互共同性が現れていることに注意しておきたい。

壺は、納めたものを贈り出すことにおいて、四者を取り集めて宿らせる。ハイデッガーは、「物」の古形である thing に「取り集め（Versammlung）」の意味があったとする。この取り集めによって、壺は物としての本質を現す。四者の全体を取り集めることによって物が物としての固有性を実現することを、ハイデッガーは「物は物になる（Das Ding dingt.）」と規定する。

一方、四者から成る全体が、後期ハイデッガーの世界理解を特徴づける「四方界（Geviert）」である。そして、四者がそれぞれの固有性つまり「自性（Eigenes）」を発揮しつつ、どの一者にも他の三者が相互に映し合い働き合って全体を成していくのが「性起［の出来事］（Ereignis）」である。そのようにして四者が動いていく事態を、ハイデッガーは「世界は世界する（Die Welt weltet.）」と語る。「世界が世界する」ことと「物が物になる」ことは一つである。この時期、共に同語反復的に表現される「世界」と「物」との、いずれにも還元できない関係は「区‐別（Unter-schied）」や「関わり‐合い（Ver-hältnis）」などの語で表され、全集版の第一講演「物」の附録には、「物／世界（Ding/Welt）」（GA79, 23）という表記も見出される。そして物に集められる四方界の独自な四‐一構造が、「一重襞（Einfalt）」の語で示される。この語は「単純さ、単一性」を意味し、「物」の単純さを示すものであるが、同時に、ハイデッガーの後年の思索を規定する「現前するもの（存在するもの）」と「現前（存在）」との関係が「二重襞（Zwiefalt）」と名指されることを踏まえれば、その二重襞の着想を維持しつつ、四方界の四者が一つに集まる事態を同じ「襞」の語に重ねたと見ることができる。あえて「一重襞」と訳す次第である。

このようにして、もともと「物」への問いのきっかけとなった「近さ」は、四者の遥かさをどこまでも保ちつつ、それらを取り集めることにより、「物」のもとで実現する。「物は、四方界を宿らせる」（GA7, 182）。「物になる」とは、「世界を近づける」の意である。近づけることが近さの本質である。物がもたらす近さのうちで、広大無辺な四方界の四者は映し合い働き合う、つまり世界は世界する。一方で物は、四者の遥かさを遥かさとして護ることによって、物としての近さをもたらす、つまり物は物になる。

ところで、「物」と「世界」が相互に関わりつつ各々が「自性」を実現するとき、つまり「性起する」とき、この全体を受け止めるのは、死すべき者たちとしての人間である。人間は四方界の一隅でありつつ、「死を死として能くする」ことで独自な位置を占める。上で「死の本質」が問題になることに触れたが、この論考では、「死は無の聖櫃（Schrein）にして存在の山並み（Gebirg）」（GA7, 180）である。しかも、「無」については、「存在それ自身の秘密（Geheimnis）として本質現成するもの」とも言い換えられている。第六章で考察した論考「真理の本質について」において、「覆蔵されているものの覆蔵」と言われた「秘密」の語とともに、「聖櫃」や「山並み」の語が用いられていることに留意したい。特に「蔵す（bergen）」の語を含む後者については、ブレーメン第三講演「危険」において、「死は、存在それ自体の真理の最高の山並みである。つまり、それ自体のうちに存在の本質の覆蔵性を蔵し、その本質を蔵することを取り集める山並みである」（GA79, 56）と言われている。これらを踏まえるとき、かつて存在を不可能にする際立った可能性として捉えられた「死」が、「存在」と「無」をともに覆蔵しかつ蔵しつつ、「世界」と「物」を切り結ぶところで語られているのがわかる。「近さ」と「遥かさ」の撚（よ）り合わせとでも言うべき共在を、「死」ほど比類ない仕方で示すものはないのではないだろうか。

「死」への同じ洞察は、ハイデッガーの建築論として有名な同時期の論考「建てる、住まう、考える」（一九五一年）にも認められる。ここで考察される建築物の「橋」は、橋に固有な仕方で四者を取り集めて「物になる」。このとき、さまざまな両岸を

図10-2 ハイデルベルクの古橋

（著者撮影）

結ぶ橋には、死すべき者たちを彼岸に渡すことが、天空と大地、神的な者たちとの繋がりとともに、映されるのである。

こうして、「世界」と「物」が各々の固有性を発揮しつつ区別されながら相互に結びつくところには、西田が「物」の相互限定を「世界」の自己限定から捉えたこととの類似性を見出すことができる。しかも、ハイデッガーがそこに「死」を見ていたように、西田にとっても世界は、先述のように「生死の世界」であった。

もう一つ注目すべきは、「場所としての物」(GA7, 157) という表現である。物が四方界を取り集める「場所 (Ort)」とされるとき、術語的には西田の「場所」と重なるが、意味内実は異なる。その内実については、それがより明瞭になる言語論をもとに考察することにしたい。

(3) 物と言葉

「四方界」と「物」との密接な関わりを示す後期の思索空間において、もう一つ切り離せないのが「言葉」であり、その豊かな内実を示すのが、一九五〇年代以降の言語論を集めた論集『言葉への途上』である。世界と物の動性がそれぞれ独自な同語反復表現で示され、しかもその二つが密接な連関で捉えられたのに対応する仕方で、ハイデッガーは、「言葉は語る (言葉する) (Die Sprache spricht.)」と記す。

上記論集の最初に置かれた二つの論考「言葉」(一九五〇年) と「詩における言葉」(一九五二年) は、ともにトラークル (一八八七~一九一四) の詩を扱ったものである。前者「言葉」では、詩「ある冬の夕べ」をもとに、三つの詩節が様々な「物」を「名づける (nennen)」こと、あるいは

「呼ぶ（rufen）」ことが考察される。

ハイデッガーは、既に一九三〇年代からの詩人ヘルダーリンとの思索的対話において、詩作の言葉の「名づける」力に着目していた。詩人が名づけることで、名づけられたものはそのつど各々の存在において露わにされ、読む者もまた、存在するものをその存在において経験する。今やその洞察が、世界と物との関わりの中で受け止め直される。「ある冬の夕べ」の第一節で、「雪」、「鐘」、「家」、「食卓」などの「物」が名づけられるとき、降雪を通して「天空」が、家や食卓を通して「大地」が、「死すべき多くの者たち」は、夕べの鐘の音とともに「神的な者たち」の前にもたらされる。物は「四方界」の四者、ここでは四つの「方面（Gegend）」を取り集めることによって「物になる」。同時に、「物が物になる」ことにおいて「世界が世界する」。それぞれの詩節では、「世界」と「物」の「親密性（Innigkeit）」にして「区 - 別（Unter-schied）」が、それぞれの仕方で実現する。「親密性」とは、ハイデッガーがやはりヘルダーリンの詩作から取り出して術語としたものだが、相異なるもの同士がその相違、つまり「区 - 別」を維持したまま結びつくことを言う。詩において、世界と物との区 - 別が、両者の親密性において名づけられるとき、「言葉は語る」。第一次的に語るのは言葉であって人間ではない。人間は、言葉の語りに「呼応する（応じて - 語る）（ent-sprechen）」かぎりにおいて、語る。ブレーメン講演以降、世界と物との関わり合いとして見られるようになった事態が、さらに言葉との連関にもたらされ、しかも言葉の固有な運動として受け取られるのである。

もう一方の論考「詩における言葉」は、「トラークルの詩の究明」という副題を持っている。「究明（Erörterung）」は「場所（Ort）」の語を含むが、ここで「場所」は「槍の穂先」を意味する。

場所は、すべてのものを最高にして究極にまで「取り集める（versammeln）」のである。「取り集める」という語は、三〇年代以降既にロゴスの原義として受け取られていたものだが、それが今や「場所」の規定となる。場所と物の関係において、先に触れた講演「建てる、住まう、考える」は「場所としての物」を名指していたが、世界を取り集める「場所」ということを介して、「物」と「言葉」が結びつくのである。

（4）物への放下

以上のような後年の思索が展開されていた一九五五年、ハイデッガーは家郷メスキルヒで、講演「放下（Gelassenheit）」を行なった。エックハルト（一二六〇頃〜一三二七／二八）に由来するとされるこの術語は、「放つ、捨て去る」という働きとそれによって達せられる「平静さ、落ち着き」の状態、そして前期以来ハイデッガーが繰り返し示していたlassen の集積（ge-）という意味を響かせており、技術時代におけるハイデッガーの思索の到達点を示すものである。その背景には、ブレーメン講演に通じる時代把握、とりわけ第二次世界大戦後なおも続く原子力技術開発の現実があった。ハイデッガーによれば、原子力技術はじめ様々な領域で技術の発達が世界を変貌させているにもかかわらず、人間はその事態への準備ができていない。その洞察の背景には、ブレーメン講演で提示された現代技術の本質としての「集立」と、その中に看取された「危険」があった。

ハイデッガーは、人間が技術的諸対象に縛られている状況を踏まえながら、しかし、そのような有り方とは別の有り方を取ることができると言う。すなわち、技術的諸対象の不可欠な使用に対しては「然り」の態度を、他方それらがわれわれの本質を混乱させ荒廃させることに対しては断固とした「否」の態度を取るというものである。「われわれは、技術的諸対象を、われわれの日々の世界に入り来たらせ、同時にそれらの対象を外部に、つまり物としてそれら自身の上に置き放つ」（GA16, 527）と述べる。ここでも動詞lassenを重ねて用いつつ、この態度を「物への放下（Gelassenheit zu den Dingen）」と名づけている。複数形の「物」は、ここでは「技術的諸対象」である。ただし、それが「物」と名指されるとき、ブレーメン講演では対照的に「物」と「用象」というように区別されていたものが、複数形の「物」として一つにまとめられていることがわかる。言い換えれば、技術的世界における対象がどのような様態であれ、それへと放下して関わる人間の有り方こそが、より深刻な事柄として受け取られ、語り出されているということであろう。

講演の最後、この「物への放下」が「秘密への開性（Offenheit）」と結び付けられる。技術的諸対象から成る世界にどのような意味が覆蔵されているか、その「覆蔵された意味」に開かれた態度が「秘密への開性」である。ここで「秘密」は、それ自身を覆蔵するという仕方で到来してくるものと理解されているが、ブレーメン講演でも、覆蔵という根本動向で見られていた「秘密」は、「死」と連関づけられていた。だとすれば、「物への放下」と「秘密への開性」が両者相まって世界における新たな土着性をもたらすことを家郷の地で呼びかけたとき、ハイデッガー自身は、現代の技術世界のただ中にあってなお、「死を死として能くする」ことで「世界と物」に開かれる有り方を求めていたのではないだろうか。

〉〉注

注1）一九三八年に京都大学の月曜講義としてなされ、翌年書物として公刊された『日本文化の問題』である。西

田は、本居宣長『直毘霊』の「物にゆく道」の語を「物の真実に行く」こととして受け止め、そこには科学的精神も含まれなければならないとして、「物の真実に徹することは、何処までも己を尽くすことでなければならない」と記す。なお、この「物の真実に行く」の西田の主張を受けて、日本思想史家の源了圓は、「物」をめぐる西田の思想に注目し、その由来として朱子学と陽明学の「物」理解を考察している。源了圓「西田幾多郎の日本文化論における「「物」」をめぐる思想」、『思想』八八八号（岩波書店、一九九八年）、一一七‐一五〇頁。

注2）「物となる」ことが、歴史的世界における行為的直観として捉えられるとき、それは様々な領域で認められる。前章の考察に即せば、西田は芸術・詩歌の領域で、「十七字の俳句、三十一文字の短歌も物自身の有つ真の生命の表現に他ならない」と述べ、自己を尽し無になったところで、「詩において物は物自身の姿を見る」と述べる一方（NI3, 181）、科学についても、歴史的身体による科学的な行動を、「電子的に考え電子的に見る、電子的に行為的直観する」（NI1, 549）と述べている。

注3）和辻哲郎「日本語と哲学の問題」（一九二九年）、『和辻哲郎全集』第四巻（岩波書店、一九六二年）。この主題が、その後廣松渉や木村敏によってそれぞれ独自に掘り下げられたことは言うまでもない。廣松渉『もの・こと・ことば』（勁草書房、一九七九年）、木村敏『時間と自己』（中央公論社、一九八二年）。

注4）『言葉への途上』所収の「言葉の本質」では、「死を死として経験することができる」（GA12, 203）と規定されている。

参考文献

井上克人『西田幾多郎と明治の精神』第三部（関西大学出版部、二〇一一年）

秋富克哉『芸術と技術　ハイデッガーの問い』（創文社、二〇〇五年）

安部浩『「現」／そのロゴスとエートス―ハイデッガーへの応答』（晃洋書房、二〇〇二年）

後藤嘉也『ハイデガーとともに、ハイデガーに抗して』（晃洋書房、二〇一七年）

マルティン・ハイデッガー著、森一郎訳『技術とは何だろうか』（講談社、二〇一九年）

11 神—共通主題からの照射（4）

《目標とポイント》 哲学にとって「神」はいかに問われ、そして語られ得るか。「神」の位置づけにおいてスタンスが大きく異なるように思われる両哲学に対して、この問いを立ててみたい。神を語るために求められる論理あるいは思索の言葉を考察することが、本章の課題である。

《キーワード》 神（神々）、死、場所的論理、矛盾的自己同一、悲哀、逆対応、平常底、目立たないものの現象学、存在のトポロギー、感謝

1．二つの場所論

西田とハイデッガーそれぞれの思索の展開のなかに、共通する主題を追ってきたわれわれにとって、最後に最も重い主題が残されている。「神」である。もっとも、この主題に対する両者のスタンスは、表向きは大きく異なっている。西田において、「神」は『善の研究』で「哲学の終結」（N1, 3）と言われた「宗教」の究極的主題である。最後の公的論文「場所的論理と宗教的世界観」（公刊は死の翌年の一九四六年）に至るまで、宗教は西田にとって最大の関心事であった。弟子の高坂正顕（一九〇〇〜一九六九）が哲学と宗教の関係について向けた問いに対し、「哲学と宗教とは余りに近いので、仲々一つになれないのだ」と答えたことが、高坂本人によって報告されている。(注1)

一方、ハイデッガーにおいて、宗教という主題が論じられることはほとんどない。しかし、それは彼が宗教に無関心だったことを意味しない。宗教という語こそ用いなかったが、彼は「神」を語り得る立場、あるいはその言葉を最後まで探し続けたように思われる。カトリックの土壌に生まれ育ったハイデッガーがフライブルク大学で哲学科に進む前に神学部にいたこと、神学部から哲学部への転部について、約四十年後に、「（神学という）この由来なしには、私は決して思索の道には至らなかったであろう。由来は、しかし将来に留まっている」（GA12, 91）と語ったことは、有名である。由来である神への問いは、ハイデッガーの思索に常に将来していた。ハイデッガーの思索が動くのは、この「留まり」の場である。同じ箇所では、その当時「聖書の言葉と神学的‐思弁的思惟との間の関わり、言葉と存在の関わりに従事していた」（同上）と回顧されてもいる。ここにも西田同様、信仰的事実と哲学的論理の関係が映っている。したがって、神をいかに受け止めたかを問わずして、ハイデッガーの思想を論じることはできないのではないか。

以下においてわれわれは、哲学と宗教の関係を一貫して問題にした西田から考察を始めたい。西田が宗教ないし神を受け止める最終的な立場は、「場所的論理」であった。一方、ハイデッガーは、「場所」についての思想を深めていく中で「存在（有）のトポロギー」という表現を用いる。(注2) トポロギー（トポロジー）は「位相幾何学」として数学の重要な一分野を占めるが、ハイデッガーにおいては文字通りトポスのロゴス、つまりは「場所の論理（場所論）」である。(注3)

二つの「場所論」は、もちろん直ちには重ならない。まして、一方が「無の場所」で他方が「有の場所」というような安易な対照も控えるべきである。しかし、思索の最終局面で、というのは、単に時期的にというだけでなく、両者にとって究極的な主題との連関でということであるが、そのような場面で、両者の場所的思索が共に論理的契機を含む語をはっきりと提示したとすれば、そこにどのようなことを見出しうるか。西田の「宗教と哲学」には、ハイデッガーにおける「詩作と思索」が呼応する。各々に現れる「と」とともに、二つの場所論を考察するのが本章の課題である。

2．自己の自己矛盾と場所的論理

西田は、論文「場所的論理と宗教的世界観」の冒頭、「宗教は心霊上の事実である」という規定のもと、「哲学者はこの心霊上の事実を説明せなければならない」と述べる（N11, 371）。表題自体が、哲学的論理とそれが説明すべき宗教的事実との緊張関係を示している。本文中の言葉を初めに引くなら、「絶対矛盾的自己同一的場所の自己限定として、場所的論理によってのみ、宗教的世界というものが考えられる」（N11, 415）。

個物的多の相互の働き合いと全体的一である世界とが、多が一を表現し一が多を表現するという仕方で、作られたものから作るものへと自己形成する絶対矛盾的自己同一の世界、その世界に於てある「我々の自己」は、この創造的世界の創造的要素として、絶対矛盾的自己同一的世界の一焦点として世界を映す。自己は、論考「自覚について」（一九四三年）では、「場所的有、場所的自己同一」（N10, 479）とも言われるが、一方でその自己の奥底に自己を越えるもの、自己を越え包みつつ自己がその形成的要素として働く自己形成的世界、この究極の一般者である世界の自己限定を示す論理こそが、場所的論理に他ならない。

それでは、そのような場所的論理によってのみ考えられるとされる宗教的世界観とは何か。西田は、宗教を明らかにするには宗教心を明らかにしなければならないと言う。宗教心を呼び起こすのは「自己の自己矛盾」である。すなわち、「我々が、我々の自己の根柢に、深き自己矛盾を意識した時、我々が自己の自己矛盾的存在たることを自覚した時、我々の自己の存在そのものが問題となるのである」(N11, 393)。すぐ後には、「自己矛盾」と並べて、「人生の悲哀」と記されている。人生の悲哀、その自己矛盾という事実を見つめる時、我々に宗教という問題が起こらざるを得ない。注目すべきは、その後に「(哲学の問題と云うものも実は此処から起るのである)」(N11, 394) と補足されていることである。

すぐに思い起こされるのは、『無の自覚的限定』(一九三二年) 所収の論考「場所の自己限定としての意識作用」(一九三〇年) であろう。この論考の締めに西田は、「哲学は我々の自己の自己矛盾の事実より始まるのである。哲学の動機は、「驚き」ではなくして深い人生の悲哀でなければならない」(N6, 116) と記した。ハイデッガー的に言えば、西田の「根本気分」は「悲哀」であった。「悲哀」の語が西田の著述に繰り返し現れることは、よく知られている。まだ『善の研究』が書かれるより前、幼い娘を亡くした友人藤岡作太郎 (一八七〇~一九一〇) に宛てた一文のなか、西田は、自らの同じ経験を思い起こし、「耐え難き悲哀」「深き悲哀」と書き記す (N1, 415)。幼少期における実姉の死以来、家族の死を幾度も経験した西田にとって、「悲哀」はそのつどの悲痛さのなか人生の真実として受け止められたであろう。しかし、だからと言って右の一文は、そのような経験が自分の哲学の動機であると述べているのではない。たしかに哲学が自己の問題と切り離せない以上、そこに個人的経験が映ることは否定できない。しかし、プラトンとアリストテレスが「知の愛求」の始まりとした「驚き」(注4) との対比で哲学論文の最後に「悲哀」が持ち出されるとき、それは、「自分の哲学は」ではなく「哲学は」でなければならない。その悲哀を引き起こすのが、「自己矛盾の事実」である。

自己矛盾の語も繰り返し用いられるが、右の論考の時期は、絶対無の自覚、すなわち、どこまでも対象的に見られない自己が自己を無にすることによって見られること、突き詰めて言えば、無にして有ということに、自己の自己矛盾が認められていた。

しかし、最後の宗教論では、哲学や宗教に導く人生の悲哀、自己矛盾の事実が、絶対者との関係で取り出される。そこで中核となるのが「死の自覚」である。ここでの「死」はもちろん、単に生物学的な死ではない。「相対的なるものが、絶対的なるものに対すると云うことが、死である」(N11, 396)。われわれが自己の永遠の死を知るのは、絶対無限なるものに対し、自己の一度的なることを自覚することによってである。自己の永遠の死を知るものは、まさにその自覚知によって永遠の死を越え、そのかぎりにおいて永遠に生きるものとなる。ここに、宗教の世界の独自性がある。もっとも、永遠の死を越えて永遠の生を得るものがあくまで死するものでなければならないというのは、矛盾である。「我々の自己は、唯、死によってのみ、逆対応的に神に接するのである、神に繋がると云うことができるのである」(同上)。このようにして、この宗教論における根本的な術語「逆対応」が登場する。

3．逆対応と平常底

自己は、自己否定によってのみ絶対者に繋がりうる。それが「逆対応」ということである。一方、絶対者もまた、対を絶するというだけでは真の絶対ではない。真の絶対には、相対に対するということがなければならない。それは、絶対の有（存在）が無に対するということである。絶対が

図11-1　西田幾多郎の墓（妙心寺霊雲院）
（著者撮影）

無に対するということは、絶対が自己否定を含むことである。絶対が自己否定によって相対に対して立ち、それでいて相対に堕することなく、そのことで却って絶対でありうること、そのかぎり絶対もまた自己矛盾を含む。真の絶対は、絶対矛盾的自己同一的である。

神は、絶対の自己否定によって絶対の無となるがゆえに絶対の有であり、つまり有にして無であるがゆえに、全知全能である。絶対は相対にとって、その相対なる者の生死を迫るものとして出会われる。このとき相対は、自己否定によって絶対に対する以外にない。絶対的な断絶のうちにある神と自己が、それぞれの自己否定、つまり死を通して逆対応的に関わる関係を、西田は、大燈国師（一二八三～一三三八）の語「億劫相別れて、須臾も離れず、尽日相対して、刹那も対せず」を繰り返し引くことで表した。かつて、『善の研究』で、純粋経験の最深最大の統一に応じて「神人同体」「神人合一」と言われていた宗教理解に対し、今や神人の逆対応的関係が示される。その対照は明らかであろう。

絶対者と人間とのこのような逆対応的な関わりを媒介するのは、「表現」である。西田は宗教的表現として絶対意志的な言語を挙げる。肉体となったロゴス、「神の口」である預言者（西田は「予言者」と表記）の言葉、真宗の名号、キリスト教の人格的な超越神の言葉とわれわれを包む大慈大悲の仏の言葉にはもちろん両宗教の違いが認められるが、これらはすべて、絶対者の自己表現として、われわれの自己を真の自己たらしめるものに他ならない。

逆対応と並べて、西田が宗教論でもう一つ取り上げるのが「平常底」である。平常とは日常の意である。かつて講演「歴史的身体」（一九三七年）において、西田は「我々の最も平凡な日常の生活が何であるかを最も深く摑むことに依って最も深い哲学が生まれるのである」（N14, 267-268）と語ったが、そのわれわれの平凡な日常が、根柢において逆対応的に絶対者に繋がっているのである。他の論考では、「我々はいつも絶対に接して居るのである。唯之を意識せないのである」（N9, 216）とも言われている。ただし、この絶対に接する場は、歴史的世界の現実を措いてない。「我々の自己が自己自身の根柢に徹して絶対者に帰すると云うことは、この現実を離れることではない、却って歴史的現実の底に徹することである」（N11, 423）。しかし、その現実の底に徹し、絶対者に帰するためには、絶対者との逆対応的関係による自己の絶対否定が求められる。絶対否定即肯定的に自己が「自己転換」を通して自己となるところ、「私の場所的論理の立場に於ては、絶対否定即平常底であるのである」（N11, 450）。

自己自身のうちに絶対否定を含む真の絶対者が自己否定即肯定として自己限定するところが絶対現在であるが、それは歴史的世界の現在と別ではない。「我々の自己」は、その世界の個物的多として世界を表現する。このときわれわれは唯一の個の極限となり、自己の決断によって絶対者の決断に従う。決断の瞬間において永遠に触れるのである。

平常底は、絶対者と自己との逆対応的な関係がそこで成り立つところであるとともに、この逆対応的な関係の成立によって開かれるところである。そして、それはもともとの自己の「於てある」ところである。逆対応と平常底によって宗教的世界が特徴づけられるとき、この心霊上の事実を事実として生きるのが宗教であり、他方、その事実を捏造することなく、どこまでも事実のままに説明するのが、場所的論理の哲学となるのである。

4．神と人間と半神

西田において宗教の核心として掘り下げられた神と人間の関係、この関係にハイデッガーが積極的に触れるのは、もっぱら一九三〇年代半ばに始まるヘルダーリンの詩作との思索的対話の文脈においてであった。ヘルダーリンの詩における「神々と人間の婚礼」などが取り上げられるようになる。もっとも、これらの言及はヘルダーリン解釈に関わるものであるからハイデッガー自身のものではないと見なすなら、不適切であろう。モチーフがヘルダーリンに由来するとしても、ヘルダーリン解釈がハイデッガーの思索に必要不可欠なものとなり、その中心に神々と人間の関係があるかぎり、このことがハイデッガーにとってどのような意味を持ったかは大きな問題である。

神々と人間の関係において注目すべきは、ハイデッガーが「半神（Halbgott）」に注目することである。ギリシア神話で不死なる神と死すべき人間との間に生まれたとされる「半神」は、両者の相対立する存在を受け継ぐことで、いずれにもなり得ない苦悩を同時に引き受ける。ここでも、神々と人間を分けると共に繋ぐのは「死」である。そして、神々と人間との間で両者を媒介する半神の有り方は、神々と民（民族ないし民衆）の間に立って前者の言葉を後者に伝える詩人の有り方と重ね合わされた。

ハイデッガーは、ヘルダーリンがギリシア世界の半神ヘラクレスとディオニュソス、そして宗教的由来を異にしつつ神にして人間であるキリストとの三者を兄弟と見なしたことに、関心を向けた。ヘルダーリンの詩句から表題の取られた論考「詩人は何のために」（一九四六年）では、これら三者の半神たちが世界を立ち去って以来、「世界の夜」になったと記す。世界歴史の夜は、別の論考では「逃げ去った神々はもはやなく、来たるものは未だないという二重の欠如と否定」の「貧しい時代」（GA4, 47）であるとも言われるが、この貧しい時代に、神々の立ち去りの痕跡こそを「聖なるもの」と受け止め、やがて到来するものを待望すること、歴史に先んじて世界と人間の運命を詩作すること、そこにハイデッガーは、ヘルダーリンが詩作の本質を詩作する詩人であり、将来的な詩人であることを見出したのである。

このように、ハイデッガーにあって、ヘルダーリンの詩作から受け取られた「神々と人間」は、詩人の有り方と重ねられるとともに、『哲学への寄与論稿』では「最後の神と将来的な者たち」という形を取り、後年には、「四方界」を構成する四者のなかの「神的な者たちと死すべき者たち」として位置づけられた。神的な者たちとは「神性を合図する使者たち」であるが、覚書きや「黒表紙のノート」には「神々」と記されている箇所もあり、ハイデッガー自身常に試行の中にあったことが考えられる。ただ、対する人間が「死すべき者たち」と規定されるとき、「死ぬ」ということが「死を死として能くすること」とされたこと、その死が「無の聖櫃にして存在の山並み」と言われていることは、前章で確認した。さらに繰り返すなら、死を本質において受け止めることによってのみ神的な者たちとの関わりが開かれうること、そして死の主題化が言葉の本質への問いと不可分であることに、ハイデッガーの立場の特性が認められるのである。(注5)

5. 目立たないもの（顕現せざるもの）の現象学

ハイデッガーにおける「神々と人間」が、詩作を通して言葉という主題と連関づけられるとき、このことはさらに、ロゴスの本質への問いと結びつく。中期以降の「存在の歴史」をめぐる思索の中で、形而上学の「存在‐神‐論的構制」、つまり、形而上学は「存在するものを存在するものとして」問うと同時に「最高の存在するもの」としての神を問うという構制を問題にするとき、存在論(オントロギー)と神学(テオロギー)の結びつきを根柢に向けて問うことは、二つの学を成り立たせるロゴスへの問いとなった。ハイデッガーは、一九三〇年代以降、ソクラテス以前の哲学者との対決の中、ロゴスおよび動詞形レゲインの原義を「集めること」に見出し、「集める(sammeln)」や「取り集める(versammeln)」の語で受け止めるようになる。この時、古代ギリシアにおける存在の経験を表す語としてピュシス(自然)が取り出され、存在とロゴスの関わりがピュシスとロゴスの関係として考察される。ヘラクレイトスやパルメニデスの断片解釈をもとに、「現れ出つつ統べること」としてのピュシスに対し、その動性に「聞き従い属しつつ取り集めること」としてのロゴスの根源的関係から「存在と思索の共属性」が捉えられる。このようなロゴスへの関心の最終局面として、「目立たないものの現象学」と「存在のトポロギー」が構想された。

まず、「目立たないもの(das Unscheinbare)の現象学」という表現が登場するのは、ハイデッガーが最晩年に行なった私的な演習記録『四つのゼミナール』でのことである。このテクストは、ハイデッガー自身の著述ではなく、四つの演習のプロトコルから成る。一九七三年ツェーリンゲンで行なわれたゼミナールの最後に語り出されるのが、「目立たないものの現象学」である。しかし、言葉自体は最後のゼミナールで現れたものであれ、「目立たないもの」として語り出される事柄、つまり存在するものと存在との「差異」ないし「二重襞」は、四つのゼミナール全体を通底する主題であった。その過程で、パルメニデスの断片、ディールス・クランツ版の断片三、通常は

「なぜなら、思惟することと有ることとは、同じものであるから」と訳される句が、取り上げられる。思惟と存在の同一を語り出すこの句は、ハイデッガーが繰り返し扱ってきたものであるが、この句への着眼には、「現象とロゴス」の関連から出発した現象学が「存在と思索」への関心となって思索を一貫しているのを認めることができる。ハイデッガーは、この「同じもの」としての「同一性」を『同一性と差異』（一九五七年）では、「存在と思索の共属性」として取り上げた（GA11, 37）。思索が共属する存在について、このゼミナールでは、右とは別のパルメニデスの断片六の一行目から、文字通り訳せば「すなわち、有ることは有るのである」となる「前代未聞の語」が引かれる（GA15, 397）。ハイデッガーによれば、ギリシア的な存在は「現前（Anwesen）」を意味するので、右の句は「現前（すること）は現前する」となる。ハイデッガーはこれを「真正の同語反復」と呼び、「われわれはここで目立たないものの領域の内にある。すなわち、現前それ自体が現前する」（同上）と記すのである。

「有る（現前する）」という述語の主語となりうるのは、「有るもの（現前するもの）」のはずである。しかし、この主語に元来含まれているのは、現前するものでも現前でもなく、分詞形として両方の性格を兼ね備えたもの、すなわち「現前している（Anwesend）」ということである。「現前するもの」と「現前」として区別されるものに対する区別それ自体、つまり区別を区別として担っているのは「同じもの」であり、それが「二重襞（Zwiefalt）」である。ハイデッガーは、先の「現前は現前する」という通常ならざる語のうちに、「同じもの」が語り出されているのを見て取る。それは「目立たないもの」、区別にも「顕現せざるもの」ながら二重襞のうちで生起し、ギリシア的な存在経験を貫いている。その襞の中に分け入り、それを解き広げることを、ハイデッガーは

「開襞（Entfaltung）」とも名づけた。こうして、前期において「有るものが有る」ことのうちに「存在論的差異」を見て取った思索は、区別をそのものとして担う「同じもの」についての同語反復的な思索となり、ハイデッガーの後年の現象学を規定するのである。

6. 存在のトポロギー

「存在のトポロギー」の語も公刊著作ではほとんど用いられず、われわれが目にするテクストの一つは、「目立たないものの現象学」同様、後年のゼミナールの一つにおいてである。既に確認してきたように、非覆蔵性としての真理のうちに、「開け」あるいは「空け開け」の場所的性格を見出す立場から、存在を場所的に捉える着想が出て来るのは自然なことであろう。

そのような立場が、「場所」の独自な意味合いを持って展開されたのは、ブレーメン講演以降のことである。四方界の世界と物との関わり、「世界が世界する」ことが「物が物になる」ことと一つであり、物は四方界を取り集めるもの、すなわち「場所としての物」となる。前章でも触れたように、「槍の穂先」を意味する「場所」は、ハイデッガーにとって、そこにおいてすべてが取り集められるところだからである。

ハイデッガーは、ブレーメン講演後に著した論考「存在の問いへ」（一九五五年）において、エルンスト・ユンガー（一八九五～一九九八）の論考「線を越えて」をもとに、歴史的ニヒリズムの完成の場所を考察する。そして、ユンガーが前置詞 über を「～を越えて」の意味で用い、ニヒリズムの完成した圏域を表示する分界線を越え行くことを目指したのに対し、ハイデッガーはこの前置詞の別の意味「～について」を活かし、自らの立場は、ニヒリズムが完成する圏域の場所に留まってニヒリズムの本質について思索すること、つまり「所在究明（Erörterung）」だとする。その文脈で、「トポロギー」の語を用い、それは「存在と無をそれらの本質に取り集める場所の所在究明」（GA9, 412）だと言うのである。

この論考では、さらに存在に×の印を付けた表記「~~存在~~」をも用いる。この×の印は、「存在」が四方界の四者の交差する「場所」となることを示している。形而上学が問うてきた「存在」の語に、「物 - 世界」の立場を重ね合わせることで、従来の形而上学を超克しようとする意図を表しているのは明らかであろう。

ハイデッガーが、「場所」を「取り集めるもの」として受け取るとき、「取り集め」ないし「取り集める」は、上記のようにロゴスおよびレゲインの原義でもあるので、トポロギーとは、トポスつまり場所それ自体がロゴスと一つであることになる。現象学を、前期の洞察に沿って「現象」と「ロゴス」の関係から受け取るなら、一方、「現象」としての「存在するものの存在」は、今や現前するものと現前との「二重襞」となり、それはさらに物と世界の「区 - 別」と重なる関わりとなる。物が物になり、世界が世界し、両者が交差してそれぞれの固有性つまり「自性」を実現する運動は、「性起の出来事（Ereignis）」である。他方、かつて『存在と時間』で「それ自身から見えさせること」と理解された「ロゴス」は、「取り集め」のロゴスとなり、それは「言葉が語る（言葉する）」という言葉の働きのうちで表される。「世界」と「物」各々の同語反復的な「性起」に、「言葉」が同じく同語反復的に対応させられるとき、そこには現象とロゴスの新たな関係、つまり「事象そのものへ」をモットーにした現象学の到達した姿を認めることができる。そしてその現象学の遂行は、場所としての存在を究明するトポロギーの遂行と別ではないのである。

ただし、ここに至ってもなお一つ付け加えておかなければならないのは、前期の現象学が、「現象」に固有な「覆蔵性（隠れ）」を見て取っていたように、後期ハイデッガーの現象学も、対応する洞察を含むようになることである。ハイデッガーが「世界と集‐立は同じものであり、それでいて両者の本質の究極まで、相互に対置されている」（GA79, 52）と、まるで西田の矛盾的自己同一に通じるような事態を「同じもの」に認め、しかもこの対置の性起を語り、同時に、「性起そのものには脱性起（Enteignis）が属する」（GA14, 28）と記すとき、これらは、現象学的思索の性格を規定するものとなる。世界、物、言葉の同語反復的な自己同一の運動を性起としながら、その性起に脱性起を認めること、そこには、事象の現れのうちに自己否定的な契機を認める姿勢、その意味で有（存在）と無の共属を徹底して探っていく姿勢を見出し得るのである。

7．感謝

われわれは、一方でヘルダーリンの「詩作」との繋がりのもと神々と人間の関係を、他方で現象学と存在論の「思索的」展開における存在とロゴスの関係をたどってきた本章の最後に、これまでハイデッガー研究の中でほとんど論じられてこなかった主題に触れることにする。「感謝（Dank, Danken）」である。ハイデッガーが、この語に積極的に触れるようになるのは、中後期であるが、そこには常に「思索（Denken）」との連関への洞察があった。

論考「『形而上学とは何か』への後書」（一九四三年）や講義『思索とは何の謂いか』（一九五二年）、およびこの時期の小篇では、もっぱら二つの語の語源的連関をもとに、事象的連関に接近しようとする。すなわち、「感謝」とは、存在がその本質を人間に思索するよう委ね渡したこと、あるいは、「最も熟思すべきもの」を熟思する（bedenken）よう与えたことに対する、人間からの応答である。その場合「感謝」は、「思い起こす（Gedenken）」や「思い回らす（Andenken）」という仕方での「思索」と結びつけられ、要は思索されるべきものへの集中（ge-）、つまり「取り集め」の意味が込められている。

他方この時期、ハイデッガーは、従来の「思索と詩作」という主題に沿って「感謝」を加えた三者の連関を探るようになる。右の「『形而上学とは何か』への後書」では、「思索は存在を言い、詩作は聖なるものを名づける」（GA9, 312）と語り、しかし存在の本質から考えられるとき、詩作と感謝と思索がいかに相互に関係するかは未決定のままにしておかなければならないとも記している。

未決定にされたこの問いは、後年、作家エルハルト・ケストナー（一九〇四〜一九七四）宛てに書き送られ且つその直後のケストナーの死を受けて、追悼として発表された詩「より創設するものに…」（GA13, 242）で触れられることになった。かりに訳すなら、

「詩作より創設するものに、
思索よりなお基づけるものに、
感謝は留まる。
感謝を能くする者たちを、
感謝は連れ戻す、

われわれ死すべき者たちが
原初的に「自性として」相応しくある
近づき得ないものの現在の前に」。

図11-2　メスキルヒのハイデッガー夫妻の墓（中央）　（著者撮影）

実は、ほぼ同じ詩が、ハイデッガーと同郷の神学者にして宗教哲学者ベルンハルト・ヴェルテ（一九〇六～一九八三）にも送られており、両者の間には若干の語句の異同がある。しかし今は、その異同に立ち入らず、両者に通じる内実を踏まえ、右に示した未決定の問いに対する一つの態度が確認できればよい。ここには明らかに、「思索と詩作（詩作と思索）」に対する「感謝」の独自な位置づけが見出される。詩作に対して「創設する（stiften）」が、思索に対して「基づける（gründen）」が用いられているが、前者の背景には、本書第八章で触れたように、ヘルダーリンの詩「回想」からハイデッガーが繰り返し引く詩句、「留まるものを創設するのは、しかし詩人たちだ」があるであろう。また後者の背景には、「根拠」および「根拠づけ」に対する前期からの一貫した関心、後年では「形而上学の根柢」に帰り行くことを目指す思索の立場があるであろう。各々の動詞の分詞を比較級にし、しかも右の詩句にもある「留まる」の語を用いていることは、本章の冒頭に述べたように、ハイデッガーが自らの思索の道を「由来は将来に留まる」と受け止めたことと響き合うように思われる。そして、感謝は、われわれ死すべき者たちを「近づき得ないもの（das Unzugangbare）」の現在の前に連れ戻すと言われている。しかも、われわれは原初的に、つまり存在の本源において、「近づき得ないもの」の現在に「相応しくある（ge-eignet）」。この語は詩句としては訳しづらいが、「自性の（eigen）」の語を含むことからして「性起」との繋がりを含んでいるのは間違いない。問題にしている詩句では「感謝」が主語になっているが、ここではむしろ、われわれが自らを死すべき者たちとして自覚するとき、われわれはもともと自性に相応しくある「近づき得ないもの」の現在の前に連れ戻されるのであり、そのことこそが「感謝すること」であると解するべきであろうか。

ただし、「近づき得ないもの」の解釈は困難である。一九七一年に詩人ルネ・シャール（一九〇七〜一九八八）に宛てた七つの詩「思い（Gedachtes）」でも、三つ目の詩「場所性（Ortschaft）」のなかで、この語を用いている。これを、「ハイデッガーの「神」であり、「性起」の内に匿われている「神」であるとともに、その出現のためには「性起を必要とする神である」」（T2, 65）とする辻村公一の解釈も、先の「［自性として］相応しくある」の語との連関から可能であるかもしれない。しかし、かりにそうであっても、それは、ハイデッガーがある箇所で述べているような、祈ったり犠牲を捧げたり、畏怖から跪いたり、その前で音楽を奏でたり踊ったりする神ではない（GA11, 77）。

作家ケストナー、神学者・宗教哲学者ヴェルテ、詩人シャールに対してそれぞれ「感謝」の語が向けられるとき、各々に対する個人的な思いはもちろんあったであろう。しかし、これらの「感謝」は私情に限られたものではない。彼らは、ハイデッガーが自らの思索によって「存在の真理」を守るとした「言葉」に、それぞれ独自な関わりを示した者たちである。その営みは、ハイデッガーにとっておそらく広義の「詩作」であったと思われる。したがって、彼らの営みと自らの営みを「詩作」と「思索」となし、それぞれが「聖なるもの」と「存在」に関わると受け止めたとき、両者が接近していく先に「近づき得ないもの」を予感していたのではないか。ハイデッガーは、詩作との関わりを含めた全体が思索されるべきものとして自らに与えられていることに思いを集中し、そのことに感謝し、思索の場に留まり続けた。その留まりのなかで思索は、思索を求めてくるものを絶えず自らに将来させつつ、そのことによって同時に、思索自身の由来に近づいていったのではないだろうか。

注

注1）高坂正顕『西田幾多郎と和辻哲郎』（新潮社、一九六四年）一一二ページ。

注2）「思索の経験から」（一九四七年）で、"Topologie des Seyns" という形で用いられている（GA13, 84）。

注3）術語の使用ということで言えば、西田も、論考「経験科学」（一九三九年）のなかで、「近来のトポロギイ的心理学に興味を有する」（N9, 254）と述べ、「科学のトポロギイ的考え方」を自らの立場から「場所的」と言いうるとしている。

注4）プラトン『テアイテトス』（155d）、アリストテレス『形而上学』（982b）。

注5）『言葉への途上』所収の「言葉の本質」には、「死と言葉の間の本質関連」（GA12, 203）と記されている。

参考文献

浅見洋『西田幾多郎とキリスト教の対話』（朝文社、二〇〇〇年）

上田閑照『上田閑照集　第十一巻　宗教とは何か』（岩波書店、二〇〇二年）
大峯顯『宗教と詩の源泉』（法藏館、一九九六年）
岡田勝明『悲哀の底　西田幾多郎と共に歩む哲学』（晃洋書房、二〇一七年）
小野寺功『聖霊の神学』（春風社、二〇〇三年）
長谷正當『浄土とは何か　親鸞の思索と土における超越』（法藏館、二〇一〇年）
稲田知己『存在の問いと有限性　ハイデッガー哲学のトポロギー的究明』（晃洋書房、二〇〇六年）
小野真『ハイデッガー研究　死と言葉の思索』（京都大学学術出版会、二〇〇二年）
小柳美代子『〈自己〉という謎　自己への問いとハイデッガーの「性起」』（法政大学出版局、二〇一二年）
茂牧人『ハイデガーと神学』（知泉書館、二〇一一年）
田鍋良臣『始源の思索　ハイデッガーと形而上学の問題』（京都大学学術出版会、二〇一四年）
谷口静浩『ハイデッガーの思惟と宗教への問い　宗教と言語を巡って』（晃洋書房、二〇一九年）
細川亮一『意味・真理・場所―ハイデガーの思惟の道―』（創文社、一九九二年）

12 西谷啓治の立場——ニヒリズムと「空」

《目標とポイント》 西谷啓治にとって、師・西田との哲学的対決は生涯の課題となった。一方、ハイデッガーの独自なニヒリズム思想を受け止め、自らもニヒリズムを哲学的主題にした西谷は、ニヒリズムの超克の立場として「空」を提示する。この「空」の思想の内実と射程を考察することが本章の課題である。

《キーワード》 ニヒリズム（虚無）、日本近代、空、実在、回互、伝統

1. 西谷啓治とは誰か

本章からは、西田哲学の系譜に立ちつつハイデッガーの思想に積極的に取り組んだ思想家、西谷啓治、辻村公一、上田閑照を取り上げて考察を試みる。三者に共通するのは、いずれもその思想的基盤を禅に置いていることである。もちろん、このことは、しばしば誤解されがちなように、ハイデッガー哲学を禅で説明するといったことでは全くない。三者はそれぞれ禅に立脚しつつも、あくまで思索のレベルでハイデッガーに向き合った。したがって、三者の哲学的立場を検討することで、ハイデッガーもまた関心を寄せた禅の立場[注1]とハイデッガーの思索を突き合わせ、ひいてはそこから西田とハイデッガーとの思想的対話の可能性を改めて照らし返すことができるのではないかと

図12-1　西谷啓治（矢田敏子氏所蔵）

思われる。

われわれは、西谷啓治（一九〇〇～一九九〇）から出発する。旧制高校時代に西田の『思索と体験』を偶々手に取り、その中の随想群に「自分自身よりも自分に近い」（Ni9, 16）と感じて西田に師事することを決意した西谷にとって、西田哲学との対話・対決は、生涯を貫く課題となった。

一方、西田のもとでシェリングとベルクソンを主題とする卒業論文を提出し、その後カントやドイツ観念論を学びながら、次第に神秘主義やアリストテレスに向かっていった西谷が、どのようにしてハイデッガーに触れたか、いつ『存在と時間』を読んだかは、定かでない。しかし、一九三七年、文部省在外研究員としてドイツに留学した西谷は、しばらくベルリンに滞在した後フライブルクに移り、ハイデッガーのもとで研究生活を送ることになる。それは、ちょうどハイデッガーがニーチェのニヒリズムに集中的に取り組んでいた時期である。当時の西谷の動向について詳細を知る手がかりは少ないが、以下では、ハイデッガーとの対決を、『ニヒリズム』（一九四九年）及び主著と目される『宗教とは何か』（一九六一年）(注2)をもとに探ってみたい。その際われわれが注目するのは、ハイデッガーとの対決を通して自らの思想を展開していく過程に、西田との対決が重ね合わされていることである。

2. ずれを孕む関係

『ニヒリズム』は全七章から成るが、第一章「実存としてのニヒリズム」において西谷は、第一に、ニヒリズムは自己の存在そのものが問いになる次元で初めて問題になること、そのかぎり普遍的な実存的問題であること、しかし第二に、ニヒリズムが哲学的に自覚されたのは西洋近代という特定の場所と時代であり、したがって、日本でニヒリズムを問題にすることには特殊の事情が絡むことを指摘する。というのも、ニヒリズムが近代ヨーロッパと不可分であるなら、日本でニヒリズムを語ること自体、外からの接近に留まり、結局知識欲や好奇心の対象ということを出ないのではないかという疑問が残るからである。しかし、近代以降の日本がヨーロッパ文化を多く取り込んできている以上、ヨーロッパの問題が自分たちに無関係であるとも言えない。西谷は、この事態をいかに受け止めるかが考察の出発点であると同時に結論になるとして、ヨーロッパのニヒリズムの考察に向かう。そして近代西洋世界の歴史的帰結であるニヒリズムが独自な意味で歴史哲学の問題となることに言及し、第二章「リアリズムからニヒリズムへ」で「ヨーロッパのニヒリズム」の前史を考察、続く第三章以降、ニイチェ（ママ）、スティルナー（ママ）、ハイデッガー各々におけるニヒリズムを順次読み解きながら、これら西ヨーロッパの代表的な思想家に共通する特徴を「創造的ニヒリズムと有限性との根源的（な）統一」として取り出す。「独自な意味」での歴史哲学と言われるのは、歴史を対象として哲学するのではなく、問われている歴史と問う自己とが離れない仕方で、言わば歴史の中での実存的・パトス的な自己として歴史を問うということである。

ところで、われわれの主題について言えば、ハイデッガーに割かれた第六章「哲学としてのニヒリズム（ハイデッガー）」は、鋭く核心を突く解釈を提示する一方、ある種の違和感を引き起こすのも事実である。というのも、そこで考察されているのは、主に前期のハイデッガー、つまり『存在と時間』及び二年後の三部作におけるハイデッガーであって、要するに、ハイデッガー自身がニヒリズムという主題に踏み込む前の思索だからである。要約すれば、西谷はハイデッガーが未だ自らのニヒリズム理解を展開する以前の思想に、しかもハイデッガー自身が「無の哲学」や「不安の哲学」等と受け取られることに対して抵抗を示した前期思想に、ニヒリズムを見て取った。他方、ハイデッガーは、その前期思想を自己超克してゆく過程で、ニーチェとの本格的な対決を遂行し、独自なニヒリズム思想を展開した。

ここに認められる「ずれ」、しかし、それは誤読といった消極的なものではない。むしろこの事実関係には、ニヒリズムの本質理解に関わる積極的問題が含まれている。すなわち、西谷が前期ハイデッガーを含めヨーロッパのニヒリズムに見て取った「創造的ニヒリズムと有限性との根源的統一」は、無の創造性ということと繋がって西谷自身のニヒリズム理解を強く規定し、やがて自らがニヒリズムの超克の立場として「空」の思想を展開するとき、考慮すべき課題として迫ってくる。一方、ハイデッガーが一九三〇年代半ば以降世界歴史的なレベルで自らのニヒリズム理解を展開していくとき、西谷の先の観点が改めてハイデッガーを解釈する上での観点となり、ニヒリズムをめぐる両者の思想の全体的な突き合わせが可能になる。しかも、両者はともに戦後の現代世界を経験したがゆえに、ニヒリズムの射程はますます広がりを持つことが予想されるが、まずは、『ニヒリズム』におけるハイデッガー理解から確認することにしたい。

3. 「創造的ニヒリズムと有限性との根源的統一」

ハイデッガーを扱う章題が先述のように「哲学」の語を含むこと、それは、たとえばキェルケゴール（一八一三〜一八五五）やニーチェが情熱的な主体性の立場に立ち、そのかぎりにおいて「学」から距離を取ったのに対して、ハイデッガーは、彼らから実存の真摯さを受け止めつつ、他方でフッサールやディルタイ等をくぐり抜けることで厳密知としての哲学の立場を体得したことを示している。このことは、形而上学が人間の実存と離れない仕方で成立するということであり、言い換えれば、存在の問いが実存への問いとして、しかも独自に無を受け止めることで可能になるような哲学的立場が、ハイデッガーによって開かれたということである。「存在の学という立場と結び付いて、あらゆるものの存在の根本に無を現わし出すというような、すなわち根柢から無を呼び出すというようなニヒリズムが、哲学の立場で成り立ってきた」（Ni8, 144）。

このようなハイデッガー理解の背景には、前期ハイデッガーにおいて際立つ「意志」に対する西谷の洞察が存している。西谷が『存在と時間』およびその二年後の三部作をもとに取り出していることを概観しておこう。

西谷は、人間における存在の開示を、存在論的差異、被投的企投など、ハイデッガー独自の分析に沿って説明し、「世界‐内‐存在」としての「世界への超越」が、「全体としての存在するもの」の上への超出であること、さらにそれが「無のうちへ差しかけられてあること」であることを述べる。人間存在は「根柢において虚無に曝されて」おり、この現存在の存在に本質的に含まれる無が、総じて現存在の超越を可能にする。現存在の根柢が虚無であることは、「死への存在」において際立つ。死は、死への先駆において現存在に自己の存在の可能性を開示する。他方、死からの逃避は「頽落」として日常的な現存在を規定する。日常の現存在が死への存在を忘却し、非本来的な有り方へ逃避しているがゆえに、本来の存在が顕わになる時、根本気分は不安となる。したがって、「世界‐内‐存在」は根柢的に無気味である。日常的に覆蔵されている無気味な「世界‐内‐存在」の根柢から、最も自己的な存在可能性へ向けて良心の呼び声が語りかける。この呼び声を聞き取ること、現存在の最も固有な存在を選び取る決断において、現存在は最も本来的かつ根源的な存在に立ち返る。この「良心を持とうと意志すること」は、自己存在の本質的な有限性に徹することに他ならない。

ところで、人間存在の有限性と存在理解とが無の顕現のうちで一つに結びついていることが、存在するものを越えて存在へ超出することを可能にするものであること、そこに形而上学的問いの基礎がある。したがって、形而上学とは、日常的に覆蔵されている本来的な存在を忘却から引き離し、現存在の実存において絶えず生起している超越を引き受けることなのである。

こうして、あらゆる創造的な行為の根柢にある世界企投が、無の顕現における存在するもの全体の超出、つまり形而上学の可能性の根拠としての超越であること、しかもその超越を自己存在として開示させることが被投性としての有限性に徹することであること、ここに西谷は、前期ハイデッガーにおける「創造的ニヒリズムと有限性との根源的統一」を認める。そしてこの根源的統一において、右で確認したように、良心の呼び声を聞こうとする決断、つまり根源的な「意志」が要になる。前期ハイデッガーの基礎的存在論の立場が、実存を離れない仕方での哲学であり、しかもそれが無の開示を基盤に含むからこそ、西谷は、ハイデッガー自身がニヒリズムの語を使っていないにもかかわらず、その思索のうちに、「哲学としてのニヒリズム」を洞察するのである。現存在の根柢に存する無を積極的に受け止めて、有限性そのものになり切ろうとする立場、それは西谷にとって、ニーチェにおいてとはまた別の意味で、[注3]ニヒリズムを通してニヒリズムを超克する、高次のニヒリズムなのである。

4. 日本のニヒリズム

西谷が取り上げる西洋のニヒリズムは、自覚的となったニヒリズムであった。一方、その考察が戦後四年という時期に発表されたこと、そこには、近代日本が行き着いた一つの終局がはっきりと映っている。最終第七章「我々にとってのニヒリズムの意義」で西谷は、第一章の冒頭における問いかけを受け止める仕方で、近代日本が孕んでいた矛盾を指摘する。すなわち、開国による急速な近代化、無批判的な西洋受容が、仏教や儒教など精神的伝統との結びつきの遮断という犠牲のもとに達成されたこと、そして近代開始時の政治的大変化の根柢には、日本史上最大の精神的危機があったにもかかわらず、危機という明確な自覚無しに通過されたこと、そしてそのように始まった近代化の過程には、戦後になっても精神的空虚を自ら意識しないことのうちに、危機を危機として自覚しない「自乗された危機」(Ni8, 178) が潜んでいたこと、およそ以上のような事態である。

ただし、この矛盾をいかに解決するかは「我々の問題」、「「我々自身の意欲」の問題」である(Ni8, 179)。既に章題が示すように、西谷は、ここではっきりと、戦後の日本を生きている者として「我々」を語る。ちょうどハイデッガーが一九三〇年代半ば以降、ドイツの国家的危機のもと、西洋歴史のなかにニヒリズムを洞察しつつ、「我々とは誰であるか」という問いを掲げたことを思い起こさせる。

西洋近代のニヒリズムが「我々」に教えるのは、「我々」の西洋化の果てに立ちはだかる危機を自覚するために、「ヨーロッパの最上の人々」による危機の解剖や近代の超克への努力を「我々自身」の問題とすべきこと、その一方で、「我々」の忘れられた伝統に立ち返るべきことである。それは、ニヒリズムの思想家たちが示したように、歴史の問題を自己の問題にすることであり、その遂行は、先述のように、「我々」の意欲の問題であり、「根元意志の回復」（Ni8, 181）の問題である。それこそが、近代日本人としての「ニヒリズムを通してのニヒリズムの超克」に他ならない。

西谷は、このようにして日本の伝統に向かう中から、仏教的な「無」や「空」の可能性を取り出してくる。ただし、近代日本は精神的伝統との繋がりを忘却し、また喪失してしまっている。したがって、それは過去の遺産の中から積極的に再発見されなければならない。将来に向かって過去に遡る、あるいは由来において未だ取り出されていない可能性を将来させるという姿勢が、歴史に対するハイデッガーの姿勢に重なることは明らかである。西谷は、最終章の結論部で、ハイデッガーの分析において重視されていた「世界への超越」の立場が、人間の有り方としての一般的見地から、大乗仏教の「空」の立場に近づいていると語る。しかもより重要なのは、「無」や「空」を指して、大乗仏教のうちには「ニヒリズムを超克したニヒリズムすらもが至らんとして未だ至り得ないような立場が含まれている」（Ni8, 185）と洞察することである。このような洞察が、『宗教とは何か』の根本的な枠組みを形作ることになる。

5. 西田哲学に対する内在的批判

西谷が近代日本におけるニヒリズムの究明とその超克を目指そうとしたとき、それはどこまでも歴史のただ中に立ってのものであった。このような戦後の日本に対する姿勢には、西谷自らが投げ込まれた状況が切り離し難く結びついている。一九四六年、ＧＨＱが戦後処理の一環として出した公職追放の指令により、西谷は、同じ西田門下の高坂正顕、高山岩男（一九〇五～一九九三）、歴史家の鈴木成高（一九〇七～一九八八）と共に、翌一九四七年より京大の教授職を退くことになる。一九五二年、公職追放の廃止後、京大に復帰したのは西谷のみであった。今その歴史的経過について書くことは控えるが、『ニヒリズム』が公刊されたのはその最中であった。それ以外にもこの間、『神と絶対無』（一九四八年）や『アリストテレス論攷』（一九四八年）などの主要著作が相次いで公刊された。

そして注目すべきことに、ちょうどこの時期、西田哲学に関する論考も相次いで発表された。先に『ニヒリズム』が戦後四年であることに触れたが、戦後四年は、西田没後四年でもある。その翌一九五〇年に論考「西田哲学」が、さらにその翌一九五一年に論考「西田哲学と田辺哲学」が発表された。ここで後者の論考を取り上げるのは、西田哲学に対する田辺の批判をもとに、両哲学における「絶対無」の違いが論じられる中、西田哲学に対する西谷自身の内在的批判とも言うべきものが語り出されているからである。

西谷は、西田哲学における「自覚」が、世界の自覚から捉えられていることの意義を押さえながら、「西田哲学は我々が通常「自己」と考えている意識的自己（或いは反省的自己）の立場を破った行為的直観の立場において、物となって考え、物となって行なうという徹底現実主義に立っている」（Ni9, 247）と記す。しかし、西田哲学を特徴づけるこの立場が同時に一つの問題を本質的に孕んでいることを、西谷は洞察する。すなわち、西田哲学は意識的自己の立場を破って、事実そのままの世界に出たが、「人間が通常は物となって考えないという事実、かかる顛倒が如何なる仕方で生じ、いかなる本質をもつものであるかということは、かえってその立場から漏れたのではないであろうか」（Ni9, 248）。純粋経験以来事実そのままに直入したところで哲学する西田哲学の独自性が、まさにその哲学の存立に関わる問題となることへの指摘、先に内在的批判と記したのは、そのような事態である。そしてこの問題こそは、『善の研究』冒頭の一文「経験するというのは事実其儘に知るの意である」を、西谷が西田哲学の全体はこの一文を展開したものだと見なしたときに含まれていた問題に繫がるであろう。というのも、通常の我々が「事実其儘に知る」立場にいないということをどのように押さえるかが、まさに問題として指摘されているからである。

西田哲学において突破されたと見なされる意識的自己、通常の私たちが自明として避けがたく陥っている有り方がどのように哲学的に基礎づけられるかという問題は、西谷自身に跳ね返って受け止められたであろう。意識的自己から出発しながら、その立場が破られる事態を追求すること、それは西田哲学とは自ずと別の道を歩むことになる。そのことが、『ニヒリズム』の課題をさらに『宗教とは何か』において掘り下げていく際の導きになったと思われる。

6．実在の実在的自覚から

『宗教とは何か』の第一章「宗教とは何か」は、この問いが発せられる事態をめぐって、「宗教的要求」の考察から始まる。ここには、『善の研究』で「宗教」を扱う第四編が「第一章　宗教的要求」で始められることへの、西谷からの呼応を認めることができる。

そのうえで、西谷は宗教への接近を、通常の宗教論とは少し角度を変え、「実在の自覚、しかも実在の実在的な自覚という角度」（Ni10, 8）から試みる。そして、「実現する」と「わかる」の両方を意味する英語の realise の語に基づいてその事態を説明する。すなわち、われわれが事物をありのままに、つまりその実在において「理解する」のは、その事物がわれわれにおいて自らを「実現する」という仕方であること、言い換えれば、理論的な認識のような「理解」ではなく、「real な体得」とでも言うべき「理解」において「実在の自己実現」が成り立つということである。したがって realisation とは、実在の自己実現にして且つ体認であり、要は、「実在」の「ある」とわれわれの「わかる」が一つであることである。これは、まさに「事実」と「知」が一つである純粋経験に匹敵する事態であろう。

ただし、主客合一の純粋経験から哲学を展開した西田に対し、西谷は、先述のように通常の意識的立場から出発する。通常の自己、つまり自我とは、すべてを自己から見ようとするものであり、したがって内と外、主観と客観の対立・隔離の内にある。それが「意識‐自意識の場」（Ni10, 18）である。そこではわれわれは、表象や観念を通じて事物に関わるため、事物に実在的に触れることができない。事物にリアルに触れないところでは、われわれ自身にもリアルに触れられない。

しかし、自己の存在の根柢に虚無が現れる時、「意識‐自意識の場」は、言わば根柢から破られる。西谷は、虚無の他に、死、悪、罪を挙げるが、通常のわれわれは、それらでさえも意識的な対象にしてしまっている。しかし、自己の存在の根柢に潜む虚無がひとたび現れ、自己が虚無そのものとなる時、虚無を表象的に捉える余裕は消え失せる。これが、虚無の自己実現と自己における虚無の自覚が一つになると言われる事態である。

虚無における主体的自覚は、哲学の歴史では実存哲学が開いた境域であった。西谷は、実存哲学が、自己の存在における虚無を脱自的な超越の場となし、そこに自由や自立性の立場を開いたことを積極的に受け止める。虚無においては意識による表象性が脱せられ、事物がそれ自身のリアリティにおいて現れることが可能になる。それは、『ニヒリズム』で既にニーチェやハイデッガーのうちに見て取られた事態であった。しかし、西谷によれば、実存的なニヒリズムの立場、たとえばハイデッガーが自己存在は不安において無のうちへ差しかけられてあると語ったところにも、なお虚無を存在の「根拠なきこと」として、自己の存在の外に見るところが残っている。というのも、虚無は、たとえ自己の存在が差しかけられている深淵であっても、それが自己存在にとっての虚無として、存在の側に立って接せられているかぎり、なお存在とは他なる「もの」、存在との対立物として捉えられているからである。

もっとも、西谷は、前期ハイデッガーに対してこのような評価を下しながら、後期ハイデッガーのテクストに触れたところから、ハイデッガーの立場の深化を見て取っていた。すなわち、西谷は、虚無に立脚する主体性に触れて、「自己から自己の根柢へ」の脱自性が「有から無へ」であるのに対し、絶対的な否定即肯定は「無から有へ」であることに言及しながら、ハイデッガーが脱自の方向性を「根柢」の方から考えつつあることには理由があると述べているのである（Ni10, 78)。ハイデッガーが「現‐存在（存在の現)」を、現存在の超越の立場から転じて、非覆蔵性としての真理の方から見るようになったことを積極的に捉えており、同時代的に展開するハイデッガーの立場への理解と関心を示していることがわかる。しかし、そうであるだけに、空の立場と後期ハイデッガーの立場の関係がいっそう問題にならざるを得ない。

7. 空の立場

ハイデッガーの前期思想が示すように、虚無は、存在そのものを問いに化すという仕方で顕わになるものである。その限り、虚無はその問いに答えを与え得る立場ではない。そこに、虚無の場がさらに転換する必然性が認められる。その要請に応えるのが「空」である。

虚無が存在に対するものとして、なお無なる「もの」と見られるところを残すのに対し、虚無の徹底を通してさらなる転換を遂げた「空」は、もはやいかなる仕方でも対象的に見られない。西谷は、「「空」は、空を空なる「もの」として表象するという立場をも空じたところとして、初めて空なのである」（Ni10, 109）と語る。「空」とは、われわれ人間であれ事物であれ、すべてが如実に現れるところである。この空と虚無の関係について、西谷は比喩を用い、「例えば底知れぬ深い谷も実は際涯なき天空のうちにあるとも言えるが、それと同様に虚無も空のうちにある」（Ni10, 110）と記す。しかも、「空」は上空に遠く広がるのみならず、われわれの立つ足元に、つまりいっそう此岸にあるものである。

それでは、この「空」がいかにしてニヒリズムの超克となりうるのか。西谷は、「空」の意義と射程を明らかにするため、「自体性」ということに即して、「空」の立場と西洋の伝統的な「存在論」との比較考察を試みる。

「存在論」は、どのようなものであれ、およそ存在するものを「実体」あるいは「主体」への方向で捉えてきた。実体とは、「存在するもの」をそのものたらしめるもの、偶然的な諸性質を離れてそのものの自己同一を支えるものに他ならない。その実体を形成するものとして、そのものの「何であるか」を表す「形相」が名指されたが、形相はそのものがわれわれに向かって示す固有な本性である。しかし、形相がロゴス的に、つまり理性によって認められるかぎり、実体は、初めから客体的に見られたもの、主体の側からそれ自身の前に立てられたもの、要するに表象されたものである。したがって、実体概念の成立の事情が露わになるとともに、実体の根柢に、いかにしても客体的に把握し得ないものとして、「主体」概念が語られることになった。その方向を徹底したカントのもとでは、「実体」も純粋悟性の範疇の一つとして「主体」に関係づけられた。しかし、彼において近代的主体の核に据えられた理性は、ドイツ観念論における絶対理性にまで展開して以後、観念論哲学の崩壊とともに、その根柢に虚無を現すに至る。「実体」概念や「主体」概念の成立の根柢にもともと潜んでいた虚無が、今やリアリティをもって現れてくる。実在哲学やニヒリズムの立場がその事態を示すことは、既にくり返し述べてきた。

ただし、「虚無」が、存在に対する否定性にとどまるのに対し、「空」は、その否定性がさらに転じられ、絶対否定が同時に絶対肯定であるような立場である。自己やものが「空」であるというだけではなく、「空」が自己であり、ものであるという転換の場である。そこに、古来「色即是空、空即是色」と言われてきた両面性が成立する。「空」の立場でこそ、虚無が存在に対するものとして見られることも越えられ、有即無、無即有ということが成り立つのである。そして、ものであれ自己であれ、われわれに対して現れる有り方を脱し、それ自体のもとにある有り方、言わば、真の自体性において現れる。『宗教とは何か』の出発点に戻れば、ものがリアルに「如実相」において現れること、われわれ自身の自覚が実現すること、両者が同時に、あるいは一つに成り立つのが、「空」の場である。

「空」についてのこのような記述は、ハイデッガーが「有（存在）と無の共属」を問い続け、共属の場を「地平」から「真理」さらに「場所」にまで展開したこととの近さを思い起こさせるが、ハイデッガーがその場をなお「存在」の本質に求めたのに対し、西谷は、有と無の区別以前の「即」に求め、その「即」の場を「空」とした。先に「空」が「ところ」と呼ばれているのを引いたが、繰り返し「空の場」と言われていること、そのことはまた、「絶対無の場所」との類似点、つまりは「空」と「絶対無」の場所的性格における類似点を示すであろう。

ところで、「空」においては、すべてのものが他の一切を各々で有らしめつつ、そのことによってそれ自体の絶対の独自性を示すことが可能となる。言い換えれば、すべてのものの有が互いに他のすべてのものの有によって支えられ有らしめられつつ、他のすべてを有らしめること、このように一切のものが互いに「主」となり「従」となることが、「回互的関係」である。西谷は、「空」における回互的関係を指して、すべてのものの「有」において「世界が世界する」と言い、「時」もまたそこで「時熟する」として、ハイデッガーの術語を使って「空」の立場を語るのである。

このように西谷は、ハイデッガーの術語を自由に用いて自らの立場を記述する。もちろん、それは、西谷の立場がハイデッガーの立場と同一であることを意味しない。西谷がそのような姿勢を示すのは、彼が大乗仏教的伝統を背景に西洋哲学との哲学的議論の場に出ていくとき、ハイデッガーの思想が大乗仏教的立場に親近的であり、その議論において有効性を持つと考えたからであろう。しかし、そうであるからこそ、同じ術語に立つところからの対決がさらに問われなければならない。

改めて確認すれば、ハイデッガーにおける真理が「空け開け」や「開け」など場所的契機を伴って理解されるとき、それは、同じく場所的性質を持つ「空」や「即」に限りなく近づいている。ただし、西谷が、「空」について、上述のように自己が「空」であるのみならず、「空」が自己であると言うとき、ハイデッガーにおける「自己」の所在が問題になるように思われる。自己の問題は、両者がそれぞれニヒリズムという主題を、現代技術をも含めて展開するところにまで通じていくのではないか。この問題については、本書の最後に改めて触れることにしたい。

8. 絶対無と空―西田から西谷へ

図12-2　西谷啓治（H. Buchner（hrsg.）, *Japan und Heidegger*, Thorbecke, 1989）

「西田とハイデッガー」という主題圏域に西谷を置いてみるとき、右の「自己」の問題に加えてもう一つ問題になるのが、その前に触れた、西田の「絶対無」と西谷の「空」の関係であろう。

この問題については、一つの手がかりを、後の章で取り上げる上田閑照が与えてくれている。（注4）上田によれば、かつて若い時期には「絶対無」の語を使っていた西谷が、「空」の語を用いるようになった背景には、西田においてはまだ明確な主題となっていなかったニヒリズムをめぐる歴史的事情がある。絶対は「有」でなければならないとする西洋の根本的立場に対し、絶対を「無」とする立場が出されたわけだが、徹底的ニヒリズムの境位では、総じて絶対ということ自体が虚脱している。また、絶対の無が有に対する無ではないとされても、それはなお存在論の地平の語である。しかし、徹底的ニヒリズムのもとでは、従来の存在論も妥当性を失った。総じて西田が東西の新しい世界統合の構想のもとに提示した「絶対無」は、その後の世界の一様化のもと失効してしまっている。このような事情から、西谷は、絶対無と虚無性との両方を収め、かつ現代の虚無性から本来の絶対無への転換を担いうる語として、「空」を見出した。上田の解釈は、およそこのようにまとめることができるであろう。

われわれもまた、この解釈が妥当であると考える。ただし、「絶対無」という語が右のような制約を持つとしても、その思想的内実が意味を失うわけではない。むしろ逆に、西谷における空を通して、西田の絶対無をニヒリズムと突き合わせる通路が切り開かれるであろう。その際、絶対無が場所的論理と結びついて掘り下げられたことは、論理の追求ということにおいて西田哲学の強みになるのではないか。他方このとき、西谷が論理の探究に向かわなかった事情も問題として浮上する。空という事柄が論理化を拒むということに終わるのか、そもそも論理という発想自体を離れなければならないのか、あるいは空の立場に即した論理が求められるのか、ここに「空と論理」という新たな課題が現れるのである。

注

注1）西谷は、フライブルクへの留学時、ハイデッガーの誕生日の贈り物に、鈴木大拙の *Essays in Zen Buddhism* 第一巻を贈ったところ、ハイデッガーがすぐにそれを読み、大変面白いと言ったということを報告している。『鈴木大拙全集』第二十七巻（岩波書店、一九六七年）月報。

注2）二〇二一年現在、英語、ドイツ語、スペイン語、イタリア語、ルーマニア語、フランス語に翻訳されている。佐々木徹『西谷啓治　思索の扉』（東洋出版、二〇二〇年）、二三頁。また、アジア圏では、繁体字版が出版されている。

注3）西谷のニーチェ解釈については、以下を参照。秋富克哉「西谷啓治のニイチェ解釈」『理想』六八九号（理想社、二〇一二年）、六二 - 七三ページ。また、ハイデッガーのニーチェ解釈との違いについては、以下を参照。秋富克哉「ハイデガーと西谷啓治—ニーチェ解釈をめぐって」ハイデガー・フォーラム編電子ジャーナル『Heidegger-Forum』vol. 3, 2009, 46-55 pp. http://heideggerforum.main.jp/ej3data/article5.pdf

注4）『上田閑照集　第五巻　禅の風景』（岩波書店、二〇〇二年）四二ページ以下。また、西田と西谷の思想的関係を論じたものとして、以下を参照。大橋良介「西田哲学の「突破」—西谷啓治の西田哲学批判—」。（京都宗教哲学会編『溪聲西谷啓治　下　思想篇』（燈影舎、一九九三）、一六九 - 二〇〇ページ。大橋良介『悲の現象論　序説』五章（創文社、一九九八年）。

参考文献

上田閑照編『情意における空　西谷啓治先生追悼』（創文社、一九九二年）
上田閑照編『宗教と非宗教の間』（岩波書店、二〇〇一年）
佐々木徹編『西谷啓治　随想集　青天白雲』京都哲学撰書16（燈影舎、二〇〇一年）
薗田坦編『西谷啓治　神秘思想史・信州講演』京都哲学撰書28（燈影舎、二〇〇三年）
佐々木徹『西谷啓治　思索の扉』（東洋出版、二〇二〇年）
長谷正當『心に映る無限　空のイマージュ化』（法藏館、二〇〇五年）
伴一憲『家郷を離れず　西谷啓治先生特別講義』（創文社、一九九八年）

13 辻村公一の立場――「絶対無」

《目標とポイント》 日本を代表するハイデッガー研究者の一人・辻村公一は、ハイデッガー哲学に対する徹底して内在的な解釈を遂行しつつ、しかし、その立脚点を常に禅の立場に置いていた。「絶対無」と名づけられる立場とハイデッガーの「有（存在）の問い」の立場との切れ合うところを辻村の解釈に沿って考察したい。

《キーワード》 絶対無、禅、有と時、元初（原初）、世界、テクノロジー、心

1．辻村公一とは誰か

辻村公一（一九二二〜二〇一〇）は、京都帝国大学文学部哲学科で田辺元の最終年度の講義と演習に参加、「ハイデッガーの時間論」で卒業論文を執筆し、後には京都大学文学部哲学哲学史第一講座、いわゆる純哲の教授を務めた。講座担当という意味では西田の直系であるが、直接に長く師事したのは、久松真一（一八八九〜一九八〇）と西谷啓治である。ドイツ観念論についての諸論文が著作『ドイツ観念論断想Ⅰ』にまとめられているが、生涯を通して研究の中心は、ハイデッガーであった。一九五六年から五八年にドイツ・フライブルクに留学し、ハイデッガーのもとで学んでいる。»Sein und Zeit« の訳書を二度にわたって発表（河出書房新社、一九七四年、創文社、一九

九七年）したが、いずれにおいても、一般に『存在と時間』と訳される本書に『有と時』という訳語を当て、その理由も説明している。他にも、『放下』、『思惟の経験より』、『思索の事柄へ』、『根拠律』等重要な諸著作を翻訳し、いずれにも詳細な註釈を付けた。

自身のハイデッガー研究としては、二冊の著書『ハイデッガー論攷』（一九七一年）と『ハイデッガーの思索』（一九九一年）がある。大まかには前者の対象が『有と時』を中心とする前期思想、後者のそれが後期思想と区別できるが、ハイデッガーに向かう辻村の基本姿勢は、既に前者で確立している。とりわけ、『ハイデッガー論攷』の冒頭を飾る「有の問と絶対無[注1]」はその代表と言って間違いない。その内実は以下で検討するが、両書に収められた全論考のいずれにおいても、辻村はハイデッガーの思索に対する透徹した理解を示しつつ、その幾編かでは最終的にハイデッガーの立場に対する批判的対決を「絶対無」の立場から試みている。「絶対無」という術語に、西田哲学への依拠を認めることができるが、前章の西谷と次章の上田が、それぞれ西田哲学を主題とした著作や論文を発表しているのに対し、辻村は西田哲学を論じた著述を残していない。したがって、上記二人とは異なり、辻村が最終的にハイデッガーの立場と袂を分かつ所で出される解釈的立場を西田哲学との連関で捉えることで、辻村における「西田とハイデッガー」を検討することにしたい。

2．「有の問」と「絶対無」

「有の問と絶対無」は、『ハイデッガー論攷』所収論文の中で時期的に最初のものではないにもかかわらず、第一論文の位置に置かれた。このこと自体、本書におけるこの論文の重要性を示している。『有と時』を中心とする前期思想を扱った諸編の中にあって、後期までの展開全体を視野に入

図13-1　辻村公一（左端。順にブフナー氏、ハイデッガー夫妻）（H. Buchner (hrsg.), *Japan und Heidegger*, Thorbecke, 1989）

れていることからも、辻村の基本的立場が集約されていると見なされるであろう。

冒頭いきなり「この試論の意図は単純である」と言い切り、それは、ハイデッガーの「根本の問」としての「「有の問」を、禅の立場と照し合わせて見るという試み」（TI, 3）だと記す。脱稿の日付は一九六六年七月であるから、ハイデッガーの存命中だが、本論考で辻村は、『有と時』以前のものを含め、当時読み得たハイデッガーの著作や論文を総動員して「有の問」の展開を跡づけている。一方、対する「絶対無」は、「本心」「本性」など古来様々な言葉で名づけられてきた禅の本質を言い表すもので、「禅に於て自覚される自己本来の面目としての絶対無」（同上）とも記されている。もっとも、「不立文字」「教外別伝」をモットーとする伝統禅の立場からすれば、禅の本質は思惟や反省を越えたものであり、「絶対無」という術語化自体が既に禅からの乖離となるがゆえに、辻村も慎重に、「西田幾多郎先生以来の伝統に従って仮に「絶対無」と名づけられ」（TI, 6）たと断っている。

辻村は、キリスト教的信仰と神学、ギリシア的思惟と形而上学という、西洋的世界の二つの伝統を掘り返して遂行されるハイデッガーの「有の問」の根本に「死」ないし「無の根源的開示性」の根本経験（「無の根本経験」）があったと見なし、そのような「有の問」の展開を、「途絶」と「転回」を含む三期に分けて記述する。第一は、「有の問」が「有の意味への超越論的問」として理解され、形而上学の根拠づけが、「現有〈現存在〉の形而上学」としての「基礎的存在論」から形而上学的に遂行された時期、第二は、超越論的思惟の挫折を経て、形而上学自体が「有の忘却」としてのニヒリズムと捉えられ、「有の問」が「有の歴史」という視座のもとに展開する時期、第三は、三十年代後半の覚書き『哲学への寄与〈哲学への寄与論稿〉』に記された「性起〈における転回〉」の着想が明確化した戦後のブレーメン講演「何が今真に有るかの内への観入〈有ると言えるものへの観入〉」以降、この講演における思想がさらに展開していく時期である。「有の問」の三期における展開は、時期ごとになされた「無の根源的開示性」からの要請に応えるものであるがゆえに、辻村のねらいは、ハイデッガーの思惟に現れた「無」を一つ一つ確かめつつ、その検討を通して明らかにされた「無」に、「絶対無」からの突き合わせを行なうことである。

第一期は、「死への有」における「無」である。『有と時』では、「死への有」という術語が示すように、死は現有の有を不可能にする可能性であり、その死が有と無を隔てる壁のようなものになっている。死へと覚悟して〈決意的に〉先駆することが自己の本来的有とされる一方、その可能性から逃避する頽落が「自己自身では無いこと」、つまり非本来性として捉えられる。要するに、「自己自身の無から分たれた自己自身の有に対して、自己自身の無は一方では、自己自身が無くなることとして、すなわち「死」として現われると同時に、他方では自己自身で無い有り方として、すなわち「頽落」として、それ自身二分されて現われるのである」(T1, 24)。このように「死」と「頽落」という二つの「無」に挟まれた「有」が、有限な「時」の経験と一つに「問」となったのが『有と時』であり、そこでは「無」が、可能性としての「将来」の地平で出会われている。

第二期には、伝統的な形而上学が、「有るもの」を越えてその「有」を問いながら、「有るものの有」の根底をなす「有としての有」を問わないままになること、つまり形而上学そのものが「有の忘却」の「ニヒリズム」として捉えられるがゆえに、「無」は、「有の歴史」ということから「既在性」において開示される。

第三期の「無」は、「性起」として閃き現れる「有の真性〈真理〉」のうちに含まれる、「それに直面しては思惟不可能なるもの」としての「密旨〈秘密〉」、あるいは「覆蔵性もしくは有の脱去」として現れる（TI. 40)。それは、「現在」における「無」の開示である。

このように、「有の問」の展開に現れる「無」を、各時期の「時」の契機と結びつけて考察した後、辻村は、ハイデッガーが『形而上学とは何か』において、不安の経験を「…に対するたじろぎ(Zurückweichen vor…)」として記述していることに注目する。ハイデッガー自らが記した「…」とは何か。この問いかけは、既に辻村独自のものである。「…」は、「それにたじろいで一歩跳び退いた処」から見られるかぎり、「不安に於いて開示される無」である。それは「死への有」の「レアルな本来的「現」」となる。しかし、辻村は、「「…」自身に於て「…」自身は何であるか」と問いを重ねる。そして、ハイデッガーが「ある魅せられた安らかさ」とか「創造する憧憬の晴れやかさと和やかさと秘密同盟を結んでいる」と記していることを重く受け止める（TI. 36)。このように語られる不安は通常の不安ではないし、無もまた不安において開示される無に尽きない。辻村によれば、それこそが、ハイデッガー自身にもなお明らかになっていない「絶対無」に他ならない。禅が「大死一番、絶後に再び蘇る」と言うような、「自己自身の無が直ちに自己自身の有」（TI. 22）であるような絶対無である。

この絶対無はまた、すべての「根源」でもある。この根源に対するハイデッガーの立場は、そこからたじろいで一歩退いたところ、ハイデッガーがヘルダーリンの詩句から取り出した語を使えば、「根源近くの場」である。それは、ハイデッガーの立場が、「「根源」と「日常的世界」との中間境域」」(TI, 38) であることである。根源に対する場は、第二の時期には「形而上学的世界」、第三の時期には「技術的世界」となるが、ハイデッガーの立場が中間境域であることには変わりがない。「問」とは、実にこの中間としての途上性の別名なのである。

3．二つの「別の元初〈原初〉」

「有の問」の動く場を右のように「中間境域」と規定したうえで、最後に辻村は、第三節「有の真性と絶対無」において、ハイデッガーと禅の双方の立場を「別の元初〈原初〉」という観点から対照する。「有の問」は、「第一の元初」に始まった形而上学の、それ自体はもはや形而上学ならざる根底を「別の元初」として、そこへの帰行を目指すものであった。ただし、ハイデッガーが『哲学への寄与論稿』において「第一の元初から別の元初へ」として定式化した思索の運動を、辻村は、「最初からその問を喚び起しその問を一貫して導いて来た「別の元初」がその問の展開を通してそれ自身を現わして来ること」(TI, 7) というように、むしろ「別の元初」の方から捉え返す。

ハイデッガーが提示したこの「別の元初」に対し、禅の本質は、古来「一切の言詮思議を絶した処で直下に自覚する或る一つの本源であり元初」(TI, 6) である。その独特な立場は、形而上学とは「別の元初」、あるいは「形而上学的世界とは別の世界の元初」(同上) とも言われる。しかし、双方の立場が、それぞれ形而上学に対する「別の元初」と名づけられるなら、二つの「別の元初」はいかなる連関に立つか。ハイデッガーの「別の元初」が彼自身の思索の展開から必然的に取り出されたものであるのに対し、禅における「別の元初」は、哲学的伝統の外から言わば引っ張り込まれたものである。しかし、本来全く別の世界で伝承されて来た二つの特色ある立場が突き合わされるということは、ハイデッガーの問いの立場がその突き合わせに応じる可能性を持ち合わせているということでもある。

禅の真性〈真理〉が、一切の有るものの有と働きとの根源という意味で「思惟の根源」であるのに対し、「それに直面しては思惟不可能なるもの」を経験したハイデッガーの思惟もまた、通常の形而上学的思惟とは「別の思惟」である。そのハイデッガーの思惟は、前節の考察と関連させるなら、「「思惟」と思惟の根源との中間境域」（T1, 46）としての「現」において、「思惟」と「思惟の根源」との「対話」として現前するものとなる。他方、禅の真性もまた、思惟の根源に固着しているだけではなく、種々の「問答」が残されているように、言葉や思惟に発現してくる。このようにして連関づけられた「有の真性」と「禅の真性」について、前者は、「「思惟」に「思惟の前」として映った限りでの「禅の真性」」（T1, 47）、ないし「「禅の真性」の影」（T1, 48）とも言われるのである。

こうして、本論考は、異なった伝統の中で成立したハイデッガーの「有の問」と「禅の立場」について、前者における「無」と後者の「絶対無」とを徹底的に突き合わせ、さらに両者を「別の元初」という観点から照らし合わせることで、同じ土俵の上にもたらしたと言える。

このような画期的な本論考において、最後に注意すべきは、締め括り部分でなされる指摘、すなわち、「ハイデッガーの「有の問」は本来「世界の問」（Weltfrage）であるが故に、彼の問に現われて来た世界＝歴史の問を、就中テクノロジーの本質の問題を、絶対無の自覚の立場から更めて見直し問い直すという仕事」が課題として残るということ、そしてその問題化のためには、「恐らく従来の禅は今一度脱皮を要求されるであろう」ということである（TI, 53）。ここで出されたテクノロジーについての問いは、後で見るように、世界の問いと結びついて第二の著作に引き継がれることになるのである。

4．世界の二義性をめぐって

次にわれわれは、『ハイデッガー論攷』の第二論文「ハイデッガーに於ける世界の問題――『有と時』の時期に於ける――」を取り上げて考察する。ハイデッガーの世界分析に即しつつ、ここでも「絶対無」の立場からの対決が試みられているからである。序言と七つの章によって、副題の通り、『有と時』における世界分析が丁寧にたどられるが、われわれはその詳細を追うことはせず、われわれが本書第二章で扱った二つの世界性、つまり「有意義性」と「無意義性」の連関を辻村がどのように捉えているかということに焦点を当てて考察する。改めて確認すれば、「指示性〈有意義性〉」としての世界は、世界内部的なものの道具的性格に基づく関連によって成り立っている帰趨連関、つまり「世界の構造」であり、「非指示性〈無意義性〉」は、不安において日常的な道具連関が重要性を失い、指示性としての世界が「沈み落ちる」時に現れる「世界の相」である。

辻村は、この二つの世界の関係について、右の「沈み落ちる」や「崩落する」という言葉が使われていることに注意しつつ、ハイデッガーが「不安に襲われていることは世界を世界として根源的に直接に開示する」と記していること、また二年後の『根拠の本質について』の脚注の一つにおいて、道具連関による「周囲世界」の分析は、世界という現象の分析へ「導き上げる」準備的なものであると記していることを挙げ、非指示性〈無意義性〉の方が指示性〈有意義性〉よりも「一層深い底」、あるいは「一層高い次元」であるとする。そして、「指示性は、吾々の方に向けられた世界の側面つまり表の面の構造であり、非指示性は、その世界の通常は隠されている側面つまり裏の面の性格であり、指示性と非指示性とは、比喩的にいえば、月の表面と裏面との如き、同じ一つの世界の表面と裏面として表裏一体の関係にあると言えるだろう」(TI, 83) とまとめるのである。

しかし、表裏一体であるなら、そのように成立させている「共通の根拠」があるはずであろう。そして辻村は、「現有は彼のために実存する (Das Dasein existiert umwillen seiner)」というハイデッガー自身のテーゼに含まれる「彼のために (umwillen seiner)」こそがその根拠であるとする。現有〈現存在〉の実存にとっての「彼のために」は、既に本書第二章で確認した現有の究極的な「目的であるもの (Worum-willen)」である。それは、現有の諸々の実存可能性を要に張りめぐらされている「指示性〈有意義性〉」を根拠づける規定性である一方、同時にその規定性が「死」と背中合せになっていることに、世界が「非指示性〈無意義性〉」として現れることの根拠がある。以上のことを辻村は、「指示性を表面とし非指示性を裏面として成り立っている世界は、死と常に絡み合わされ死に依って脅かされている生の世界つまり生死的な実存の超越論的な働圏 (Spielraum) としての世界である」(TI, 88) と受け止める。

ところで、「彼のために」は、「世界の内に有ること」としての超越を成り立たせている契機として、『根拠の本質について』では特に「意志」と呼ばれる。それは、世界という超越の圏域を根源的に形成しているという意味で、「超越論的な「意志」」(TI, 91) である。現有の本質を構成するこの意志は、「関心〈気遣い〉」に基づけられ、さらに「脱自的時性〈時間性〉」の時熟」に還元される。その際、「彼のために」が、地平形成の「企投」かつ「超投」として将来の第一次的優位と結びつき、そのかぎりにおいて「自由」であることも、既に確認した。しかし、辻村からすれば、それはなお「死への自由」であり、そのかぎり究極の根柢を不安に規定されているものであるから、現有〈現存在〉の世界は「生死の世界」である。ハイデッガーの世界分析を内在的に追跡し、そこから取り出した超越論的な「生死の世界」に、辻村はここでもまた絶対無の立場から、「絶対無の場所」を対置する。

「世界の内に有ること」としての現有それ自身は、究極において「世界の無」であり、「深淵」とも名づけられた。ハイデッガーの思惟はこのような無や深淵が経験されたところで成り立っている。しかし、辻村によれば、世界の無の無性、深淵の深淵性が、「『有と時』の中では十分に──すなわち、その深淵の底無しの底にまで届くという仕方では──究明されていない」（TI, 95）。

そして、もしもこの究明が深淵の底無しの底に届いたなら、世界の相は根柢からガラリと変わるはずだと、辻村は言う。この究明は、「生死的世界成立のもとにして生死的自己成立のもと」（同上）である、「超越論的「意志」」の起こる以前の場所に帰ることであり、それはまた、意志の根を断つことでもある。ハイデッガーの思索の連関に即せば、「「死への有」それ自身になり切る」ことである。そのことによって、「死への有」も「意志」も、それぞれがもとからの有り方においてあり、かつ成り立ってくる場所に帰る。「その場所が、西田哲学で言われる「絶対無の場所」であり、而もそれ自身を「自覚的に限定する」という働きを含んだ絶対無の場所である」（TI, 97）。

絶対無の場所においては、自己も世界もともに根源的なものとなる。「世界の根源は最早「意志」でも無く世界でも無く、そういう絶対無の場所の自己限定として世界は世開〈世界〉する」

（同上）。このように辻村は、ハイデッガーの「世界は世界する」を、敢えて「絶対無の場所の自己限定」の立場から捉える。ハイデッガー自身が「世界は決してあるのではなく、世界する」（GA9, 164）と語ることから明らかなように、世界は有るもののように「有る」のでなく、何も無いというように「無い」のでもない。ハイデッガーが「世界は世開〈世界〉する」と語らざるを得なかったところは、世界が「有るものでは無い」として、つまりそのような意味での「世界の無」として経験されたところであった。それは、西田の「絶対無の場所」からすれば、世界が、有と無の対立を越えた「絶対無の場所」を「映している」ところ、あるいは「暗示している」ところなのである（TI, 98）。その次元は、超越論的な「意志」の根源であるがゆえに、『有と時』の時期の超越論的な思惟によっては届かない。超越論的な思惟が成り立っているところは、第一論文「有の問と絶対無」でも言われたように、ハイデッガーがヘルダーリンの詩から引いてくる「根源近く」の場所にならざるを得ない。しかし、そのように「世界の無」として経験された「世界」は、この後「世界すること」そのものに向かって掘り下げられ、それによって「思惟の変転」が要求されることになった。このことについては、われわれも既に本書第六章で「思索における転回」として考察したところである。

辻村は、このような思惟の変転を通してたどられた「世界の問題」の変遷を最後に概観しつつ、本論考で考察の中心となった指示性〈有意義性〉としての世界と非指示性〈無意義性〉としての世界の関係が、「組立〈集立〉」と「性起」の関係として、ハイデッガー後年の思索においてなお残ることを指摘して考察を閉じるのである。

5.『ハイデッガーの思索』の立場

この第二の書は、「理解と解釈」と括られた四編、(注2)「解釈と批判」と括られた四編の計八編から成る。最後に置かれた二編、第七論文「ハイデッガーと技術の問題―或る一つの批判的所見」と第八論文「或る一つの東アジア的見地から見たハイデッガーの世界の問―集‐立と四方界」は、前著の中で考察した上記二編の内容に呼応しており、辻村の思索が一貫した関心によって導かれていたことを示している。前著第一論文の最後に「恐らく従来の禅は今一度脱皮を要求されるであろう」と述べられていたことには先に既に触れたが、その現実の具体的な脱皮は、これを禅門に委ねるとして、少なくとも、テクノロジーに規定された現代世界を絶対無の立場からどのように捉えるかは、絶対無の哲学そのものに課せられる課題となる。ここでは、特にその姿勢が明確な第八論文を取り上げることにしたい。

図13-2　辻村公一（メスキルヒにて。前列右から2人目がハイデッガー）（H. Buchner（hrsg.), *Japan und Heidegger*, Thorbecke, 1989）

この論文は、「或る一つの東アジア的見地」に立って、もともとドイツ語で書かれたものを日本語に移したものであるが、そのなかで辻村は、「集‐立と四方界」の関係に踏み込む。辻村は、相反する性格によって規定され、ハイデッガー自身が「ネガ」と「ポジ」で捉えた二つの世界それぞれの内実を概説することから始め、しかし、ハイデッガーが両世界について「等しいもの（das Gleiche）」ではないが「同じもの（das Selbe)」であると述べていることを受けて、どこでどのようにして「同じもの」であると言えるのかを問う。「等しいもの」が同一を意味するのに対し、「同じもの」とは、本質的に区別されたものが相互の区別のままに結びつくことをいう。

相反する両世界を繋ぐのは、両者が共に「有と人間との集置（Konstellation）」に統べられていることである。ここで辻村は、かつてハイデッガーが日本で刊行された『講座　禅』に寄稿した論考の中で、「開け〈空け開け〉（Lichtung）を思索することを通して、そして開け〈空け開け〉を十分に特色づけることを通して、吾々は或る一つの境域の内へ到達し、その境域は、変転したヨーロッパ的思惟を東アジア的〝思惟〟との稔り多い対決の内へ齎らすことを、多分可能にする[注3]」（T2, 357）と記していることを挙げる。他方、ハイデッガーがこの「空け開け」（辻村の訳語は「開け」であるが、以下、類似した訳語が並ぶことによる見づらさを避けるため、本書で採用している「空け開け」で通すことにする）についてほぼ同時期の著作『思索の事柄へ』（一九六九年）のなかで、「静けさの場所（der Ort der Stille）」である「顫えざる心（das nichtzitternde Herz）」がそれ自身のうちに「空け開け」を集めていると述べていることを取り上げる（GA14, 83-84）。ハイデッガーが自らの思索の中で「心」を術語として積極的に用いることは稀である。しかし辻村は、ハイデッガーがこのように自らの思索の主要語である「空け開け」を「心」の語に連関づけていることに注目し、そこに唐代の代表的な禅僧・黄檗希運（生年不詳〜八五〇頃）の説法集『伝心法要』における「諸仏と一切衆生とは唯是れ一心」を持ち出して、さらに黄檗がこの一心を「虚空」に喩えていることを指摘する（T2, 358）。

辻村によれば、ハイデッガーにおいて「空け開け」を集めるとされる「心」と黄檗の「虚空の如き一心」には、根本的立場の近さがある。しかし、ハイデッガーが、『四つのゼミナール』としてまとめられた最後のゼミナールで「空け開け」のことを、「それは、人間ではない。それは反対に、それが人間に語り掛けているという点で、人間にそれ自身を差し向ける彼のものである」（GA15, 386-387）と、人間の側から、人間との区別のうちで見ているのに対し、黄檗の語る「此の一心」は人間と全く「一」である。ここに辻村は、「「そことしての現」（Da）」と「「こことしての現」（Hier）」の決定的な違いを見る。ハイデッガーの思索を貫く「現（Da）」をあえて「そこ」に配し、「ここ（Hier）」と対置するのは言葉遊びのように映るかもしれないが、要は、ハイデッガーにおける「空け開け」と関連づけられた「心」もなお、人間との間に距離を残すということであろう。そして、問題のその「心」を、先のハイデッガーの「変転したヨーロッパ的思惟と東アジア的〝思惟〟との稔り多い対決」と連関させて言うなら、「ハイデッガーの思索は、思索の根源と元初とへ転じ帰ることに向って呼び要められているが故に、彼の思索は「それ自身に反対して思索する」という性格を帯びざるを得ない」のに対し、「東アジアの「思惟もしくは思量」は、それがその根源から、すなわち、非‐思量から、すなわち此の一心から思量するが故に、それは「非思量の思量」とならざるを得ない」となるのである（T2, 360）。ここにも、「思索の根源に向かう思索」と「根源からの思索」の違いが見て取られているのは、明らかであろう。

　このような指摘をしたうえで、最後に辻村は、集‐立と四方界とを、かりに衆生の迷える「虚妄の世界」と「仏の真実界」という対応で受け取ることが可能であるとして、しかし、「此の一心」の禅の立場は、諸仏と一切衆生のいずれの世界にも住着せず自由に出入りするものであると述べる。問題は、ハイデッガーに即した問いの形にするなら、「四方界の映し合い‐働き合いを集‐立の内にまで―すなわち集‐立と四方界とが相互に映し合い働き合うというように―到達せしめること」（T2, 362）が可能であるかということに他ならない。ハイデッガーの世界理解にとって究極的なこの問い、そしておそらくは現代のわれわれの世界にとっても究極的なこの問いに対して、辻村は、ハイデッガーの思索の立場においても、集‐立と四方界とを相互の映し合い‐働き合いにもたらすことは可能であるとする。その根拠は、二つの世界の双方に「忘却と非性起〈脱性起〉とそれ自身を覆蔵することとが統べている」（同上）ことにあると言う。そして、これらすべては「此の一心」を指し示しており、この「此の一心」それ自体は不可得であると同時に、不可得として可得にされねばならないと記す。しかし、この説明が十分に説得的であるとは言い難い。「不可得として可得にする」ということ自体がいかなることであるかについて、説明が必要であると思われるからである。ここでの問題は、事柄の内実からして、ハイデッガーが「転回」と名づけたことと重なるはずであるが、特にそのことへの言及はなされていない。この連関についての検討は、おそらく「此の一心」そのものの世界化や歴史化とともに、現代世界の課題となるはずである。

6．東アジア的世界との対話

以上、二つの著作から、ハイデッガーを批判的に解釈する辻村の立場を取り出しうる論考をもとに、その内実を確認した。辻村が諸々の問いの展開において立っているのは、最初に取り上げた論考「有の問と絶対無」の表題のなかで二つの術語に挟まれた「と」であると言えよう。ただし、それはハイデッガーと西田との直接的な「間」ではなく、西田哲学の立脚地である「絶対無」を、その根源である禅との連関に戻してのことである。辻村も述べるように、禅の本来は、そもそもそのような術語づけとも哲学的根拠づけとも断絶したところである。

しかし、禅自体がその根源から「非思量の思量」という思惟となって、また問答という言葉となって働き出たことも事実である。西田哲学は、その働きをさらに哲学的に展開させた一つの形であると思われる。(注4)「絶対無」は、西田哲学の展開全体にその由来である禅の立場がそれ自身を映していることを表す語である。辻村は、西田哲学のその性格を自覚的に受け止めて、絶対無の立場から、ハイデッガーの思索に向かっている。その試みは、後年のハイデッガーが関心を向けていた「東アジア的世界との不可避な対話」(GA7, 41) について、まさにその東アジア的世界からなされた一つの対話の遂行と言い得る。たしかに、絶対無の立場への立脚ゆえに、ハイデッガー的な「有の問」よりも「絶対無」を根源的と見なす一貫した姿勢は、そもそもこの立場に与し得ない者には、容易に受け入れがたいであろう。しかし、真剣勝負として取り組まれたハイデッガー解釈は、きわめて徹底した性格を示している。

一方、そのような対決と解釈の試みが可能になったのも、ハイデッガーの有（存在）の問い、つまり「有と無の共属」や「自己」を軸にする思索の中に、禅との対話に通じる豊かな契機が含まれているということ、そしてハイデッガー自身が「不可避な対話」と述べているように、現代世界が世界として一つになっている状況がそのような試みを必要としているということに基づいている。その「一つ」の世界が、テクノロジーによる等質化の傾向を強くしていることもまた、ハイデッガー自身が洞察していたことであった。

辻村の試みは、「絶対無」のもと、西田哲学の骨格を成す禅の伝統的立場に遡りつつ、そこからハイデッガーの思索との直接の対決に出て行くものであった。辻村の解釈によって、ハイデッガーの思索に東アジア的世界との対話の一つの可能性が開かれた。ヨーロッパのみならず変転した西洋的思惟がいかに対話に応じるか、東アジア的思惟がいかにさらなる対話を試みてゆくか、拡大を続けるテクノロジーによって世界が変貌していく中で、それぞれの伝統を踏まえた思索的対話を求めていくことが、後世の課題になると思われる。

〉〉注

注1）ハイデッガーの多くの主要著作の翻訳を行った辻村は、その作業を通して、数多くの難解な術語を日本語に移してきた。それらのうちには、われわれが本書で用いてきた訳語や表記と異なるものも多々含まれる。以下では、これまでの記述との混乱を避けるため、これまでわれわれが使ってきた訳語と辻村の訳語が異なる場合、繁雑にならない範囲で、辻村の訳語の後に本書の訳語を〈　〉に入れて記すことにする。

注2）前編を構成するのは、ハイデッガーがフランスの詩人ルネ・シャールに送った詩「思ひ（Gedachtes）」についての逐語的解釈「思ひ」、小篇「思索の経験より」（一九六〇年の邦訳では「思惟の経験より」）を扱った「『思索の経験より』についての所見」、ハイデッガーが葬儀において予め朗読を依頼し、実際に令息ヘルマンによって朗読されたヘルダーリンの五つの詩句に詳細な解釈を施した「告別」、『哲学への寄与論稿』のなかで語り出されている「最後の神」を軸に、後期ハイデッガーの思索空間を解釈した「最後の神」である。

注3）鈴木大拙監修、西谷啓治編集『講座禅　第八巻　現代と禅』（筑摩書房、一九六八年）に「思惟の使命―思惟のこととすべき事柄を定めることへの問に寄せて―」として掲載され、辻村が訳と解説を担当している。本文は、一九六五年に発表された同題の論考の一部を右記講座向けに書き換えたものである（GA16, 620–633）。ここに引用されている文は、右記日本向け寄稿に付された前文の一部であり、全集版には収められていない。

注4）禅と哲学の対話の可能性については、たとえば、『西谷啓治著作集　第十一巻　禅の立場』（創文社、一九八七年）を参照。また、西田哲学と禅の関係については、上田閑照「禅と哲学」（『上田閑照集　第五巻　禅の風景』（岩波書店、二〇〇二年）所収）が説得的である。

参考文献

辻村公一『ドイツ観念論断想Ⅰ』（創文社、一九九三年）
辻村公一訳『ハイデッガー選集6　思惟の経験より』（理想社、一九六〇年）
辻村公一・高坂正顕訳『ハイデッガー選集8　ヘーベル・家の友』（理想社、一九六〇年）
辻村公一訳『ハイデッガー選集15　放下』（理想社、一九六三年）
辻村公一、ハルトムート・ブフナー訳『ハイデッガー　根據律』（創文社、一九六二年）
辻村公一、ハルトムート・ブフナー訳『ハイデッガー　思索の事柄へ』（筑摩書房、一九七三年）
辻村公一、ハルトムート・ブフナー訳『ハイデッガー全集　第九巻　道標』（創文社、一九八五年）

14 上田閑照の立場——「二重世界内存在」

《目標とポイント》 上田閑照は、自らの最終的な〈世界‐自己〉理解を、ハイデッガーの「世界内存在」に変容を加えて「二重世界内存在」と言い表す。この術語化の背景には、西田の「絶対無の場所」から上田が得た独自な洞察があった。言葉への強い関心と結びついた上田の立脚地を考察する。

《キーワード》 場所、世界内存在、虚空、見えない二重性、言葉、詩

1．上田閑照とは誰か

上田閑照（一九二六～二〇一九）は、西谷啓治のもとで宗教哲学の研究を開始、西田が早くから関心を寄せ、西谷が日本での本格的な研究の嚆矢となったドイツ神秘主義の巨人エックハルトの研究に携わり、西谷が教授を務めた「宗教学」の講座を担当した。一九七〇年代以降、西田哲学の集中的な研究を進め、とりわけ西田没後五十年の一九九五年以降国内外で急速に進んだ西田哲学研究の拡がりは、上田の存在なしにはあり得なかったと言っても過言でない。

そのような上田が、自らの思索的立場として深化させていったのが「二重世界内存在」である。「二重世界内存在」は、この語自体が示すように、そして上田自身はっきりと断るように、ハイ

図14－1　上田閑照（樫本慈弘氏所蔵）

デッガーの「世界内存在」を参照しつつ、しかし「或る根本的な変容を加えて出されたもの」（U9, 3）である。このような解釈の背景に、上田が西田哲学の「場所」から受け止めた「世界・自己」理解を認めることができる。そもそも、上田が「二重世界内存在」を副題にして発表した著作の表題は、『場所』(注1)（一九九二年）であった。以下われわれもまたこの著作、今では『上田閑照集　第九巻』に収められた「世界と虚空」および第一部「実存と虚存」を考察の基礎に据えることとする。

もう一つ、上田による西田との対話・対決において特筆すべきが、言葉という主題である。日本語での最初の著作(注2)『禅仏教』（一九七三年）で禅における「言葉」や「対話」（禅問答）を論じた上田にとって、「言葉」は生涯を貫く根本主題であった。特に「純粋経験と言葉」という、西田自身においても未展開の事柄を取り出したところに、上田の独自性が認められる。そして、このような言葉の主題化自体がまた「二重世界内存在」と密接に結びついている。

しかし、ハイデッガーと西田両者の思想に積極的に関わりつつ、「二重世界内存在（世界／虚空）と言葉」という連関全体を示したところは、ハイデッガーでも西田でもない、上田の独自な立脚地であった。最後に、上田自身とわれわれが共に立っている現代世界から、上田の立場の思想的意義とわれわれの課題を照射してみたい。

2．ハイデッガー解釈（改釈）

（1）前期思想における世界の二重性

まず問題は、上田がハイデッガーの世界内存在をどのように解釈して、「二重世界内存在」を取り出したかである。上田は、ハイデッガーが「世界内存在」を分析した『存在と時間』に即して、その基本構造を記述するが、その構造はこれまで繰り返し確認しているので、上田が世界の二重性を洞察するところに的を絞ることとする。それは、前章で扱った辻村も世界（性）の二義性として考察した問題である。

ハイデッガーの世界分析には、世界内部的なものの帰趨全体性から世界の世界性が有意義性に見出される場合と、帰趨全体性が消失して有意義性の世界が無意義性に沈み落ち、「不安における「無の根本経験」に世界としての世界（die Welt als Welt）が顕になるとされる場合」（U9, 31）とがあり、両者の間に上田は、「我々には必ずしも明らかになってこない筋道が隠されている」（同上）と見なして、「世界と無」を問うていく。そして、まさにこの問題を主題化したものとして、『存在と時間』の二年後の講演『形而上学とは何か』（以下『形而上学』）を取り上げるのである。

すでに本書で何度となく考察したように、上田もまた、「現‐存在（Da-sein）とは、無のうちに差し入れられて保たれている（Hineingehaltenheit in das Nichts）ということである」（U9, 31）という、「無」を取り込んだ「現‐存在」の規定に着目する。この「無」は、根本情態性ないし根本気分の不安が開示するものであり、不安は「存在するもの全体を滑り去らしめる」。しかし他方、この講演では「（不安の無の明るい夜において）無が根源的に開示されることに基づいてのみ、現存在としての人間は、存在するものに向かってゆき存在するものに関わってゆきうる」(GA9, 114–115) とも言われている。無の開示が一方では存在するものを滑り去らせ、他方では無の開示によってのみ存在するものに関わりうるというところに、「無の両義性」が現れている。この無の両義性が、『存在と時間』における「世界の両義性」との連関で問題になる。上田は、問題の要を、両テクストに共通する「現存在」の「現」に見る。『存在と時間』では「現」の開示性を成すのが「理解」と「情態性」であり、根本情態性の不安において、有意義性が無意義性に滑落するところで初めて「無」が出されるのに対し、『形而上学』では、初めから「現」が「無のうちに差し入れられて保たれている」と言われている。開示性と無の関係はどのようになっているのか。

ここで上田が着目するのが、『形而上学』での「存在するもの全体（das Seiende im Ganzen）」という表現である。存在するものをまさに存在するものとして、つまりその全体において限るもの、それが無に他ならない。こうして、二つのテクストにまたがる世界性としての有意義性と無の関係を、上田は次のようにまとめ上げる。「意味連関によって張り渡されている存在するもの全体の全体性（世界）は、その内で現存在が関わる存在するものを連関づける面では帰趨全体の指示性（有意義性）をなし、そしてそもそもその基礎をなす全体性（世界）は全体性そのものとしては無に限られて全体性である」(U9, 35)。そしてこれに続けて、「（実はここにすでに世界の或る種の二重性がある、或る種の二重世界になっていると言えるであろう）」（同上）と述べるのだが、括弧による補足的な形を取っていても、この箇所こそが上田自身の独自な解釈に他ならない。上田は、さらに二つの世界の関係を、帰趨全体としての有意義性の世界が全体性として「無に限られ無と背中合わせ」（同上）だと述べる。もう少し上田の言葉を使えば、「現存在はその「現」において「無の内に差し入れられて」おり（「無に於てあり」）、それによって存在するもの全体を越え出つつ（超越）、その全体を帰趨全体として投企（ママ）して存在するものに存在するものとして関わりえている、すなわち「世界の内にある」（世界に於てある）のである」（同上）。ここから上田は、ハイデッガーにおいて二つのテクストに分けて記述された「現存在・無・世界の根源的全連関」を、「「現存在は、無に於てある世界に於てある」ないし「世界に於てある現存在は、世界に於てあることによって、同時に、世界が於てある無に於てある」」（U9, 36）というように、「於てある」という西田の表現を被せて記すのである。

　このようにして上田は、前期のハイデッガーにおいて既に世界が二重になっていると見る。二重世界とは、われわれの通常の意味連関の世界が、それを越え包む「限りない開け」つまり「虚空」に於いてあるとする世界理解であり、上田はそれを「世界／虚空」ないし「虚空／世界」と表記する。ただし、『存在と時間』と『形而上学』を合わせ、不安の「無」をハイデッガーに即して「無の根源的開示性（Offenbarkeit）」と認めつつ、しかしそれは、「無の無としての最初の顕れであって未だその根源的開示性ではない」（U9, 40）と言う。『形而上学』では、「存在と無は相属し合う」と言われているが、「その相属そのものは未だ「現」に全現していなかった」（U9, 43-44）。

　上田が世界の二重性を考察するときに注目するのは、「理解」と「情態性」という二つの開示性の違いである。たとえば、「理解も情態性も共に世界を開示するが、開示の仕方の質が異なる（一方は分節的、他方は非分節的）のみでなく、開示力の射程において、異なっている」（U9, 39）。上田は現象学の「地平」という術語を導入しつつ、世界の二重性（先述の「世界／虚空」）を「地平」と「地平の彼方」というようにも記述するが、ある箇所では、この言い方を用いてハイデッガーの開示性を論じ、「世界地平では意味把握は主導的に理解の事柄であるのに対し」、地平の彼方では、「世界の余白や行間にまで透り、世界の色調を感受する情態性が主導的であるであろう」と言う（U9, 73）。ここでは、明らかに二重世界の「世界」と「虚空」それぞれに二つの開示性が配分されている。[注3]

しかしながら、『存在と時間』でハイデッガーが繰り返し述べるのは、理解と情態性の「等根源性」であった。しかも、存在の問いに対して現存在の存在理解を通路にするところには、明らかに「理解」の優位があり、さらにそれが「時間性」に基礎づけられるところでは、「将来」の優位となる。しかし、上田によれば、存在するもの全体は分節的に理解することはできず、「非分節的に滲み通るような仕方で」（U9, 39）開示されるのであり、それが情態性である。そして、無に限られた全体性を無まで通って開示するのが、根本情態性としての不安であった。ここには、「世界の内に」がさらに「無の内に」であるとする上田の解釈が映されている。

ところで、上田は、前期ハイデッガーの世界理解のうちに世界の二重性を洞察したところから、一気に後期の思想における世界理解に向かう。その間のハイデッガーの思索の展開とその必然性を十分に認めた上で、しかし、「問題とした事柄からして」（U9, 27）、中期を飛ばす仕方で前後期を繋いで見る視点を提示するところに、上田の立場の特色がある。

（2）四方界と二重世界内存在

後期ハイデッガーの世界理解を表す「四方界」とは、上田の表現を引けば、「天と地と「神的なるものたち」と「死を能くしうるものたち」（複数に注意）との四者が互いに映し合い働き合うことによって開かれてある「時‐働‐空」の世界」(U9, 42) のことである。上田も記しているように、重要なのは、かつて世界内存在の構成契機であった世界が、天空と大地と神的な者たちと死すべき者たちから成る広大無辺なものとなり、人間は死すべき者たちとしてのみ一隅を占めうること、その際「死すべき」には「死を死として能くする」という独自な規定が与えられ、人間がそのようなものとして四方界に属するとき、かつて道具的なものとして現存在が日常的に関わるとされていたものが新たに「物」と呼ばれ、四方界の四者の「遥けさ」を「遥けさ」のまま取り集める「近さ」のうちで出会われるとされることである。このような世界と物との関わり合いが、それぞれ「世界は世界する」、「物は物になる」と表現されることは、すでに確認した。

上田は、このような思想の展開する後期と上記の前期の間に、「死のより深い経験のし直し」(U9, 44) を洞察し、『存在と時間』における「死への存在」に対し、「死からの存在」とでも言うべき事態が見られると言う。前者が、死を自己自身の存在を不可能にする究極的な可能性として、その可能性に決意して先駆しつつ、そのことを最も根源的な存在とするのに対し、後者では、むしろ広大な四方界のなかの一つでありうるために、死を死として能くすることが求められる。

再確認するなら、『存在と時間』で、死は自己の存在そのものを無にする可能性であり、それに決意して先駆し、言わばそこから撥ね返されて自己の最も固有な有りうることに、ということはつまり、最も固有な自己に開かれるというものであった。それに対して後期では、死は「無を匿う社(Schrein. やしろ、宮居)」とされ、同時に「蔵する (bergen)」(上田の訳は「秘蔵する」) の語との関連から、「存在を蔵する山並み (Gebirg)」とされる。そのような死に対しては、先駆という決意的な態度ではなく、むしろその内へ自らを「放つ (lassen)」という態度が相応しい。事実、上田は、『形而上学』の最後に目立たない仕方で語られる「無の内に自らを解き放つこと（das Sichloslassen in das Nichts）」（U9, 41）の語に着目、この洞察に無をめぐるハイデッガーの思索の、後期に繋がる深化の可能性を読み取る。

こうして、ハイデッガーにおいて約二十年を隔てて語られた二つの世界を重ね、「事態としては両者が重ねられた仕方ではじめて真実にして具体的な世界の開示になりうると見たい」（U9, 47）と上田が言いうるのは、「両者ともにそれぞれの仕方で無への関わりを含んでいる」からである。不安の中で現存在が曝された「無」は、「無に自らを放ち入れた「放下の落ち着き（Gelassenheit）」」（U9, 45）の「無」に深化され、死を死として能くすることが、つまり「死にうる」ことが真に「存在しうる」こととして認められるのである。

二つの時期において「無」への関わりが異なること、「同じ無ではないとも言える」（U9, 47）ことは、上田も重々承知である。むしろ、存在をめぐって人間と世界が問題になるところで「無」が要請されてくるからこそ、その違いを認めつつ、「その違いがまさに当の無を場所として或る連関に共時化されうる可能性と考えることもできる」（同上）のである。

さらに、上田が四方界について、それが見えない「虚空」に繋がるものであると同時に前期ハイデッガーの意味連関の世界を含むものとして、両者を重ね合わせて二重世界とし得たのは、ハイデッガー自身の記述に、四方界における「物」、ハイデッガーの出してくる「壷」や「橋」が、四方界の四者を取り集める「物」でありつつ、同時に「橋は橋の仕方で」（GA7, 155）と言われる有り方をしていることに依る（U9, 48）。すなわち、壷や橋は、日常的な意味連関の世界の中で壷や橋それぞれの用をなしつつ、同時に四方界の全体を映すものでありうること、そこに上田は、ハイデッガーの前期と後期の二つの世界を重ねて解釈（「改釈」）する可能性を見出すのである。

このようにして上田は、後期ハイデッガーの思索に重ね合わせる仕方で、自らの二重世界内存在を記述する。しかし同時に、ハイデッガーの立場に対する問題点を指摘することも忘れていない。すなわち、「後期ハイデガーにおいて死が「無の社」と言われまた「死を能くし得る者たち」が四方界の一隅をなすと見られているとき、無と四方界との関わりが大きな問題として残されているように思われる。また、四方界も四方界と言われるように或る種の形をもっているかぎり、形ある四方界という世界の「於てある」場所がもう一つ問われうるであろう」（U9, 50-51）と考えられるからである。ハイデッガーにおいてはもはやその外を問えない究極の世界としての四方界に対して、その世界がさらに「於てある場所」を問うということ、このような指摘の背景に西田の「絶対無の場所」の思想を予想するのは容易なことであろう。次にそのことを確認することにしたい。

3．背景としての西田の「場所」

上田がハイデッガーの「世界内存在」に「全面的に定位」（U9, 327）して「二重世界内存在」を取り出すとき、その立場自体が依拠するのは、西田の「場所」の思想である。「場所」の思想に臨む上田の特徴は、場所をそれだけで取り出すのではなく、出発点の純粋経験のうちに「自覚から場所へ」展開する契機が初めから含まれていたと見ること、別言すれば、純粋経験も場所までの展開を通して初めてその十全な意義が取り出されると見ることである。上田の表記を使えば、「純粋経験／自覚／場所」の動的な連関を全体として捉えるということに他ならない。「主客未分」を決定的とする純粋経験に対し、次の立場である自覚は、西田が「自己が自己に於て自己を見る」と定式化するものである。肝心なのは、上田が「自己に於て」を、「自己は自己ならずして自己である」の「自己ならずして」に重ね合わせ、まさに自己が「自己ならざる自己」として、「自己なし（我なし）」に切り開かれるところ、そこから自覚が捉え返されるとすることである。このとき、「自己ならざるところ」が自己の於てある「場所」に他ならず、たとえその場所が差し当たりは具体的な包括的意味空間であるとしても、それが意味空間として有限であるかぎり、いかなる世界も最終的にはそれ以上遡り得ない「絶対無の場所」に於てあることになる。それは、純粋経験の「主もなく客もない」というところで押えられた「無」が、純粋経験から自覚への展開の場となって、自覚を場所的自覚として、あるいは自己を場所的自己として成り立たせることである。今や、純粋経験も自覚も「場所」から捉え返されるに至り、西田が「一転して」と語る「場所」の立場が成立する、このように、上田は「純粋経験／自覚／場所」の全連関を見る。

一方、「二重世界内存在」を語るテクストのなかで西田の「場所」への言及を挙げるなら、上田は、「西田幾多郎の後期諸論文においてくりかえし「我々がそこに於て生まれ、働き、死に行く世界はどのような世界であるか」と問われるとき、問題になっている世界は、我々がそこで生まれて生き、働く「生活世界」であるとともに、我々がそこから生まれそこへと死にゆく「生死界」と浸透し合ったような世界として、ここにも二重世界内存在を見ることができるであろう」（U9, 4）と記す。また、二重世界を生きる主体を、右記のように「我なし」として虚空に切り開かれることから「自己ならざる自己」と述べ、その自己の場所については、「西田の術語でそのまま言えば」と断わったうえで、「「有の場所」と「絶対無の場所」と二重になっている」（U9, 151）と記す。

西田の「場所」では、「有の場所」を包む「無の場所」が「相対無の場所」と「絶対無の場所」

に分けられ、それが「一般者」として展開する際にも、「判断的一般者」「自覚的一般者」「叡知的一般者」の三つに分けられるため、ここには西田と上田の相違が現れている。したがって、厳密な意味で西田との関係で上田の立場を跡づけるためには、「場所」ないし「一般者」の三重性に対して「世界」の二重性の違いの由来と根拠が取り出されなければならない。その際、西田の思索の展開における「場所」と「世界」という二つの術語の関係が入って来るので、問題は単純ではない。ただ上田の立場に沿って推測するなら、相対無の場所もそれがなお相対的であるかぎりは絶対無の場所に於てあると考えられるため、「有の場所」に対し、もはやそれ以上のいかなる「於てある場所」も言い得ない「無の場所」として「絶対無の場所」を提示し、有の場所と絶対無の場所とを二重世界と見たと言いうるだろう。したがって、西田における「世界」についても、上記のハイデッガーにおいてと同様、世界がどのような次元で言われるとしても、それが世界と言われるかぎり何らかの包括的な意味空間であり、そのかぎり世界がそこに「於いてある」究極の場所が「絶対無の場所」となり、世界は最終的に「世界／虚空」の二重性に還元できるということになるのだと思われる。

上田の「虚空」理解が西田の「絶対無の場所」に依拠していながら、場所の重層性において右のような違いが出てくるのは、上田がハイデッガーに定位して世界の二重性を取り出してくる際に、先述のように「地平」の構造に着眼することが理由として挙げられよう。現象学で言われる「地平」に、上田は現実の地平（水平）線の描写を取り込みながら、地平（水平）線において地平の彼方が此方に縁取りとして重なる構図をもとに、「地平には必ず地平の彼方がある」という本質構造によって世界の二重性を持ち出してくる。地平への着眼には、現象学に対する上田自身の積極的な関心の姿勢があり、その点に西田との違いがある。ただし、考察の手がかりを「地平」に置きながら、同時に「地平の彼方」を見ることで人間存在の「原事態の究明」を目指すところ、そこに、上田が本書の試みを「場所の現象学」ではなく「場所の形而上学」と名づける所以がある（U9, 326）。

　ところで、上田に、「二重世界内存在」を人間存在の真実として摑ませたもの、言い換えれば二重世界を生きることが人間のリアリティであることを具体的に感じさせたものは、地平（水平）線の具体的なイメージと合わせて、詩であった。そこには、詩を通して受け取られる言葉への関心が認められる。上田の西田解釈の独自な視点であり、かつ「二重世界内存在」としての「世界‐人間」理解と重なる主題、冒頭でも触れた「言葉」の問題を概観することにしたい。

4．言葉という主題から

「経験と言葉」は哲学の普遍的主題であるが、上田の西田解釈の大きな功績の一つは、純粋経験を「言葉の出来事」として受け止め、西田では必ずしも主題化されていない「言葉」を、「純粋経験」との連関にもたらしたことであろう。上田にとって純粋経験は「純粋経験／自覚／場所」という連関全体で捉えられるべきものであるから、「経験と言葉」が「経験と自覚」を通して「場所と言葉」になることは自然な成り行きであった。

　冒頭で述べたように、言葉に対する関心は、最初期から上田の根幹を貫くものであった。上田は、「二重世界内存在」を主題化した著作『場所』でも、著作集に収めた論考「世界と虚空」でも、最初に、たまたま遭遇した小学生の詩[注4]を掲げ、記述を開始している。そして、「世界の見えない二重性へのセンスは本論冒頭にあげた子供の詩から与えられ、その思索への導きは直接にハイデガーから与えられたのであった」（U9, 50）と記しているから、詩的言語と「二重世界内存在」の結びつきは、最初から不可分なものであっただろう。

今、純粋経験と言葉との連関を確認することから始めるなら、それは、「主客未分の現前である「純粋経験」そのものが、言葉が徹底的に奪われるという根本経験であり、それと一つに、言葉が新たに生れるという根本経験であり、そのようなものとして根源的な「言葉の出来事」だ」（U2, 297）と言い表される。このような根本理解に立って上田は、「「純粋経験の自発自展」、すなわち主客未分から主客への分立展開を根源語の分節と見る」（同上）。「根源語」とは何か特定の言葉を言うのではなく、言葉の出来事として見られた「純粋経験という出来事そのもの」を術語的に名指したものである。その際、繰り返し語られる「言葉から出て言葉に出る」という運動は、「言葉が破られて根源的沈黙へ、沈黙が破られて始原の言葉へという二重の突破による円運動」（U2, 302-303）に他ならない。そして、この運動の極限態として「純粋経験」が捉えられるとき、その連関は、われわれの世界である言葉世界がそれを越え包む「限りない開け」、つまり「虚空」に於てあることによって説明される。上田は、そのことを言語主体であるわれわれの存在に即して、世界内存在としてのわれわれが「「限りない開け」に於てある世界に実存しつつ、「限りない開け」においてある世界に虚存して」（U2, 310）いると語る。同じことは、詩の言葉が「実のこと」と「虚のこと」とに関わることを述べる文脈で、「西田幾多郎の言う「純粋経験」の自発自展がおのずから「実／虚」的に分節されてゆくということであろう」（U2, 353）とも記されている。ここで言われているのは、もちろん「嘘偽り」としての虚言などでなく、実の世界を越え包む世界を語る言葉のことである。

大枠を確認したに過ぎないが、このように西田の純粋経験を言葉の出来事として、「二重世界内存在」の「世界／虚空」と結びつけて語り出したところ、その虚空が「絶対無の場所」と結びついているかぎり、この着想全体は、西田の立場に基づきつつ、言葉という主題において、西田から一歩抜け出た上田の立場だと言えるだろう。

一方、言葉をめぐるこのような立場は、上での概観が示すように、言葉の根柢における「沈黙」の指摘、また言語化の運動を「分節」として捉えるところ、ハイデッガーとの連関を認めることができる。たしかに、沈黙も分節も言語の考察において広く触れられる根本事象であり、これらに言及するのはハイデッガーに限ったことではない。しかし、ハイデッガーにおいてもそれらが本質的な扱いを受けているかぎり、両者の連関性を見ることは無意味ではない。

たとえば、『存在と時間』において、現存在の本来性の分析の中で「根源的な語り」として取り出される「良心の呼び声」は、「非力さ（無性）」に統べられた「負い目的に有ること」を現存在自身に開示する沈黙の声である。そこでは、先に指摘したように、不安の根本情態性のなか自らの死へと決意して先駆する現存在の存在全体が自己自身に対して分節される事態として受け止められる。ハイデッガーにおいて言葉の根源に向かうこのような志向は、やがて詩的言語への関心となり、四方界の思想を基盤とする後期の言語理解として『言葉への途上』所収の諸論考に結実することになる。ハイデッガーにおける詩や言葉について上田が主題的に論じることはなかったが、両者の言語理解を突き合わせることも、哲学的に豊かな可能性を持つことを指摘しておきたい。

5. 現代的問題への視座

最後に、上田の「二重世界内存在」ないし「二重世界」が、「西田とハイデッガー」以後を生きた上田の現代世界においてどのように捉えられるかということに触れておきたい。

上田は、世界の二重性に言及するに当たり、その二重性が閉じられる事態を最初から重く見据えていた。すなわち、世界／虚空の二重性は本来見えないものであるが、その見えない二重性が、見えないがゆえに見られることなく、虚空との連関が覆われ、世界が世界だけで受け取られる事態である。上田によれば、「この場合は本来の二重性が、見えないままに、初めから一重世界になってしまっている。しかしこの場合も一重化で済むのではない。二重が一重化し加速された世界は実は世界の内に歪んで皺がよるような仕方で一つにもつれたさまざまな二重、疑似二重や変態二重を作り出す」（U9, 23）と述べて、その顕著な実例を「世俗化された世界」に認めようとする。また、上田は、見えない二重性がもたらすもう一つの危険として、見えないにもかかわらず、見えないところをも見たとする場合を挙げ、宗教の歴史が顕著な実例を数多く示すと言う。見えないという否定性がその世界内の人間に引き起こす二つの歪みの可能性（危険性）が説得的に捉えられているが、おそらく現代世界においてより深刻に受け取られるのは、前者のケースだと思われる。

図14-2　上田閑照（西田幾多郎記念哲学館にて）（著者撮影）

上記の言葉を使うなら、一重化し加速された世界の歪み、一重の世界だけになった世界を生きる「自意識の自我」について上田が深い洞察を持っていたことは、随所で確認できる。たとえば論考「自然の死と自然」には、技術の問題にも触れながら、現代世界に対する深い危機感が、表題の「自然の死」に即して記述されている。そこでは、近代以降の世界現象であるニヒリズムが、今日「自由喪失のだめなニヒリズムに変質」したとさえ記されている（U9, 220）。すなわち、人間の制御能力を遥かに越えたペースで発展拡大し、われわれの日常に浸透する科学技術の支配のなか、システム化した世界に組み込まれたまま、ニヒリズムという明確な自覚も持たず、得体の知れない「グローバルな虚無」に包まれて、「自然を死なしめつつある人間は虚無を盾に取って早くもいわゆるヴァーチャル・リアリティなるものを享受しつつあるようで」ある（同上）。ここにおいて上田は、「実」を越え包む二重世界の「虚」とは異なる「仮想（ヴァーチャル）」の「虚」が技術的に作り出されていることに目を向け、しかも「仮想現実」も「現実（リアリティ）」として私たちの世界になりうること、そしてその中にいる私たちもまたこの現実に慣らされてしまうことに、警鐘を鳴らすのである。

以上、上田が、世界内存在としての実存に定位しつつ、それを世界／虚空の二重世界から捉え直し、さらに人間の言語的本質を重ね合わせて掘り下げたことは、西田の「絶対無」や西谷の「空」を受け継ぎながら、まさにそれらを言葉の出来事として捉える視点を提示したという意味で、両者を一歩進めた独自な立場であると言いうる。しかし、他方、ハイデッガーが洞察した、世界歴史となった「無」としてのニヒリズム、その現代世界への展開が、二重世界の一重化ということで捉えきれるかどうか、あるいは何処まで捉えきれるか、このことを考えることは、上田の立場に学びつつ、さらにわれわれが引き受けるべき課題ではないだろうか。

》注

注1）この書は、『場所　二重世界内存在』（弘文堂、一九九二年）として公刊された後、『実存と虚存　二重世界内存在』（筑摩書房、一九九九年）という表題のもと文庫化され、さらに『上田閑照集』に収められた。それぞれの収録に際し、構成や表現等が少しずつ変更されている。

注2）上田の最初の著作は、エックハルトについてのドイツ語での博士論文であった。Shizuteru Ueda, *Die Gottesgeburt in der Seele und der Durchbruch zur Gottheit. Die mystische Anthropologie Meister Eckharts und ihre Konfrontation mit der Mystik des Zen-Buddhismus,* Gütersloher Verlagshaus Gerd Mohn, 1965. この書は、増補新版として二〇一八年、Verlag Karl Alber より出版された。

注3）理解に対する情態性の優位とも言うべき立場の背景には、知よりも情意が深く広いという西田の発想との連関を見出すこともできるのではないかと思われる。

注4）「長野県野尻湖小学校四年生」（当時）の一人の児童が作った詩として上田が掲げるものは次の通りである。

夕焼け

黒姫山と妙高山の間に日はしずむ
その時みかん色の雲が
すうっとわたしの目の前を通る
一日の出来ごとをのせて雲は動く
わたしが学校で勉強していたのは
見ているだろうか

参考文献

上田閑照『哲学コレクション』Ⅰ～Ⅴ、（岩波書店、二〇〇七～二〇〇八年）
上田閑照・八木誠一『対談評釈　イエスの言葉／禅の言葉』（岩波書店、二〇一〇年）
上田閑照『折々の思想』（燈影舎、二〇一〇年）

15 総括——現代世界のただ中から

《目標とポイント》 西田とハイデッガー、両者の言わば「あいだ」に立って思索を展開した西谷、辻村、上田、これら全体を通して改めて「西田とハイデッガー」を受け止めるとき、そこにはどのような現代的リアリティを見出すことができるだろうか。最後にそのことを考察してみたい。

《キーワード》 そこからそこへ、世界、現代技術、ニヒリズム、家郷喪失、東アジア的世界、対話

1．発源と遡源としての思索

(1)「原初から／へ」、あるいは発源と遡源

二十世紀の哲学界を代表する西田幾多郎とハイデッガーについて、両者の哲学的出発点とそこからの展開を共時的にたどり、さらに相互に響き合う共通の主題を考察することで、両者の思想的接点を探ってきた。その接点により近づくとともに、残される課題に向かうため、両者の言わば「あいだ」に立って自らの思索的立場を開いた三人の日本人思想家を取り上げた。以上の歩みを通して出てきた事柄を改めて見直すことで、「西田幾多郎とハイデッガー」の現代的リアリティを考える

ことが、最後の課題となる。しかし、まずは、両者の哲学的展開をたどるために設定した観点として、表題に掲げた「原初から／へ」ということをまとめ直しておきたい。

(2) 西田において

西田は後年の『哲学論文集　第三』の「序」で、「『善の研究』以来、私の目的は、何処までも直接な、最も根本的な立場から物を見、物を考えようと云うにあった。すべてがそこからそこへという立場を把握するにあった。純粋経験と云うのは心理的色彩を有ったものであったが、それでも主客を越えた立場として、そこから客観界と云うものをも考えようと云うのであった」(N9, 3) と述べている。

「そこからそこへ」、つまり「そこ」としか名づけられないところを、われわれはハイデッガーの術語をもとに、かつハイデッガーの立場との可能的対話を開くために「原初」と規定し、しかも「そこからそこへ」の動きを基礎に据えて「原初から／へ」という定式を設定した。しかし、冒頭でも述べたように、そこから発源しそこへと遡源する「原初」は、決して不動の固定点のようなものではなく、むしろ、適切な接近方法によってのみそれ自身を現す現象学の「事象そのもの」と重ね合わされるように思われる。西田は現象学に必ずしも好意的ではなかったが、西田の思索の歩みはきわめて現象学的なのではないか。

右に引いた西田の回顧に明らかなように、主もなく客もない「純粋経験」に求められた「そこ」は、直観と反省を結びつける「自覚」へ、さらに自覚がそこに於てなされる「場所」へ転じた。場所は「一般者」として捉えられるとともに、究極の一般者が「絶対無の場所」に見出され、無の場所を究極とする一般者の自己限定は、個物の自己限定を共に含む「弁証法的一般者の世界」となる。世界は、「作られたものから作るものへ」自己形成する「行為的直観」の世界であり、歴史的実在の世界として捉えられた。この世界の自己表現の論理が「絶対矛盾的自己同一」であり、それは西田の究極の関心事である宗教を説明するものとして、最後の公的論文「場所的論理と宗教的世界観」に結実した。ここに見出される西田独特の術語群は、すべてそのつど西田の「そこからそこへ」を表している。そのような西田の思索の歩みは、「絶対無の場所」や「永遠の現在」などに現れているように、自己を貫いて実在の垂直的深みに向かうものであった。それは、西田が好んだ『寒山詩』の詩句さながら（第一章注8参照）、水源に遡及していく試みであった。

　しかし同時に、水源から流れ出る水が大きな河流を作り上げていくように、西田の思索もさまざまな主題を取り込んで深みとともに広がりを増していく。垂直方向に対する、言わば水平方向である。その歩みは、西洋の古今の哲学者たち、プラトン、アリストテレス、プロティノス、アウグスティヌス、デカルト、ライプニッツ、カント、フィヒテ、シェリング、ヘーゲル、新カント学派、フッサール、ベルクソン等の哲学へと出て行き、彼らの独自な哲学からそのつど示唆を受け、自身の哲学の中に位置づけていった。その解釈の是非は種々に問われうるとしても、哲学的問いの伝統の外に立ちながら、しかし実在の根柢に向かおうとする西田にとって、西洋哲学者たちとの対決は、西洋的伝統の中で問い出された実在と論理に学びつつ、自分自身の伝統的な世界観（物の見方と考え方）の基礎づけとして納得できるような立場を獲得していくためのものとなった。諸々の哲学との対決は、それぞれの原初から発源した数々の主題を吟味考察することを通してそれらの原初へ遡源し、自らの原初と相互に照らし合うことになる。そこに西洋の諸言語と日本語の違い、また各々の言語と切り離し堅く結びついている世界観の違いが横たわっているのは言うまでもないが、各哲学との対決は、そのつど「世界と自己」という根本的主題に向けて掘り下げられていった。

こうして、西田自身における原初からの発源は、対決する個々の哲学の時代性、つまり歴史性と世界性に応じて水平的に広がっていきながら同時に、そのつど自らの原初をより深く求める垂直的な遡源となったのである。

(3) ハイデッガーにおいて

他方のハイデッガーにおいてはどうであったか。西洋哲学的伝統の内に立つハイデッガーにとっては、「存在するものとは何か」という問いの設定とその展開において本来問い出されるべきでありながら問われないままである「存在」が、「そこからそこへ」の「そこ」となった。「存在」が「存在するもの」を通して現れる事態に「時間」の動性を見出し、存在が時間として現れることに向かう思索は、やがてその「現れ」自体の本質に向かい、後年に提示された有名な定式によれば、「意味—真理—場所」(GA15, 344) という三つの術語の契機によって表現された。それはまた、場所的性格を持つ「現」という事柄の理解の変化にして深化を示すものであった。本論部で考察したように、西田自身はハイデッガーの「現存在」に対しても批判的で、「そこ」ではなく「ここ」でなければならないとしたが、もとよりハイデッガーにおける「現」は、「ここ」から区別された「そこ」ではない。それはまさに、西田が「そこからそこへ」と名指した「そこ」に他ならないであろう。先には「存在」が「そこ」であると述べたが、「現」が「存在の現」であるかぎり、もちろん別のことを言っているのではない。では、ハイデッガーにおいて「そこからそこへ」、すなわち「原初から／へ」はどのように捉えられたか。

「存在の意味」への問いとして出発した超越論的な思索がその制約を克服しようとして「存在の真理」への問いとなり、真理の本質に向かう思索が、真理の生起を「存在の歴史」と見なす「存在歴史的な思索」となったことはすでに考察した。その試みの中、「第二の主著」とも呼ばれた『哲学への寄与論稿』およびその前後の覚書きには、公刊著作にはほとんど見られないながら、「第一の原初から別の原初へ」という表現が現れる。もっとも、この「から／へ」は、「第一の原初」と「別の原初」とに割り振られたものであり、ハイデッガー自身「移行」と捉えたものであるから、同一の「そこ」をめぐる「そこからそこへ」とは、事情が異なるように思われる。改めて、二つの原初の関係はどのように捉えられるのであるか。

「第一の原初」とは、形而上学の歴史の源であるが、それは決してある哲学者に特定されるような「始まり」ではない。ハイデッガーは原初的な思索者としてアナクシマンドロス、ヘラクレイトス、パルメニデスを挙げるが、それは、彼らの残した断片的な言葉に、存在の現れの経験を見出すからに他ならない。しかし、ハイデッガーは、彼らもまた、自らの経験した事柄を、その本質に相応しく思索の言葉にもたらしたとは考えなかった。彼らの思索の言葉で名指されながら、同時にそれ自体としては自らを覆蔵する存在の本質が、ハイデッガーにとっての思索の事柄となった。ギリシアで立てられた「存在するものとは何か」という問い、つまり存在するものをそのものとして問う問いを、存在するものの真理を問う「主導的問い」と呼び、その問いのなかで問い出されることなく生起している存在の真理への問い、つまり「存在とは何か」を「根本的問い」と呼んで両者を区別したことは、本書でも考察した通りである。ここにおいて「から／へ」は、「第一の原初」から始まった形而上学の歴史の覆蔵された根柢に遡源し、その覆蔵性の由来を明らかにするとともに、「存在の真理」の創設を「別の原初」に求めることになる。したがって、古代ギリシアの原初に遡り、その原初を開いた出来事に添いゆく思索は、一方で原初から発源した西洋形而上学の歴史の水平的な展開を視野に入れながら、さらに将来への方向を強めてゆくが、他方で歴史として生起した存在それ自体の本質の根柢に遡源し、別の原初を思索にまさしく将来させ続けるかぎり、どこまでも垂直的な姿勢を離れない。ハイデッガーが自らの思索を、後年「退歩（Schritt zurück）」の名で呼ぶとき、思索の遡源的な性格が表されているであろう。

それでは、西洋的伝統の内に立って、その哲学的伝統を作り上げてきた事柄の中に遡源しようとしたハイデッガーにとって、その原初への思索は、原初からどのように西洋世界とは別の世界との関わりに出て行くことになるだろうか。

2. ハイデッガーからの目配せ

時代的な制約のもとであれ、西田がハイデッガーの『存在と時間』に対する批判の言葉を残したのに対し、ハイデッガーから西田に言葉が向けられることはなかった。しかし、ハイデッガーは、西田の思索圏に属する日本人哲学者たちに接し、様々な思想的交流を行った。『存在と時間』公刊以前から、九鬼周造、三木清、田辺元はハイデッガーに接したし、『存在と時間』公刊以後はますます多くの日本人研究者がハイデッガーのもとを訪れるようになる。そしてハイデッガー自身、一九三〇年代後半には、留学中の西谷啓治が贈った鈴木大拙の禅論集を読んで禅に興味を持ち、（注1）戦後には大拙との対談も行った。（注2）禅者ということで言うなら、西田の弟子である久松真一ともコロキウムで対話を行っている。(注3) ハイデッガーが、とりわけ戦後に「東アジア的」という語を使うようになるとき、日本が大きな位置を占めたことは間違いない。西洋の歴史に基盤を置きつつも、ニヒリズムの帰結を現代技術の本質に見出すハイデッガーにとって、「世界」は西洋世界を越えて、東アジアのわれわれとも共有する地球全体としての「世界」になっていった。ハイデッガーの言う「惑星(Irrstern)」および「惑星的(planetarisch)」とは、このような世界の様相を意味している。

そのようななか、日本人研究者たちとの交流を通して広がった「東アジア世界」を改めて確認するなら、たとえば、『講演と論文』に収められた「科学と省察」のなかに、「ギリシアの思索者たちおよびその言葉との対話」が「東アジア的世界との避けられない対話のための準備」であると記されている(GA7, 41)。時を同じくして、ドイツ文学者である手塚富雄(一九〇三～一九八三)との対談をもとにハイデッガー自身が創作した対話篇「言葉についての一つの対話から」(一九五三／五年)(注4) では、架空の日本人対話者を相手に、東アジア的世界との思索的対話を積極的に試みている。ハイデッガーと早い時期に交流した九鬼周造が「いき」概念を西洋的な美学の手法で論じたことを皮切りに、非西洋世界の伝統や文化に眼差しを向けつつ、他方で形而上学的言語の特色と制約を論じながら、形而上学的な概念の元となった事柄のギリシア的経験のうちに「形而上学的ならざるもの」を探ろうとするのである。

図15-1 大拙とハイデッガー
(岡村美穂子氏所蔵)

この対話篇でハイデッガー演ずる「問う者」は、

図15-2　九鬼周造の墓（墓碑銘は西田に依る。また側面には、西田が訳し墨書したゲーテの詩「さすらい人の夜の歌」が刻まれている）（著者撮影）

今日の思索に課せられているのは「ギリシア的に思索されたものをいっそうギリシア的に思索すること」（GA12, 127）であると言い、『存在と時間』の「現象学」についての記述で取り出された「パイネスタイ」、つまり「現象すること」を持ち出す。そこで指摘されていることは、基本的にハイデッガーのギリシア理解と重ねられた真理理解である。すなわち、ギリシアにおいて初めて「パイノメナ」、つまり「現象（するもの）」が経験された。しかし、そこで経験された「現象」が、それに相応しく問い出されることはなかった。現象における非覆蔵性として空け開く動きは、まさに「性起」として思索されなければならない。そのため、「この思索されていないものを思索することに自らを放ち入れること」、「そのものを本質の由来において看取すること（Erblicken）」（同上）が求められる。ここに見出されるのは、これまで原初について確認したことと変わりはない。ただ、ここでハイデッガーの眼差しは、ギリシア的に思索されたもののうちでは思索されていないものを通して、東アジア的なものに向かっている。ヨーロッパの中の東方であるギリシアを経てさらに東アジア世界にという発想自体、今日からすればきわめて素朴であるが、しかし、そのようにしてハイデッガーの関心が東アジア的世界に向かったということを、ハイデッガーからの目配せとして重視すべきであろう。

ハイデッガーは、日本の映画や能にも言及しながら「空（Leere）」を取り上げ、「空」について、相手の日本人研究者に「「空」は、私たちにとって、あなた方が「存在」という語で言おうとされるものに対する最高の名称です」（GA12, 103）と語らせている。また「言葉」という日本語の含意を問題にする文脈では、この語が「こと」の「葉」であることを受け、特に「こと」の語の翻訳が困難であることを日本人対話者に語らせながら、それを「性起（Ereignis）」の語を用いて表そうとしている。「存在」と「空」、「性起」と「こと」、対話自体がいずれかの言語でなされるという制約をなくすことはできないが、ここでハイデッガーは、少なくとも彼の理解し得たかぎりにおいて、自らの思索の言葉に日本語世界を映して両者の架橋を試みている。

ハイデッガーはさらに、「対話」を通して言葉そのものの本質を探りながら、「言葉について語ること」は「言葉の本質から呼びかけられ、そこへと導かれるかのように」なされるべきだと記しているが（GA12, 141）、彼が関心を向けた「こと」、つまり「事」にして「言」の連関への問いを含め、日本語の特性を探っていくことは、日本語世界に生きるわれわれの課題になるであろう。

この対談で「原初」という語は用いられていない。しかし、言葉の本質と限界とに結びついてハイデッガーが遡源するところは、ドイツ語世界を越えて、やはり存在の問いの源流であるギリシアの「原初」であった。改めて問題になるのは、ハイデッガーが遡源した「原初」は、日本ないし東洋的伝統の「原初」なるものとどのように関わるかということである。この点について、ハイデッガー自身はきわめて慎重だったように思われる。しかし、戦後のハイデッガーが「東アジア的なもの」に対して示すこの関心と接近に、われわれが考察した三者はそれぞれの立場から応えようとしたと言えるのではないだろうか。

3.「自己」への問いの所在

本論部で概観したように、西谷、辻村、上田それぞれの思索的試みは、西田とハイデッガーとの間で実現しなかった哲学的対話、さらにハイデッガーから東アジア的世界に向けられた対話の可能性を探っていく上で、大きな意味を持つように思われる。

西田が「そこからそこへ」の垂直的遡源の思索によって最終的に見出したのが「絶対無」であるなら、西谷の「空」、辻村の「絶対無」、上田の「虚空」は、一方で西田が問い求めた「そこ」を継承しつつ、しかし、西田が時代的制約のために触れ得なかった現代世界の諸局面を映し、西田における原初からの発源を、戦後の世界に向けてさらに広げていったと言うことができる。今、西田の絶対無と三者それぞれの術語との相違を問題にすることは差し控えざるを得ない。しかし、その相違が単に術語の違いに尽きないことは強調しておくべきであろう。辻村に至っては術語そのものが同じだが、それでもそこには、両者の生きた時代の違いが映っている。ハイデッガーとの思索的対話ということで比較するなら、西田と辻村とでは、ハイデッガー哲学への対し方自体も大きく異なった。すなわち、西田においてハイデッガー哲学との正面からの対決がなされなかったのに対し、辻村が、ハイデッガーの「有の問」に禅の「絶対無」を対置したこと、そして、禅がすべてのものの「根源」に立つのに対してハイデッガーの思索は「根源近くの場」であると解したことは、既に考察した通りである。しかし、このような相違を踏まえてなお、辻村の試みは、西田の思索圏からハイデッガーの思索に向けてなされた有意義な対話の可能性であると見なしうるであろう。

さて、改めて西田の「絶対無」の系譜に立つ三者の「空」「絶対無」「虚空」を一つの繋がりとしてハイデッガーの「存在」の問いに突き合わせるとき、双方の決定的な違いを示す主題がある。これまでの考察の中で触れながら、課題として残されているもの、つまり、「自己」の問題である。西田が「そこからそこへ」として試みた思索には、主客未分の純粋経験以来、その展開過程において常に「自己」への問いかけ、言い換えれば「自覚」への問いが含まれていた。上で再確認したように「そこ」を指す哲学的術語は次々に独特なものとなっていったが、自己の自覚が世界の自覚から見られ、後年の長大論文「自覚について」を経て、最終的に宗教的世界における絶対者との絶対矛盾的自己同一が論じられるに至るまで、西田の思索は、自己が自己であることをどこでどのように語りうるかという問いを含んでいる。絶対無とは自己の外にある何かではなく、自己が真に自己であることの、つまり「自己が自己において自己を見る」と定式化された自覚の究極の場所であり、かつその有り方である。

西谷の「空」、辻村の「絶対無」、そして上田の「虚空」、いずれにおいてもそこには徹底して「自己」への問い、あるいは自覚への問いが一貫している。西谷は『宗教とは何か』において、自己が空であるというだけでなく、空が自己であるということを空の特色として挙げた。辻村が提示した「絶対無」は、禅の「己事究明」に立脚しながら「真の自己」や「無相の自己」を指している し、上田も、二重世界の「虚空」に通じる自己を「自己ならざる自己」と名づけている。

それに対して、ハイデッガーの思索において、『存在と時間』は、現存在の実存の分析において、「自己」の本来性と全体性を視野に収め、自己の自己性を根拠づけた。その後、存在の真理への問いとともに真理の本質が問題になり、さらに存在の歴史の壮大な思想が展開していくなか、自由の本質を問い、人間の本質を「存在の番人」に見立て、技術時代における「放下（の落ち着き）」を取り出していくように、ハイデッガーの問いは常に「存在の問い」のなかに人間本質を受け止めようとしている。四方界における「死すべき者たち」もまた、「死」を掘り下げたところから、有限な人間本質とともに、その複数表現によって人間存在の共同性を摑もうとした。しかし、存在歴史的な存在の真理への問いの展開のなか「自己」の自己性が掘り下げられることはなかった。それは、自己という言葉を使うかどうかというような単語レベルのことではない。存在の問いを通して真理、歴史、世界等を問うていく者がその自分自身をどのように捉えるかということ、言わばそれらの思索の事柄（事象）から照らされる自己の立場をどのように確保するかということが、十分に試みられていないのではないか。おそらくこの問題は、次節で触れる局面にまで通じてゆくであろう。

4．現代のニヒリズムへ

最後に、西田とハイデッガー、および両者の間に立って思索を展開した三者を含めた全体を視野に収め、改めて「西田とハイデッガー」の現代的リアリティを問題にしてみたい。西田とハイデッガーについては既に確認したが、西谷、辻村、上田の思索もまた、実在や自己を根柢に向けて垂直に掘り下げる性格を持つ一方、各々の時代的状況を映す歴史的視座によって水平的広がりを持ち、さらに今日の世界と共有するところも大きくなっている。本論部で触れた諸課題を踏まえて以上五者の思想に向き合うとき、われわれの喫緊の課題として取り上げるべきは、やはり「ニヒリズム」ではないかと思われる。そして、この観点から見渡すとき、五者すべての思索を貫くとともに、各々の時代と世界の微妙な違いを映し出す主題として科学技術ないしテクノロジー（ここでは、両語を同義で用いることにする）が挙げられるであろう。

ヨーロッパ起源の哲学的問題としてのニヒリズムが西田において主題化されなかったところには、もちろん時代的制約が映っている。西田もまた、晩年に向かって現実の歴史的世界の惨劇を目の当たりにし、世界の深き底に「無限の暗黒」や「無限の労苦」を見て取ったが、彼が敗戦直前に亡くなり、戦後の世界を経験できなかったことは、ハイデッガーとの決定的な違いである。

西田が、絶対無の場所に基づいて、「我々の自己」がその創造的要素である創造的世界の形成を「作られたものから作るものへ」と捉えたとき、「科学」も「技術」も世界形成に関わるものに他ならなかった。一方、その形成行為が現実の世界を映し、われわれの無限の欲求に促されるものになるからこそ、「作ること」のこの自己運動は、技術が自己増殖的に世界と人間を規定するようになる事態、つまりハイデッガーが「集立」の語で呼んだ事態に重なりうる。しかし、科学技術的な力の増大が同時に巨大な負の面を生み出すことについての思想的展開は、西田において可能性にとどまっている。

西田より一世代若い西谷は、近代以降の世界の根本問題をニヒリズムに見て取り、それを特に「科学と宗教」の観点から掘り下げる一方、近代日本の特殊事情を同時代的に受け止め、とりわけ原子力技術を軸にテクノロジーについての発言も次第に目立つようになった。

その西谷よりほぼ一世代若い辻村は、ハイデッガーの思索に徹底して内在的に対峙しながら、そのニヒリズム理解と結びついた技術理解を読み解き、辻村と同世代の上田もまた、前章の最後に触れたように、科学技術の拡大を現代世界の大きな問題として捉えた。

とは言え、その上田が、ハイデッガー前期と後期の世界理解を重ね合わせて二重世界内存在を提示したとき、二つの時期を繋ぎ合わせる要には世界における「無」の洞察があったが、その際上田がハイデッガーの思索において意図的に棚上げした時期、つまり前後期の間にハイデッガーが展開したのは、他ならぬ存在歴史的な思索、換言すればニヒリズムの本質を省察する思索である。ニヒリズムとは、歴史となった「無」である。ハイデッガーの「四方界」が、上田も指摘するように、その裏面にニヒリズムの完成体である「集立」を併せ持つものであることから照らし返すなら、上田の二重世界内存在の立場によって、はたして且つどこまで世界歴史の次元の事柄を捉えることができるかは、問題として残るように思われる。

繰り返せば、西洋起源の科学技術を形而上学的伝統と重ね合わせ、ニヒリズムの歴史に取り込んだことが、ハイデッガーの思索の大きな特徴であった。すなわち彼は、ニーチェの徹底的なニヒリズムをも価値についての思惟として「意志の形而上学」に組み入れ、存在が価値として思惟されることで存在はそのものとしては問われないままであるとするニヒリズム理解を示すことにより、西洋世界の中にあって、形而上学の歴史全体を捉える立場に立った。しかも、「有（存在）と無の共属」を基礎に据えることで、同じく有と無、とりわけ無や空を世界観の独自な地盤にして文化を育んできた東アジア的世界との、そしてその一つであるは日本との対話を可能にするものになった。

ハイデッガーは、戦後の思索の第一歩となったブレーメン講演の冒頭、交通技術、情報技術、軍事技術の発達を背景に、時間と空間におけるあらゆる距離が短縮され、すべてが均質的に一様化している事態を述べたが、それから約七十年後、その事態はヴァーチャルなサイバー空間にまで広がっている。ハイデッガーが現代技術の本質として取り出した「集立」も、その支配力を拡大してきているのではないか。

ところが、まさにその「ゲシュテル（Ge-stell）」について、この語がもともと骨組みのある構造体を意味することから、それは原子力発電所のような巨大システムには当てはまっても、機能性を追求してますます軽薄短小化する今日的な情報ツールの類には当てはまらないのではないかという声を聞くことがある。

たしかに、ハイデッガーの死去からほぼ半世紀、この間の技術の進歩は凄まじく、それ以前のいかなる時代とも比較にならない規模で技術は現代世界を作り上げている。私たちは、ハイデッガーが知ることのなかった数々の技術的成果に囲まれて生きている。掌サイズのスマホはもちろん、バイオテクノロジー、さらにＡＩやロボットなど技術は日進月歩に変化し、そこでは「進化」という生物学用語すら、自明的に使われている。

このような事態に対しては、当然、それに応じた哲学的技術論が求められるであろう。しかし、それでは、ハイデッガーが現代技術の本質として洞察したこと、それは既に過去のものに成り下がったのだろうか。

ここでもう一度考えてみたいのは、ハイデッガーが問題にしたのは、現代技術ではなく、現代技術の「本質」であったということである。しかもここでの「本質」は、一般的な意味での共通の性質といったものではなく、「本質として現れる」という動詞的意味であった。このような意味での本質理解に立って「存在の問い」の立場からニヒリズムと現代技術とを重ねて問題にしたところに、ハイデッガーの独自性が認められる。とりわけ、ハイデッガーの技術論の代名詞でもある「集立」の核心は、第九章でも述べたように、人間を含めたすべてのものを「用立て」の連鎖に向けて徴発するということもさることながら、そのような連鎖自体が自らを忘却で「追い立て」、それ自身を「立て塞ぎ」、そのことによって、集立の本質を成す「危険」が「危険」としては覆蔵されるに至るという洞察にこそあると思われる。

この観点から見直すとき、現代技術が現象面で多様な変貌を遂げているとしても、はたしてその「本質」がどこまで変わったと言えるだろうか。世界と人間の本質を規定するハイデッガーの技術論は、現代技術を真剣に問う者が常に立ち返り吟味すべき地盤であることに変わりないのではないだろうか。

こうして、現代技術が本質的に世界を規定していくとき、そのような世界の内にあるわれわれに、その世界と自己を、対象知としてでなく、あくまで存在の根柢から呼び起こすようにして知らしめるのが「根本気分」である。

ハイデッガーは、かつて『存在と時間』より少し後の一九二九／三〇年冬学期講義で扱った根本気分としての「深い退屈」を戦後に再び取り上げたが、前者がこの気分をなお個人的な実存レベルの事柄として論じたにとどまるのに対し、後者は当時の技術化された現代世界を包むものとして経験していた。ハイデッガーは現代世界について、「家郷喪失が世界の運命になる」(GA9, 339) とも記しており、深い退屈は、人間が落ち着いて住むべき地盤を失った世界を包むものとして受け取られていたのである。

われわれが、西田とハイデッガーの思想を受け止めて現代世界に向き合った西谷、辻村、上田の思索の意義を今日の「世界 - 自己」に照らして考えるとき、現代世界を規定する根本気分を回避せずに受け止めることが重要であると思われる。その根本気分を改めて問うとき、かつてハイデッガーが名指した不安や退屈は形を変えて現代世界をなお包み込んでおり、他にどのような気分を挙げるにせよ、不透明で閉塞的な状況に対する虚無的な気分は現代人の家郷喪失を押し広げている。たしかに、虚無的ということであれば、西谷が『ニヒリズム』で記したように、いつの時代にも経験されうるものである。しかし、たとえ名称が同じであれ、現代世界に蔓延する根本気分の実態を、おそらく過去のいかなる時代とも異ならせているのは、われわれの制御能力をますます凌駕する科学技術の拡大と浸透であろう。

ヴァーチャル・リアリティの語が語るように、仮想と現実の境界そのものが消失し、われわれが心身的に生きる世界がサイバー空間にまで広がっている今日、改めて、われわれの世界はどのようになっているのか、あるいはどのようになってゆくのかと問わざるを得ない。ハイデッガーが提示した周囲世界の道具連関は、変わらずわれわれの日常性を作り上げている一方、掌サイズのツールからは、道具連関を一気に飛び越えて、ほとんど無際限なサイバー空間に繋がることが可能になった。絶えず改良ないし更新されていくツールに順応することに多くの時間と労力を費やしながら、そのようにして繋がれるサイバー空間から、たしかにわれわれは、多種多様な情報を瞬時に受け取り、遠方の人々と繋がる便利さを享受している。しかしその反面、身近な他者と直に触れ合う機会は次第に失われ、社会全体が個の孤立の傾向を強めているように思われる。そして、匿名による情報発信には過度な誹謗中傷が後を絶たず、そのような情報がサイバー的な闇世界で共有されるという実態がある。

「居場所」という日本語が示すように、われわれは皆、安心して落ち着ける場所を求める存在であるが、今や、そのような場所もサイバー空間にまで広がりを見せ、そのことの影響がどのようになるか、容易には見通せなくなっている。

しかし、自らの居場所が見出せなくなったとき、落ち着きを失った存在のただ中から根本気分がわれわれを揺り動かすであろう。その根本気分は、虚無的に出会われようと、いな虚無的に出会われるからこそ、われわれは、その中で響いてくる存在の声を聞くことで、自らの落ち着くべき場所、言わば存在の家郷に繋ぎ返されるのではないか。世界内存在であり場所的有であるわれわれ一人一人が探し求めていくべき場所、それこそが原初であろう。哲学とは、そのような原初の探究である。

注

注1）『鈴木大拙全集』第二十七巻（岩波書店、一九七〇年）月報。

注2）『鈴木大拙全集』第二十九巻（岩波書店、一九七〇年）六三〇ページ以下。

注3）対談はドイツ語版全集と日本語訳とが共に公刊されている。

注4）マルティン・ハイデッガー著、高田珠樹訳『言葉についての対話　日本人と問う人とのあいだの』（平凡社ライブラリー　二〇〇〇年）。ただし、訳文は筆者に依るものである。

参考文献

上田閑照編『西田哲学　没後五十年記念論文集』（創文社、一九九四年）
氣多雅子『ニヒリズムの思索』（創文社、一九九九年）
西谷啓治『西谷啓治著作集　第十四巻　講話　哲学Ⅰ』（創文社、一九九〇年）
蒔田正勝、ブレッド・デービス編『世界のなかの日本の哲学』（昭和堂、二〇〇五年）

●わ　行

●や　行

●ら　行

●ま　行

●は　行

●た　行

●な　行

●さ 行

●か　行

索引

●索引は，本文と注を対象としている。配列は五十音順，関連項目は１字下げて示した。下位項目で拾ったものは，上位項目で拾わないこととした。＊は人名を示し，（　）内の数字は章末の注のページを示す。外国人名は，一般に通用しているもので表示した。
存在（有）は，全体を通して頻出のため，単独の項目としては拾わなかった。また，西田とハイデッガーも，頻出のため人名としては拾わず，著作名のみ拾った。西谷，辻村，上田について各々を扱った章は，その章番号のみ挙げ，該当章内の人名としては拾わなかった。また，注に挙げた二次文献の著者と訳者は拾わなかった。

複数の訳語があるものは（　）で，省略される場合があるものは［　］で示した。

著者紹介

秋富　克哉（あきとみ・かつや）

一九六二年　山口県生まれ
一九八六年　京都大学文学部哲学科卒業
一九九一年　京都大学大学院文学研究科宗教学専攻博士後期課程研究指導認定退学
現　在　京都工芸繊維大学教授　博士（文学）
専　攻　哲学

主な編著書　『芸術と技術　ハイデッガーの問い』（創文社、二〇〇五年）
『ハイデッガー『存在と時間』の現在　刊行八〇周年記念論集』（南窓社、二〇〇七年）
『ハイデガー読本』（法政大学出版局、二〇一四年）
『続・ハイデガー読本』（法政大学出版局、二〇一六年）
『ハイデガー事典』（昭和堂、二〇二一年）

共訳書　『ハイデッガー全集　第五〇巻　ニーチェの形而上学／哲学入門』（創文社、二〇〇〇年）
『ハイデッガー全集　第六五巻　哲学への寄与論稿（性起から〔性起について〕）』（創文社、二〇〇五年）

放送大学教材　1559281-1-2211（ラジオ）

原初から／への思索
―西田幾多郎とハイデッガー―

発　行　　2022年3月20日　第1刷
著　者　　秋富克哉
発行所　　一般財団法人　放送大学教育振興会
〒105-0001　東京都港区虎ノ門1-14-1　郵政福祉琴平ビル
電話　03（3502）2750

市販用は放送大学教材と同じ内容です。定価はカバーに表示してあります。
落丁本・乱丁本はお取り替えいたします。

Printed in Japan　ISBN978-4-595-32319-5　C1310